高等职业教育精品教材——土木工程类

高速铁路施工概论

主　编　庞旭卿
主　审　孙立功

西南交通大学出版社
·成都·

图书在版编目（CIP）数据

高速铁路施工概论 / 庞旭卿主编. —成都：西南交通大学出版社，2020.8
ISBN 978-7-5643-7563-8

Ⅰ.①高… Ⅱ.①庞… Ⅲ.①高速铁路 – 铁路施工 Ⅳ.①U238

中国版本图书馆 CIP 数据核字（2020）第 158223 号

Gaosu Tielu Shigong Gailun

高速铁路施工概论

主　编	庞旭卿
责任编辑	孟苏成　王　旻
封面设计	曹天擎
出版发行	西南交通大学出版社 （四川省成都市金牛区二环路北一段 111 号 西南交通大学创新大厦 21 楼）
邮政编码	610031
发行部电话	028-87600564　028-87600533
网址	http://www.xnjdcbs.com
印刷	成都中永印务有限责任公司
成品尺寸	185 mm×260 mm
印张	13.25
字数	331 千
版次	2020 年 8 月第 1 版
印次	2020 年 8 月第 1 次
定价	39.00 元
书号	ISBN 978-7-5643-7563-8

课件咨询电话：028-81435775
图书如有印装质量问题　本社负责退换
版权所有　盗版必究　举报电话：028-87600562

前　言

随着我国国民经济的快速增长，高速铁路建设进入了一个全面发展、快速建设的新阶段。为满足高速铁路建设对高素质复合型技术技能人才培养的要求，推广、传播高速铁路施工技术，特编写此教材。

本书以国家铁路局、中国国家铁路集团有限公司颁发的最新技术标准、规范和试验规程为依据，吸收近年来任务驱动、项目导向的教改成果，以职业岗位工作目标为切入点，主要介绍了高速铁路的概念、作用、技术经济优势、主要技术特征，国内外高速铁路的成就与发展趋势，高速铁路的技术创新成果及应用前景，重点突出介绍了高速铁路基础设施（线路、路基、桥梁、隧道、轨道）施工新技术、新工艺等内容。在本书编写过程中，我们采用了许多已建、在建高速铁路的施工技术资料，注重实用性和可操作性，重点突出行业岗位对从业人员知识结构和职业能力的要求，充分体现高等职业教育的学习、认知规律。教师在具体授课时，可根据授课对象的不同，选取相关内容进行讲授。

本书由陕西铁路工程职业技术学院庞旭卿教授担任主编并统稿。学习情境 1 由陈维英编写，学习情景 2、6、7、8 由庞旭卿编写，学习情景 3 由郎儒林编写，学习情景 4 由舒彬编写，学习情景 5 由任庆国编写。陕西铁路工程职业技术学院孙立功教授担任本书主审。

本书在编写过程中，得到了有关专家的大力支持和帮助，并参考、借鉴和引用了大量有关文献、书籍及资料，在此向有关专家及文献资料的作者一并表示衷心的感谢。

由于编者水平所限，难免有疏漏、不妥之处，敬请读者和有关专家批评指正。

编　者

2020 年 7 月

目 录

学习情境 1　高速铁路发展动态 ··· 1
　　任务 1.1　世界高速铁路发展历程 ··· 1
　　任务 1.2　高速铁路主要技术经济优势 ·· 6
　　任务 1.3　我国高速铁路的规划与建设 ··· 11

学习情境 2　高速铁路路基施工 ·· 23
　　任务 2.1　高速铁路路基构造组成 ·· 23
　　任务 2.2　高速铁路路基处理施工工艺 ··· 28
　　任务 2.3　高速铁路路基填筑压实施工 ··· 35
　　任务 2.4　高速铁路路基施工检测 ·· 40
　　任务 2.5　某客运专线路基工程施工方案 ·· 44

学习情境 3　高速铁路轨道施工 ·· 54
　　任务 3.1　高速铁路轨道结构类型 ·· 54
　　任务 3.2　雷达 2000 型双块式无砟轨道铺设 ···································· 61
　　任务 3.3　旭普林无砟轨道铺设技术 ·· 76
　　任务 3.4　博格板预制与安装施工技术 ··· 91

学习情境 4　高速铁路桥梁施工 ·· 97
　　任务 4.1　高速铁路桥梁的特点 ··· 97
　　任务 4.2　高速铁路桥梁下部结构施工 ··· 99
　　任务 4.3　高速铁路桥梁上部结构施工 ·· 106
　　任务 4.4　某高速铁路箱梁预制施工案例 ······································· 112

学习情境 5　高速铁路隧道施工 ··· 119
　　任务 5.1　列车进入隧道诱发的空气动力学效应 ······························· 119
　　任务 5.2　空气动力学效应研究方法 ·· 124
　　任务 5.3　隧道洞口形式及景观设计 ·· 127
　　任务 5.4　高速铁路隧道施工方法 ··· 134
　　任务 5.5　工程案例 ··· 138

学习情境 6　高速铁路车站及枢纽 ·· 151

　　任务 6.1　高速铁路车站的分布 ··· 151

　　任务 6.2　高速铁路与既有站的衔接 ··· 154

　　任务 6.3　高速铁路引入既有枢纽的方式 ··· 160

　　任务 6.4　动车段（所、场）与综合维修基地在车站的设置 ·· 163

学习情境 7　高速铁路防灾安全监控与环境保护 ··· 168

　　任务 7.1　高速铁路防灾安全监控系统 ·· 168

　　任务 7.2　高速铁路噪声及其控制 ·· 173

　　任务 7.3　高速铁路振动及其控制 ·· 178

　　任务 7.4　高速铁路对其他环境的影响及其防护 ··· 180

学习情境 8　磁悬浮铁路 ··· 184

　　任务 8.1　磁悬浮铁路简介 ·· 184

　　任务 8.2　磁悬浮铁路的工作原理 ·· 190

　　任务 8.3　磁悬浮铁路的基本设备 ·· 199

参考文献 ·· 206

学习情境 1　高速铁路发展动态

情境导入

提高列车速度是铁路赖以生存和适应社会经济发展的唯一出路。20 世纪 60 年代，高速铁路在世界发达国家崛起。80 年代，有关高速铁路的一系列新技术、新工艺、新设备的研究取得重大突破与发展，传统铁路再展新姿。2003 年以来，我国铁路客运专线和高速铁路的大规模建设，标志着我国高速铁路进入了快速发展阶段。截至 2019 年年底，我国高速铁路里程达 3.5 万千米，占世界高铁总里程的 66.3%，居世界第一位。

学习目标

【知识目标】　了解世界高速铁路发展概况，掌握高速铁路的主要技术经济特点，理解高速铁路相对于其他交通运输形式的主要技术经济优势，掌握我国高速铁路发展的战略规划。

【能力目标】　通过网络资讯，能搜集掌握高速铁路发展动态和土建工程技术特点，可以进行高速铁路建设的可行性研究分析。

任务 1.1　世界高速铁路发展历程

1825 年，英国人修建了世界上第一条铁路。因运量大、可靠性高、全天候等优点，铁路很快成为世界各国交通运输的骨干。从 20 世纪初至 50 年代，德国、法国、日本等国家进行了大量的有关高速列车的理论研究和试验工作。1964 年 10 月 1 日，世界上第一条高速铁路——日本东海道新干线正式投入运营，列车运行速度达到 210 km/h。随着世界性能源危机、环境污染等问题愈演愈烈，高速铁路受到了各国的高度重视，进入了快速发展期，在世界范围内引发了一场深刻的交通革命。

一、高速铁路的定义

高速铁路是一个具有国际性和时代性的概念。1970 年 5 月，日本在第 71 号法律《全国新干线铁路整备法》中规定："列车在主要区间能以 200 km/h 以上速度运行的干线铁道称为高速铁路。"这是世界上第一个以国家法律条文的形式给高速铁路下的定义。1985 年 9 月，联合国欧洲经济委员会将高速铁路的列车最高运行速度规定为：客运专线 300 km/h，客货混线 250 km/h。1986 年 1 月，国际铁路联盟秘书长勃莱认为，高速列车最高运行速度至少应达到 200 km/h。因此，国际上目前公认列车最高运行速度达到了 200 km/h 及其以上的铁路为高速铁路。根据《高速铁路设计规范》（TB 10621—2014）：中国高速铁路是设计速度每小时 250 千米（含预留）以上、列车初期运营速度每小时 200 千米以上的客运专线铁路。随着科学技术的发展和客观条件的变化，有关高速铁路的定义将不断更新。

高速铁路修建模式，各国因国情不同而异，大致有 4 种类型：一是新建高新铁路双线，专门用于旅客快速运输，如日本新干线和法国高速铁路，均为客运专线，白天行车，夜间维修；二是新建高速铁路双线，实行客货共线运行，如意大利罗马—佛罗伦萨高速铁路，客运速度 250 km/h，货运速度 120 km/h；三是部分新建高速线与部分既有线混合运行，如德国柏林—汉诺威线，承担着客运和货运任务；四是既不修建新线，也不对既有线进行大量改造，而是在既有线上采用由摆式车体的车辆组成的动车组运行，旅客列车、货物列车混用，多见于欧美国家，在美国"东北走廊"行驶的摆式列车速度为 240 km/h。

二、高速铁路的产生

自有铁路以来，人们就在不断致力于提高列车的运行速度。1825 年出现在英国的第一条铁路，其列车最高运行速度只有 24 km/h；1829 年，"火箭号"蒸汽机车牵引的列车最高运行速度达到了 47 km/h，几乎提高了一倍；19 世纪 40 年代，英国列车试验速度达到 120 km/h；1890 年法国将列车试验速度提高到 144 km/h；1903 年德国制造的电动车组试验速度达到了 209.3 km/h。这一时期英国西海岸铁路用蒸汽机车牵引的列车旅行速度达到了 101 km/h。1955 年法国电力机车牵引的试验车组最高运行速度突破了 300 km/h，达到了 311 km/h；1964 年 10 月，日本东海道新干线列车最高运行速度达到了 210 km/h，旅行速度也达到了 160 km/h。此后列车试验速度不断刷新：1981 年 2 月，法国 TGV 试验速度达到 280 km/h；1988 年 5 月，德国 ICE 把纪录提高到 406.9 km/h；半年后法国人创造了 482.4 km/h 的新纪录；1990 年 5 月 18 日，法国再次刷新了自己的纪录，法国 TGV-A 型高速列车把试验速度提高到 515.3 km/h。2014 年中国南车制造的 CIT500 高速列车的试验速度达到了 605 km/h，打破了法国高速列车 TGV 在 2007 年 4 月 3 日创造的 574.8 km/h 的世界纪录，是目前世界上最快的火车。图 1.1 为创造这一世界最高纪录的实况图片。与此同时，德国和日本还在研究试验非轮轨接触式的磁浮列车，2003 年 12 月 2 日，日本磁浮列车试验速度达到了 581 km/h。

在列车试验速度扶摇直上的同时，为适应社会发展的需要及提高竞争能力，列车的运行速度和旅行速度也在不断提高。1963 年世界铁路就有 13 000 km 的客运专线，其旅客列车最高运行速度达到了 140～160 km/h。1994 年有 25 个国家的旅客列车最高运行速度达到或超过 140 km/h，旅行速度超过 100 km/h。日本既有线（1 067 mm 窄轨距）旅客列车速度普遍达到 130 km/h，计划达到 200 km/h。日本、法国、德国、西班牙和意大利高速列车最高运行速度分别达到了 300 km/h、320 km/h、300 km/h、300 km/h 和 250 km/h；旅行速度分别达到了 242.5 km/h、245.6 km/h、192.4 km/h、217.9 km/h 和 163.7 km/h。

图 1.1　创造 605 km/h 世界最高纪录的中国 CIT500 高速列车试验运行实况

近年来，由于社会主义市场经济的发展和运输市场竞争的加剧，我国也开始重视提高旅客列车的速度。中国高速铁路技术的引进消化吸收再创新之路，最核心的就是引进国外的高速动车组研发制造技术。在短短数年的时间里，中国铁路装备制造企业在早期动车组研制基础上，通过引进国外先进技术，加强消化吸收，较快地掌握了高速动车组大部分关键技术，已形成了速度 200～250 km/h 动车组技术标准体系，实现了动车组国内制造。

铁路列车试验速度和运行速度的演变如图 1.2 所示。

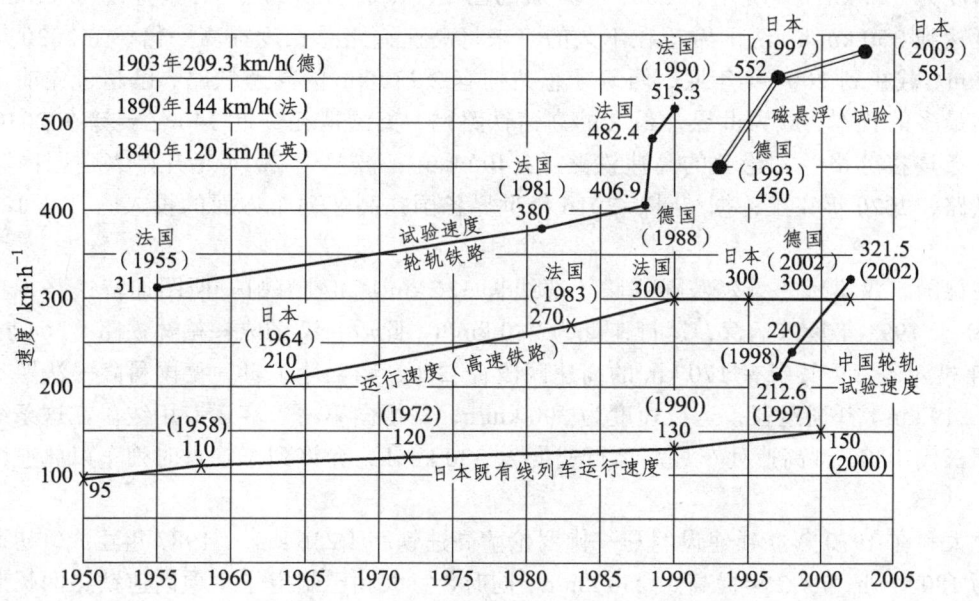

图 1.2　铁路列车试验速度与运行速度的演变图

三、世界各国高速铁路建设情况

自以日本新干线、法国 TGV 为代表的高速铁路投入运营以来，高速铁路以安全可靠、技术创新、优质服务等特色为铁路的发展带来了新的机遇，为国民经济的发展带来了巨大动力。高速铁路的成功，有力地促进了国家经济的增长和社会进步，促进了沿线经济发展。高速铁路的发展规划，不仅在欧洲、亚洲得到推广，目前在美洲和澳大利亚也在进行推广。

至 2002 年底，全世界已经建成高速铁路并投入运营的国家有 9 个，线路总长 5 435 km；在建高速铁路 16 条，总长度达到了 3 267 km，欧洲高速铁路建设有一个比较完整的规划，根据这个规划，2020 年形成一个新建高速铁路 10 000 km，改造既有线 15 000 km，遍及全欧洲并连接主要国家首都的高速铁路网。

在亚洲，1964 年 10 月 1 日，世界上第一条高速铁路——日本东海道新干线建成通车，当时最高运行速度为 210 km/h，使东京—大阪的运行时间从 6 h 30 min 缩短到 3 h。日本接着又相继修建了山阳、东北、上越、北陆、山形、秋田等新干线，形成了纵贯日本国土的新干线网（2 175 km），被誉为"经济起飞的脊梁"，并有新建新干线和改造既有线的计划。2004 年 4 月 1 日，韩国首尔—釜山的高速铁路（412 km）开通运营，最高行驶速度达 300 km/h。2007 年 1 月 5 日中国台湾台北—高雄的高速铁路（345 km）投入运营，最高时速 315 km。

欧洲是目前高速铁路投入运营最多的地区。截止到 2002 年末，欧洲高速铁路已有 3 260 km 投入运营，至 2010 年已达到 6 000 km。欧洲高速铁路始于法国，法国 1981 年开通了 TGV 东南线（417 km），1989 年开通了 TGV 大西洋线（282 km），1993 年开通了 TGV 北方线（333 km），1994 年开通了 TGV 东南延伸线（148 km），1996 年开通了 TGV 巴黎地区联络线（128 km）。2001 年 6 月 10 日，TGV 地中海线（295 km）又开通运营，完成了纵贯法国的高速铁路干线。自 2003 年 6 月起，TGV 地中海线的部分地区（约 40 km）开始了最高速度为 320 km/h 的运行。2007 年开通的巴黎—斯特拉斯的 TGV 东方线（405 km）运行速度达到 350 km/h。法国希望在不久的将来将高速铁路总长度提高一倍，在 2020 年达到 2 500 km。截止到 2009 年年底，西班牙总共拥有 2 230 km 的高速铁路，已超过先前全球高速铁路最多的日本，成为世界上最大的高速铁路网；英国拟耗资近 340 亿英镑在 2030 年前修建一条连接苏格兰和伦敦的高速铁路（2 400 km）；波兰于 2014 年开始兴建国内第一条高速铁路，2020 年完工；据统计，2016 年世界各国在高速列车方面的投入已升至 1 500 亿欧元。

在德国，汉诺威—维尔茨堡铁路（新线长 326 km）和曼海姆—斯图加特铁路（新线长 99 km）于 1991 年投入运营，运行速度为 280 km/h。此后，汉诺威—柏林铁路（264 km）于 1998 年投入运营（其中有 170 km 的高速区段）。2002 年 8 月 1 日，德国科隆—法兰克福高速线（219 km）开通运营，运行速度为 300 km/h，是德国第一条客运专用线。在这条线上运行的第三代 ICE3 型高速列车最高运行速度为 330 km/h，允许列车晚点时列车以此速度赶点运行。

意大利在 1970 年立项建设罗马—佛罗伦萨高速铁路（236 km），1987 年建成，初期列车速度为 180 km/h，1992 年提高到 250 km/h。同时，意大利已制定了一项高速铁路网长期发展计划，将用 2 条高速线构成 T 字形、全长 1 300 km 的高速铁路网骨架。西班牙在新建马德里—塞维利亚（471 km）高速线取得巨大成功后，又开工建设马德里—巴塞罗那高速线（全长 651 km，设计最高时速 350 km/h）。比利时和荷兰等国也正在建设高速铁路，其中比利时的布鲁塞尔—法国边境的高速线（88 km）已于 1997 年 12 月开通，通向德国科隆到列日的高速线在 2002 年 12 月也已开通运营。英国是铁路发源地，第一条高速新线是 CTRL（连接英伦海峡的隧道线路），其第一区间（74 km）已于 2003 年 9 月 16 日开通，最高速度为 300 km/h，2007 年全线开通运营。除了西欧各国正在建设高速铁路网外，东欧、南部欧洲等国也在积极进行既有线基础设施提速改造。

如今，一贯比较重视发展航空和公路运输的美国也开始拟订高速铁路的建设计划。美国加利福尼亚州已决定在州内建设 1 131.1 km 长的高速铁路；佛罗里达州则通过立法准备在州内建设匹兹堡—坦帕—奥兰多的高速铁路。

澳大利亚铁路的重载运输驰名于世，近年也委托 TMG 国际公司对墨尔本—布里斯班（2 000 km）东海岸铁路的轮轨高速进行论证。

四、世界各国高速铁路的运营情况

高速铁路对国家的经济发展将产生巨大的推动作用。以日本为例，在新干线通车运营后的 10 年中，东海道和山阳新干线的旅客周转量增长了 12.7 倍，单向客流量由日均 500 人次增加到 67 916 人次。相对较低的旅行费用和相当高的旅行速度，使高速铁路吸引和诱发了大量客流，客运量年均递增 30%。在铁路扭亏为盈的同时，也为国民经济做出了重大贡献。据分析，在新干线运营 5 年后的 1970 年，东海道沿线的国民经济总产值与不修新干线相比增加了 2 200 亿日元（7.3 亿美元），工业总产值与不修新干线相比高了 2 倍。同时，新干线的运营对旅游、土地开发、城市经济结构调整等方面均产生了显著的、有利的影响。

法国 TGV 东南线建成通车后，最高运行时速达 270 km，巴黎至里昂间旅行时间由原来的 3 h 50 min 缩短到 2 h。客运量迅速增长，1984 年原计划乘坐飞机的旅客中约有 70%（约 200 万人次）转乘了高速列车，约有 100～150 万人次从高速公路上的小汽车和公共汽车转移到高速列车。1991 年东南线客运量达到 1 820 万人次，并创造了预期的经济效益，10 年内的赢利还清了新线建设和车辆购置贷款本息（TGV 东南线由法国铁路自行贷款兴建）。随着海峡隧道的建成，"欧洲之星"号高速列车于 1994 年 11 月在法、英、比三国首都间正式投入运营。1997 年 12 月连接巴黎、布鲁塞尔、科隆、阿姆斯特丹，以 4 个城市的首字母命名的 TGV-PBKA 高速列车开始投入运行。巴黎至里尔（226 km）的旅行时间由 2 h 10 min 缩短为 1 h。

客运高速化代表了铁路旅客运输的发展方向，也是一个国家经济发展达到一定水平后对旅客运输的必然要求。许多经济发达国家均制定并实施相应的高速铁路发展计划。日本计划修建总长达 7 000 km 的高速铁路网，并把速度提高到 350 km/h 以上；法国计划将高速铁路线扩大到 4 500 km，并结合既有线改建形成 12 000 km 的高速铁路网，最高速度为 300 km/h。铁路技术力量雄厚的德国，虽然目前高速线长度不足 4 000 km，但其在机车车辆设计与制造、线路设计与构造、轮轨关系研究等方面的巨大投入和精湛技术均预示了其高速铁路发展的宏伟前景。

五、非黏着铁路

传统的黏着铁路因为牵引力受轮轨黏着条件等的限制,很难实现 500 km/h 的最高速度,为此需研制新的运输工具。

1. 气垫车

20 世纪 60、70 年代,最早着手研制的是气垫车。气垫车一般用燃气轮机作动力产生高压喷气,在导轨与车辆间形成气垫使车辆浮起,并用喷气机驱动车辆前进,英、法两国研制 10 年,制成试验车。法国试验的飞行列车,车长 26 m,质量 20 t,可载客 80 人,用 530 kW 的燃气轮机产生气垫,用 2 956 kW 的动力驱动,在 18 km 的高架轨道试验上试运转时,最高时速达 422 km。1974 年能源危机时,为紧缩开支,且因喷气机污染环境,噪声太大,取消了研究计划。

苏联、美国都曾对气垫车进行过研究,因未取得显著成就而停顿。20 世纪 70 年代起,技术先进的国家,都先后停止了对气垫车的进一步探索,转而研制磁悬浮车。

2. 磁悬浮车

根据磁悬浮车采用的电磁铁种类,磁悬浮车一般分为两大类,一类为常导吸引型,一类为超导排斥型,两种磁悬浮车技术都日臻成熟。

3. 管道悬浮

地面高速运输速度要克服巨大的空气阻力,当速度超过 500 km/h 后,空气阻力将非常大,所以产生了管道磁浮线路的设想。将磁浮车系统置于空气稀薄的管道中,时速几乎可以无限制地提高,美国兰德公司为此设想了一种管道高速运输系统。

该设想的轮廓是,由纽约到洛杉矶修建一条长 3 950 km 的横贯美国东西的地下隧道,隧道内形成约 0.1 kPa(相当于 1‰ 个大气压)的真空,将磁浮系统安装在隧道内,悬浮力和驱动力都由超导电磁形成。速度受 3 950 km 的加速距离与减速距离限制,3 950 km 的一半用于加速,一半用于减速,中间速度最高为 22 500 km/h。即使采用中速 13 000 km/h,平均速度 6 750 km/h,由纽约到洛杉矶也只需要 36 min 30 s 的旅行时间。隧道当然不宜转弯,转弯时曲线半径需达 700~800 km。

为叙述方便,在后面的章节中,若无特殊说明,本书中"高速铁路"均指轮轨接触式高速铁路。

任务 1.2 高速铁路主要技术经济优势

高速铁路之所以受到各国政府的普遍重视绝非偶然,它克服了普通铁路速度较低的不足,与高速公路的汽车运输和中长途航空运输相比较,在下列各项技术经济指标中具有一定的优势。

一、速度快

速度是高速铁路的技术核心，也是其主要的技术经济优势所在。迄今，高速铁路是陆上运行距离最长、运行速度最高的交通运输方式。近几年相继建成的高速铁路，其最高运行速度都在 300 km/h 左右，预计几年内将达到或突破 350 km/h。

旅客出行在途中所花费的时间由三部分组成：一是由出发地至始发站（港）的走行（或短途运输方式的运行）时间及等待时间；二是所乘坐的交通运输方式由始发站（港）至到站（港）的旅行时间；三是由到站（港）至目的地的走行（或短途运输方式的运行）时间。不同的交通运输方式，其第一和第三部分时间（以下简称附加时间）是不同的。一般坐飞机，附加时间较长，而乘坐汽车的附加时间较短，但对一定距离而言飞机的运行时间要短于汽车的运行时间。就公路、铁路和航空而言，所谓某种交通运输方式的优势距离，即为旅客出行花费的总时间比其他交通运输方式都少的距离范围。速度越高，附加时间越少，其优势距离范围就越大。

当代大交通系统中，高速公路、航空运输与铁路并存，且都在迅速发展。旅客选择运输工具主要出于对速度、安全、经济及舒适度的综合比较。随着经济的发展，生活水平的提高和社会活动节奏的加快，人们对交通运输工具速度的要求更为迫切。如果旅客出行的附加时间以高速公路为零，高速铁路为 1.0 h，航空为 2.5 h（上飞机前 1.5 h，下飞机后 1.0 h），汽车平均运行速度取 120 km/h，飞机飞行速度取 700 km/h，高速铁路最高运行速度分别取 210 km/h、250 km/h、300 km/h 和 350 km/h，从旅客总旅行时间进行比较（见图 1.3），其有利吸引范围为：

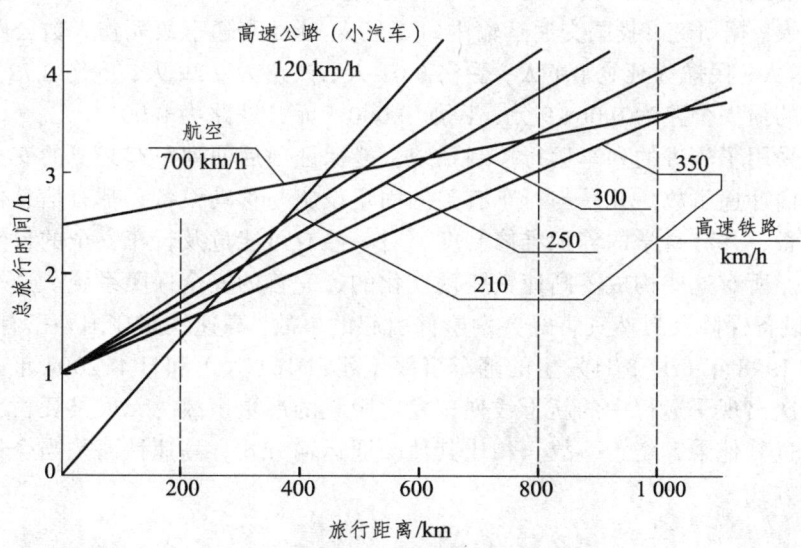

图 1.3　旅客出行总旅行时间比较图

小汽车：优势距离在 200 km 以内。
航空：优势距离在 1 000 km 以上。
高速列车：速度为 210 km/h，优势距离仅为 300～500 km；
　　　　　速度为 250 km/h，优势距离为 250～600 km；

速度为 300 km/h，优势距离为 200~800 km；

　　速度为 350 km/h，优势距离为 180~1 100 km（见图 1.3）。

　旅客出行选择交通运输方式，除考虑时间外，还需考虑票价、舒适度、安全等因素。如果加上安全、舒适度及票价等因素，高速铁路的速度有利于将吸引范围有所扩展，即使速度目标定为 300 km/h，优势距离上限也将在 1 000 km 以上。

二、运能大

　高速铁路旅客列车最小行车间隔可达到 3 min，列车密度可达 20 列/h，每列车载客人数也比较多，如采用动力分散方式及双层客车，其列车定员可达 1 200~1 500 人/列，理论上每小时的输送能力可以达到 $2 \times 24\,000 \sim 2 \times 30\,000$ 人。4 车道的高速公路每小时的输送能力约为 $2 \times 4\,800$ 人，两条跑道的机场每小时的吞吐能力约为 $2 \times 6\,000$ 人。可见高速铁路的运输能力是高速公路和民用航空等现代交通运输方式不可比的。

三、安全性高

　安全是人们出行选择交通运输方式最关心的因素。尽管各种现代交通运输方式都在竭力提高自身的安全性能，但交通事故仍时有发生。日本每 10 亿人·km 死亡人数既有铁路为 1.97 人，汽车为 18.3 人。欧洲铁路共同体 14 个成员国，每年因公路交通事故死亡 54 000 人，伤 170 万人，超过铁路的 125 倍。美国死于高速公路交通事故者每年约 5 万人，伤亡人数则高达 200 多万人。据研究，我国交通运输中每 1 亿人·km 交通事故死伤人数公路为死亡 10.5 人，重伤 24.88 人；民航为死亡 0.1 人，受伤 0.01 人；铁路为 0.29 人，重伤 0.72 人。1 人·km 交通事故造成的损失公路为 0.064 9 元；民航 0.000 5 元；铁路为 0.001 8 元。

　高速铁路采用了先进的列车运行控制系统，能保证前后两列车有必要的安全距离，防止列车追尾及正面冲撞事故。几乎与行车有关的固定设施与移动设备，都有信息化程度很高的诊断与检测设备，并有科学的养护维修制度。对一些有可能危及行车安全的自然灾害，设有预报预警装置。所有这些构成了高速铁路现代化的、完善的安全保障系统。这一系统可以防止人为过失、设备保障及自然灾害等突发事件引起的事故。高速铁路在国外已有 50 多年运营实践，除德国 1998 年 6 月 3 日发生的翻车事故（死亡 101 人）和日本 2004 年 10 月 23 日在新潟地震中首次出现了运行中的新干线列车发生脱轨的严重事故（无人员死亡）外，国外高速铁路未发生过其他乘客伤亡事故。相比其他交通运输方式，高速铁路是当今最安全的现代高速交通运输方式。

四、准确性高

　高速铁路的安全保障系统不但保证了高速列车运行安全，也使铁路运输全天候的优势得到了充分的发挥。除可危及行车安全的自然灾害外，几乎不受大气和气候条件的影响，24 h 内都可以安全地正常运行。

航空运输受气候影响，航班很难做到准点，有时还会停航。国外高速公路经常发生堵塞，行车延误在所难免。由于高速铁路事故几乎为零，再加上全天候都可正常运行，因此高速列车始终是在一个十分稳定的系统中运行，其正点率非常高。日本东海道新干线列车平均晚点不到 0.3 min，几乎与钟表一样地准。这是其他任何一种现代交通运输方式都做不到的。西班牙 AVE 高速列车晚点 5 min，就要向旅客退回全部票款。这是其他任何一种现代交通运输方式不敢承诺的。

五、能耗少

交通运输是能源消耗大户，能耗标准是评价交通运输方式优劣的重要技术标准。研究表明：若以普通铁路每人·km 消耗的能源为 1 单位，则高速铁路为 1.3，公共汽车为 1.5，小汽车为 8.8，飞机为 9.8。高速铁路能耗大约是小汽车和飞机的 1/5。高速铁路使用的是二次能源——电力，而汽车、飞机使用的是不可再生的一次能源——汽油。随着水电和核电的发展，高速铁路在能源消耗方面的优势还将更加突出。这也是在当今石油能源紧张的情况下，选择发展高速铁路的原因之一。

六、占地少

交通运输，尤其是陆地上交通运输，由于要修建道路和停车场，需要占用大量的土地，而且大部分是耕地。双线高速铁路路基面宽 9.6～14 m，而 4 车道的高速公路路基面宽达 26 m。双线铁路连同两侧排水沟用地在内，每千米用地约 70 亩；4 车道的高速公路每千米用地 105 亩。高速铁路占地只有 4 车道的高速公路的 2/3，而每小时可完成的运量却是 4 车道高速公路的 4 倍以上。一个大型飞机场，包括跑道、滑行道、停机坪、候机大楼及其他设施，面积大，又多为市郊良田。500 km 的法国 TGV 高速铁路相当于一个大型机场用地。

七、工程投资低

工程投资是制约某种现代交通运输方式能否得到迅速发展的重要因素。高速铁路的工程投资要高于普通铁路，但并不比高速公路高。例如，法国高速铁路基础设施造价要比 4 车道的高速公路节约 17%。据估算在美国城区修建高速铁路其造价仅为高速公路的 1/4～1/5。这些都说明，高速铁路工程投资在高速交通中是比较低的。

八、污染环境轻

环境保护已成为全球性的紧迫问题，发展交通运输应注意环境生态问题，交通运输污染环境主要是废气和噪声。在旅客运输中，各种交通工具有害物质的换算排放量，公路 1 人·km 排放 CO 为 0.902 kg，公路为铁路的 8 倍。铁路的噪声污染也是最低的，日本以航空运输 1 000 人·km

产生的噪声为1，则小轿车为1，大轿车为0.2，高速铁路仅为0.1。高速电气化铁路基本上消除了粉尘、烟油和其他废气污染，噪声比高速公路低 5~10 dB（A）。一架喷气式客机平均每小时排放 46.8 kg 的 CO_2、635 kg 的 CO、15 kg 的 SO_2，这些物质在大气中要停留约2年以上，是造成大面积酸雨、植被生态遭到破坏和建筑物遭受侵蚀的主要原因。根据我国的研究，每 1 人·km 污染治理费用，如以高速铁路为1，则高速公路为 3.76，航空运输为 5.21。有识之士建议，为防止地球上臭氧层被破坏而造成的气候异常现象，除应力争使汽车排放的废气减少 25% 和控制高速公路的发展之外，还应力争以高速铁路网部分替代国内和国际大城市间的航空运输。

九、舒适度高

随着生活水平的提高，乘坐舒适是人们出行选择交通运输方式的重要条件之一。高速铁路线路平顺、稳定，列车运行平稳，振动和摆动幅度很小。每一旅客所占有的活动空间，高速铁路比汽车和飞机都大得多，座位宽敞，设施先进，装备齐全，乘坐非常舒适，这些是飞机和汽车难以做到的。

十、效益好

高速公路的交通堵塞和事故给国民经济带来了巨大损失，欧共体国家用于解决高速公路堵塞的费用占国民生产总值的 2.6%~3.1%，总金额在 900 亿~1 100 亿美元，相当于整个欧洲高速铁路网的全部投资；用于处理公路事故的费用也占国民生产总值的 2.5%。

修建高速铁路的直接经济效益是很好的。据统计，日本东海道新干线总投资为 3 800 亿日元，由于投入运营后客流迅速增长，而运输成本只有飞机的 1/5，正式投入运营的第 7 年便全部收回投资，其直接经济效益在 20 世纪末，已是投资额的 13.5 倍。1964—1985 年间，日本的东海道新干线的营业系数（营业支出与营业收入之比）就达到了 0.42，山阳新干线的营业系数为 0.66。法国 TGV 高速线运营情况也很好，20 世纪 90 年代中期，TGV 东南线和大西洋线净赢利率就分别达到 31% 及 21%，运营 11 年或 12 年就能偿还投资。

高速铁路除有很好的经济效益外，还有显著的社会效益。据研究，京沪高速铁路的社会成本为 0.323 9 元/（人·km），而高速公路为 0.659 4 元/（人·km），民航为 0.747 6 元/（人·km）；其比例为 1∶2.036∶2.308。在完成同等运量的情况下，修建京沪高速铁路每年节省的社会成本就达到 223 亿元，6~7 年其总额就相当于全部建设投资。此外，高速铁路还可以拉动沿线的经济增长，提供众多的就业机会。由于高速铁路具有诸多方面的技术经济优势，加之当今世界石油资源日益匮乏，生态环境日益恶化，道路严重堵塞与事故频发，所以高速铁路问世 50 多年来，高速铁路建设方兴未艾。国际上一些专家预言，高速铁路将是 21 世纪陆上高速交通的主要发展方向。

任务1.3 我国高速铁路的规划与建设

一、我国发展高速铁路的必要性

高速铁路代表了当代世界铁路发展的大趋势，是20世纪交通运输发展的重大成就，是人类智慧的结晶和共同财富。作为一个幅员辽阔、人口众多、能源相对匮乏的发展中国家，大力发展高速铁路是推动我国国民经济又好又快发展的明智选择。

（一）高速铁路是我国经济及社会发展的需要

从发展经济学的角度看，一个国家的人均GDP在400~2 000美元为经济起飞阶段，在2 000~10 000美元为加速成长阶段，在10 000美元以上为稳定增长阶段。2008年，我国经济总量已经超过德国，成为世界第三大经济体，人均GDP超过3 000美元，进入了快速发展时期。2020年我国人均GDP已超过10 000美元，到2050年将达到中等发达国家水平，人民生活水平比较富裕，基本实现现代化。据有关方面预测，到2050年，我国总人口将达到15.5亿左右，届时城市化率将达到75%。稳定、健康、快速的经济增长大环境，将为我国旅客运输市场的持续增长提供基础条件。

随着人们收入的不断增加，居民用于交通方面的支出将会不断增加，对交通运输的需求也将会随之增长。随着我国各种运输方式的不断发展，全国统一的综合交通运输体系的逐步形成，各种交通运输方式的协调发展，必将使长期受到压抑的潜在客运需求得以进一步释放，未来我国的客运需求将快速增长。

近年来，我国居民出行已经开始从单纯的探亲访友向旅游等消费性需求方向转变，从过去仅仅满足"走的了"向"走得快""走得好"的高品质运输方向转变。今后，随着人民物质文化生活水平的不断提高，人们对出行的运输服务质量需求将会越来越高，方便快捷、环境舒适、安全可靠、服务良好以及各种个性化服务的出行消费需求都将提出来，仅靠传统的铁路运输工具难以满足这些需求，因此，加快高速铁路的建设是我国顺应时代发展要求的必然选择。

（二）高速铁路的比较优势决定其在运输市场竞争中的重要地位

在任务1.2中介绍了高速铁路的技术经济特点，将高速铁路与公路和航空相比，突出其在速度、安全、运能、能耗、环境保护、土地占用、工程造价等方面明显的技术经济优势。由此，决定了高速铁路在交通运输市场中的地位和作用。

安全、快速、便捷、经济对旅客来说有很强的吸引力。2007年4月3日，法国V150高速列车，在即将开通的TGV东部线上进行高速试验时，最高速度达到574.8 km/h，创造了新的世界铁路运行速度纪录。2014年中国南车制造的CIT500型列车试验速度达到605 km/h，是目前世界上最快的火车。目前，在各国高速铁路运营的列车速度一般在300 km/h左右，而法国、日本的几种新型动车组在进行商业运营时，速度已达到 350～360 km/h。高速铁路的运用改变了人们的时空距离概念，人们在出行选择交通工具时，经常用总旅行时间来进行比较。据国外资料，分析公路、民航和高速铁路 3 种运输方式的总旅行时间表明，300 km 以下的路程，高速公路具有优势；1 000 km 以上的运距航空具有吸引力；750～1 300 km 的运距中，高速铁路具有明显的比较优势。与民航运输比较，高速铁路的另一个特点是可以开行夕发朝至列车或城际旅馆列车，乘坐这种列车的旅客可以利用夜间行车时间睡眠，这样在 1 300～2 000 km 的运距内，可以收到节约时间和费用的双重效果，与民航比较也具有一定的优势。

近年来，交通运输业发展的经验还表明，当发生大雾、大雪、暴雨等恶劣天气时，相对其他交通工具铁路运输是更可靠的交通方式，因为铁路运输具有自动控制、全天候的技术特征。

从上述比较优势及我国人口基数大、幅员辽阔等国情来看，未来高速铁路必将成为我国解决城市间旅客运输的主要方式。高速铁路的修建，也将大大增强我国铁路的市场竞争能力。因此，有专家预测，在未来客运运输市场竞争中，按铁路的市场份额为 34.5% 测算，2050 年的铁路旅客周转量可达 28 000 亿人次，但仍将集中在主要干线上，我国既有铁路网是难以承担如此庞大的客运量增长的，必须在大城市间新建专门用于旅客运输的城际高速铁路。

（三）高速铁路的发展符合我国国情的需要

一个国家交通运输发展模式的选择，必须根据其本国的国情来确定。

根据我国的基本国情，大力发展运力大、占地少、污染轻、安全可靠和经济舒适的交通工具，来解决大客流量的快速运输问题是我们必然的选择。如前所述，高速铁路在这些方面具有明显的比较优势，完全适合我国国情的需要。

1. 高速铁路运力大，符合发展大众运输的国情

我国人口众多，幅员辽阔，经济相对落后，对大众客运运输工具的需求很大。目前，我国人均乘火车的人数远远低于发达国家的平均水平。根据《2019 年中国铁路客运行业分析报告——市场竞争现状与发展前景评估》数据显示，2018 年，我国铁路完成旅客发送量 33.7 亿人，同比增长 9.4%；国家铁路完成 33.17 亿人，同比增长 9.2%，其中动车组 20.05 亿人、同比增长 16.8%。全国铁路完成货物发送量 40.22 亿吨，同比增长 9.1%；国家铁路完成 31.9 亿吨，同比增长 9.3%，其中集装箱、商品汽车、冷链运输同比分别增长 33.4%、25.1%、52.3%。可以预测，随着国民经济的快速增长和人民物质文化生活水平的提高，未来我国客运量肯定会有一个大幅度的增长，而高速铁路作为大众运输工具，具有安全可靠，运量大，速度快，全天候等特征，恰好能适应这一发展要求。

2. 高速铁路的发展有利于改善地区经济不均衡并合理配置资源

我国目前是东部人口众多，经济发达，资源匮乏，而西部是人口稀少，经济落后，资源丰富。要改变这一局面，必须大力发展交通运输，落后地区一旦被铁路覆盖或辐射，则会使该地区更大范围地融入国民经济的整体中去，提升其经济发展水平，加快经济发展的进程。

另外，铁路对促进资源的优化配置提供了最有效的载体，有利于市场广度和深度的开拓，使人们能够低成本地参与市场竞争。因此，高速铁路的建设将有利于我们改善地区经济发展的不均衡和促进资源合理有效地配置。

3. 高速铁路用地省

如前所述，高速铁路由于多采用高架等形式，因此，与其他运输方式相比占用土地面积相对减少。这一特征尤其适合我国人多地少的国情。因为，我国目前人均占地远远低于世界平均水平，人均耕地面积仅 $0.0008\ km^2$（约1.2亩），且有逐年递减的趋势，因此，能否节约用地是我们选择发展交通运输方式的重要条件之一。

4. 高速铁路能耗低

从 2004 年开始，我国能源消耗已超过 14 亿 t 标准煤，成为世界上继美国之后的第二能源消耗大国。随着国民经济的快速发展和人民物质文化水平的不断提高，我国不仅面临资源需求的刚性增长，还存在着能源利用率偏低带来的双重夹击。我国石油资源紧缺，公路和航空运输用油量大，目前，我国大约有一半以上的成品油依靠进口解决。而高速铁路不仅能耗较低，且能够利用二次能源，因此，在能源需求日趋增长的今天，大力发展高速铁路，有利于开发和利用各种新型能源，是实现可持续发展的一项明智的选择。

（四）高速铁路的建设有利于促进我国铁路装备水平及工业制造整体水平的提高

铁路是我国国民经济的大动脉，在我国交通运输体系中居于主导地位。但我国铁路的现状是路网不发达，技术装备落后，运能与运量的矛盾十分突出，一些主要干线长期超饱和运行。我国铁路长期处于限制型运能的地位，在整体上滞后于国民经济发展的速度、滞后于交通行业其他运输方式发展的速度，更滞后于市场经济发达的国家铁路发展的速度。而在发展上，我国铁路长期以来只注重增加列车重量和行车密度，忽视列车速度的提高。直到 1997 年，全国旅客列车才开始大面积提高速度，这一举措很快得到市场的认同和广大旅客的欢迎。因此，改变中国铁路落后、被动局面的根本出路在于依靠科技进步，大力发展高速铁路技术。

高速铁路技术是一个涉及多学科、多门类、多产业的综合性先进技术，它集中了新型牵引动力、高性能的轻型车辆、高速线路和桥隧、高速度高密度的列车运行自动控制、高速度旅客运输组织等方面的最新技术和管理理念。建设高速铁路不仅需要大量资金，涉及引进、吸收、消化发达国家高速铁路的最新工艺、技术和成功经验，更涉及我国电子、信息、控制、机械、能源、化工、环保、原材料、土木建筑等多学科、多产业的科学技术与制造工艺水平的发展。抓住建设高速铁路这一发展机遇，不仅有利于加快我国铁路技术装备现代化的进程，促进我国铁路运输组织水平和服务质量的提升，彻底改变我国铁路技术落后的被动局面。还可以大大推动我国机械制造、信息技术、化工技术、电子电气、工程建设、环境保护等多项高新技术及产业的进步和发展，缩小与发达国家在这些方面的差距，为我国国民经济的全面发展和社会文明进步创造更好的条件。

（五）高速铁路的建设符合我国城市化发展战略的需要

改革开放 40 多年来，我国城市化率从 20% 左右提高到 60%，城市化建设已成为推动我国经济增长、社会进步的重要手段。我国铁路客运量的 97.2% 产生于城市，其中 38 个超大、特大城市产生的铁路客运量占铁路客运总量的 53.4%。人口 1 000 万以上的 13 个超大城市产生的客运量 3.74 亿人，占铁路客运总量的 33%，平均每个城市 2 668.5 万人，这些城市都是全国性的中心城市或跨省区的大区域型中心城市；人口 500 万～1 000 万人的 25 个特大城市产生的客运量为 2.14 亿人，占铁路客运总量的 20.4%。平均每个城市 856 万人。客观上这些城市都已成为客流中心，而铁路是联系这些大城市的强有力的纽带。

在铁路主管部门的推动下，国务院于 2004 年 1 月 7 日审议通过了《中长期铁路网规划》，这是我国铁路历史上第一个中长期发展规划，确定 2020 年我国铁路营业里程达到 10 万千米，建设客运专线 1.2 万千米以上。主要繁忙干线实现客货分线，复线率和电气化率均达到 50%。根据我国综合交通体系建设的需要，国务院又于 2008 年发布了《中长期铁路网规划（2008 年调整）》，将 2020 年全国铁路营业里程规划目标由 10 万千米调整到 12 万千米，将客运专线建设调整从 1.2 万千米调整到 1.6 万千米以上，确定中国高铁发展以"四纵四横"为代表的快速客运网络，包括速度 200 km/h 的城际轨道交通和客货混跑快速铁路，形成快速便捷的铁路客运通道，即"四纵四横"规划。

在规划快速客运网络的同时，铁路主管部门还积极推动铁路管理体制改革，撤销铁路分局，同时建立"省部合作"的机制，充分发挥地方政府建设铁路的积极性，加快高速铁路建设。通过引进消化吸收再创新，中国铁路系统掌握了高速铁路路基、桥梁、隧道、无砟轨道、减振降噪以及四电工程等相关关键技术，逐步构建起中国高速铁路技术标准体系。以无砟轨道技术为例，铁路主管部门在引进国外无砟轨道技术的同时，决定在遂渝线铺设全长 13.16 千米的无砟轨道试验段，系统地研究解决不同类型的无砟轨道结构和无砟轨道对信号系统的适应性等关键技术。2006 年铁路主管部门又组织 20 多家科研设计施工单位开展"客运专线无砟轨道技术再创新"，共设立 22 项科研课题，围绕核心技术进行攻关。2007 年 1 月遂渝线无砟轨道综合试验段建造完成，并随后承担 CRH2 型动车组的高速测试，这为后来中国高速铁路大面积铺设无砟轨道打下了基础。2009 年，我国铁路研发出具有完全自主知识产权的 CRTS Ⅲ 型板式无砟轨道，被视为"引进-消化吸收-再创新"战略和高速铁路技术国产化的重要成果之一。

二、我国高速铁路发展的战略规划

（一）我国高速铁路的发展目标

目前，京津唐地区、长江三角洲地区、珠江三角洲地区已经成为主导中国经济发展、参与国际竞争的大城市群。今后，中国经济越来越向各大城市群聚集。北京、上海、广州三大城市群将在不久的将来成为具有巨大影响力的经济空间。大城市群在国家和区域经济发展中具有非常重要的地位，是一个国家或地区经济发展的中心，具有强大的吸引力和凝聚力。从城市人口规模看，目前我国城市人口居前五位的城市分别是上海、北京、天津、武汉和广州。

从地理位置看武汉距北京1 225 km，武汉距上海951 km，武汉距重庆1 016 km，位于全国路网中心位置，而且是沿江经济带的中部，具有承东启西的桥梁作用。因此，我国高速铁路网以北京、上海、广州三大中心城市，再加上武汉为中心布局，这样有利于扩大上述中心城市的辐射和影响范围。因此，我国高速铁路网的发展目标是：到21世纪中叶，建成以北京、上海、武汉、广州为中心，连接绝大部分目前人口在100万人以上的城市和省会城市的高速铁路网。进一步扩展四大中心城市的"朝发夕至"和"一日到达圈"，实现1 000 km以内朝发夕归，3 000 km以内夕发朝至，5 000 km以内一日到达，高速铁路相连的中心城市间均可实现夕发朝至，运输能力和运输质量全面适应我国2050年基本实现现代化经济和社会文明发展的需要。

（二）我国高速铁路的发展模式

从我国现有铁路网和城市布局情况看，高速铁路的发展模式可以有以下3种。

1. 繁忙干线客货分线，建设大能力客运通道

既有繁忙干线一般双向密度在2 000万人·km/km以上、双向运输密度8 000万换算t·km/km以上，能力不能满足运输需要的可建第二双线（或高速铁路），实现客货分线运输。新建第二双线，主要承担中长途、城际间旅客运输，同时承担少量的快速货物运输（一般具有高附加值），既有线主要承担货运，同时承担少量的短途客运。

2. 中心城市间建设客运专线，实现旅客运输高速化

中心城市间一般经济发达，人口稠密，客运发展潜力巨大，同时仍有少量货运。因此，要视其发展状况合理布局，条件许可的可采取货运由其他线路承担，而一次性新建客运专线；必须承担货运的，近期可采用客货混跑快速线路过渡，平面预留改造为高速铁路的条件，待条件成熟后，再改造为高速铁路，同时，新建一条货运线。

3. 繁忙单线客货分线，全面提升旅客运输质量

对于仅次于主要客运量通道的既有单线铁路，由于大多建成时间早，技术标准低，难以适应新时期旅客运输质量要求，而且线路所经地区地形复杂，改造既有线难度又很大，且客运发展潜力巨大，可采取仅建一条双线客运专线，而既有线主要用于货物运输和沿线短途客运，形成"三线模式"的客货分线运输。

（三）我国高速铁路的布局原则

（1）高速铁路的布局应以连接中心城市、全面适应21世纪中叶（我国基本实现现代化）人们对出行的运输要求为目标，中心城市间形成高速度、大能力的客运通道。

（2）高速铁路的布局应以经济效益为中心，重点考虑目前能力不足的客运繁忙通道，通过新建高速铁路，实现客货分线运输，大幅度提高客货运输能力和旅客运输质量。

（3）高速铁路的布局应尽量成网布局，这样有利于充分利用高速铁路资源。

（4）高速铁路的布局应兼顾西部地区，以缩短东西部的时空距离。由于我国经济发展的不平衡性，我国广大的西部地区人口密度低，经济发展相对落后，从现状及能力的需要来看，双线铁路基本能够满足需求。考虑未来西部地区的发展潜力和提高运输质量的需要，高速铁路应连接西部的中心城市，这样有利于缩短西部与中东部中心城市的时空距离，发挥中心城市的辐射带动作用。

（5）高速铁路的布局应远近结合，长大通道一次规划，分期实施，由于各线所处的地理位置不一，速度目标不一定采用统一标准。

（四）我国高速铁路的布局规划

我国地域辽阔，大陆东西方向跨距5 000 km，南北4 100 km。目前，全国32个省、区、直辖市和两个特别行政区，已通铁路的有33个。30个省会/直辖市（不含台湾、海南）之间的铁路平均运输距离约为1 914 km，按照铁路既有网络（包含部分在建新线），4个中心城市至30个主要城市的铁路运输径路分析如下：

从北京至全国32个中心城市大致可分为3条通路：一是沿京广南下可以至华中、华南、西南和西北地区中心城市，包括石家庄、郑州、武汉、长沙、广州、南宁、西安、兰州、拉萨、成都、重庆、贵州、昆明和太原；二是沿京沪线南下至天津、济南、青岛、合肥、南京、上海；三是沿京山（京秦）、沈山至东北的沈阳、长春、哈尔滨和大连。铁路运输距离在137～4 064 km，其中最远为昆明和拉萨，目前铁路的旅行时间分别为42 h 56 min和47 h 28 min。

从上海至全国32个中心城市，大致可分为南北两路：向北经京沪线至西北、华北和东北地区中心城市，向东经沪杭、浙赣至华中、华南和西南地区中心城市。铁路运输距离在201～4 373 km，其中最远为昆明和拉萨，目前的旅行时间分别为43 h 44 min和51 h 39 min。

从广州至全国32个中心城市，经京广线北上至华北和东北、南下至华东和华南、向西至西南和西北的中心城市。运输距离在147～3 588 km，其中最远为哈尔滨，目前的旅行时间为28 h 43 min。

从上面分析可以看出，京沪、京广、京哈、陇海、沪杭、浙赣等线路除服务于沿海线城市间运输外，还是连接我国南北东西的最繁忙干线，是我国铁路的脊梁，运输负荷已成为世界之最，且客运密度已达到国外修建高速铁路的标准（一般为2 000万人以上），迫切需要修建高速铁路，以实现客货分线运输，满足全面建设小康社会对铁路客货运输数量和质量的需求。

由于经济发展迅速，为了进一步适应国民经济发展的需求，我国在2008年对《中长期铁路规划网》进行了调整。根据《中长期铁路规划网（2008年调整）》的规划，我国高速铁路发展以客车速度为200 km/h以上（部分路段160 km/h以上）的"四纵似四横"客运专线为重点。

1. 北京至哈尔滨和大连通道

该通道为北京至东北地区的最主要客运通道，既有通道由京山、沈山和哈大线组成。该通道连接北京、天津、沈阳、长春、哈尔滨、大连6个超大城市。

2. 北京至上海通道

既有京沪线是我国东部地区的客货繁忙通道，该通道连接北京、天津、南京、上海4个超大城市。

3. 北京至广东（深圳）通道

既有京广线是我国纵贯中部地带的客货繁忙通道，该通道连接北京、武汉、广州3个超大城市。往南可连接深圳、香港和澳门。

4. 上海至广东通道

该通道起自上海，沿东南沿海至华南中心城市广州。地处我国东南沿海，沿线人口稠密，经济发达，线路经过杭州、宁波、台州、温州、厦门、深圳等中心城市。

5. 青岛至太原通道

该通道位于我国北部地区，连接东、中、西三大经济带，目前为煤运中心通路。该通道连接青岛、淄博、潍坊、济南、德州、石家庄、阳泉、太原等中心城市。

6. 徐州至兰州通道

该通道为东中部地区通往西北地区的主要客运通道，既有陇海线为我国连接东、中、西三大经济带的客货繁忙通道。该通道连接徐州、郑州、洛阳、西安、兰州等特大城市。

7. 上海至成都通道

长江横贯我国东、中、西三大经济带，是联系沿海与内陆，沟通东部、中部、西部的水运大动脉。沿江工农业生产基地雄厚，门类品种齐全，以长江为纽带的沿江经济带已具有相当规模。历来被人誉为"黄金水道"的长江航运，因其航道标准处于自然状态，洪水禁航、枯水停航等众多原因，导致长江客运逐步萎缩。目前，规划上海至成都高速铁路连接上海、南京、合肥、武汉、重庆、成都等超大城市。

8. 上海至昆明通道

该通道连接华东、中南、西南三大经济区，是位于我国南部地区的一条主要客运通道。该通道连接上海、杭州、南昌、长沙、贵阳、昆明等中心城市。

（五）我国高速铁路的规划

目前，我国"四纵四横"客运专线已经基本建成。为了进一步推动高速铁路的发展，以满足快速增长的客运需求，国家发改委、交通运输部、中国铁路总公司于2016年7月联合发布了《中长期铁路网规划》，在"四纵四横"的基础上，确定构建以"八纵八横"主通道为骨架、区域连接线衔接、城际铁路补充的高运铁路网，实现省会城市高速铁路通达、区际之间高效便捷相连。

1. "八纵"通道

1）沿海通道

沿海通道是指大连（丹东）—秦皇岛—天津—东营—潍坊—青岛（烟台）—连云港—盐城—南通—上海—宁波—福州—厦门—深圳—湛江—北海（防城港）高速铁路，连接东部沿海地区，贯通京津冀、辽中南、山东半岛、东陇海、长三角、海峡西岸、珠三角、北部湾等城市群

2）京沪通道

京沪通道是指北京—天津—济南—南京—上海（杭州）高速铁路，包括南京—杭州、蚌埠—合肥—杭州高速铁路，同时通过北京—天津—东营—潍坊—临沂—淮安、扬州—南通—上海高速铁路，连接华北、华东地区，贯通京津冀、长三角等城市群。

3）京港台通道

京港（台）通道是指北京—衡水—菏泽—商丘—阜阳—合肥（黄冈）—九江—南昌—赣州—深圳—香港（九龙）高速铁路和合肥—福州—台北高速铁路，包括南昌—福州（莆田）铁路，连接华北、华中、华东、华南地区，贯通京翼、长江中游、海峡西岸、珠三角等城市群。

4）京哈—京港澳通道

京哈—京港澳通道是指哈尔滨—长春—沈阳—北京—石家庄—郑州—武汉—长沙—广州—深圳—香港高速铁路，包括广州—珠海—澳门高速铁路，连接东北、华北、华中、华南、港澳地区，贯通哈长、辽中南、京津冀、中原、长江中游、珠三角等城市群

5）呼南通道

呼南通道是指呼和浩特—大同—太原—郑州—襄阳—常德—益阳—邵阳—永州—桂林—南宁高速铁路，连接华北、中原、华中、华南地区，贯通呼包鄂榆、山西中部、中原、长江中游、北部湾等城市群。

6）京昆通道

京昆通道是指北京—石家庄—太原—西安—成都（重庆）—昆明高速铁路，包括北京—张家口—大同—太原高速铁路，连接华北、西北、西南地区，贯通京津冀、太原、关中平原、成渝、滇中等城市群。

7）包（银）海通道

包（银）海通道是指包头—延安—西安—重庆—贵阳—南宁—湛江—海门（三亚）高速铁路，包括银川—西安以及海南环岛高速铁路，连接西北、西南、华南地区，贯通呼包鄂、宁夏沿黄、关中平原、成渝、黔中、北部湾等城市群。

8）兰（西）广通道

兰（西）广通道是指兰州（西宁）—成都（重庆）—贵阳—广州高速铁路，连接西北、西南、华南地区，贯通兰西、成渝、黔中、珠三角等城市群。

2. "八横"通道

1）绥满通道

绥满通道是指绥芬河—牡丹江—哈尔滨—齐齐哈尔—海拉尔—满洲里高速铁路，连接黑龙江及蒙东地区。

2）京兰通道

京兰通道是指北京—呼和浩特—银川—兰州高速铁路，连接华北、西北地区，贯通京津冀、呼包鄂、宁夏沿黄、兰西等城市群。

3）青银通道

青银通道是指青岛—济南—石家庄—太原—银川高速铁路，连接华东、华北、西北地区，贯通山东半岛、京津冀、太原、宁夏沿黄等城市群。

4）陆桥通道

陆桥通道是指连云港—徐州—郑州—西安—兰州—西宁—乌鲁木齐高速铁路，连接华东、华中、西北地区，贯通陇海、中原、关中平原、兰西、天山北坡等城市群。

5）沿江通道

沿江通道包括上海—南京—合肥—武汉—重庆—成都高速铁路，包括南京—安庆—九江—武汉—宜昌—重庆、万州—达州—遂宁—成都高速铁路（其中，成都至遂宁段利用达成铁路），连接华东、华中、西南地区，贯通长三角、长江中游、成渝等城市群。

6）沪昆通道

沪昆通道是指上海—杭州—南昌—长沙—贵阳—昆明高速铁路，连接华东、华中、西南地区，贯通长三角、长江中游、黔中、滇中等城市群。

7）厦渝通道

厦渝通道是指厦门—龙岩—赣州—长沙—常德—张家界—黔江—重庆高速铁路（其中厦门至赣州段利用龙厦铁路、赣龙铁路。常德至黔江段利用张常铁路），连接海峡西岸、中南、西南地区，贯通海峡西岸、长江中游、成渝等城市群。

8）广昆通道

广昆通道是指广州—南宁—昆明高速铁路，连接华南、西南地区，贯通珠三角、北部湾、滇中等城市群。

（六）《新时代交通强国铁路先行规划纲要》

《新时代交通强国铁路先行规划纲要》是2020年8月中国国家铁路集团有限公司出台的纲要。该纲要提出了中国铁路2035年、2050年发展目标和主要任务，描绘了新时代中国铁路发展的美好蓝图。

铁路是国家战略性、先导性、关键性重大基础设施，是国民经济的大动脉、重大民生工程和综合交通运输体系骨干，在经济社会发展中的地位和作用至关重要。此次出台的《新时代交通强国铁路先行规划纲要》对标国际先进标准水平，着眼加快推动铁路高质量发展、效率变革和动力变革，全面打造世界一流的铁路设施网络、技术装备、服务供给、安全水平、经营管理和治理水平，率先建成现代化铁路强国，为全面建成社会主义现代化强国、实现中华民族伟大复兴的中国梦提供了有力支撑。

1．发展目标

从 2021 年到本世纪中叶，分两个阶段目标推进。

到 2035 年，率先建成服务安全优质、保障坚强有力、实力国际领先的现代化铁路强国。基础设施规模质量、技术装备和科技创新能力、服务品质和产品供给水平世界领先，运输安全水平、经营管理水平、现代治理能力位居世界前列，绿色环保优势和综合交通骨干地位、服务保障和支撑引领作用、国际竞争力和影响力全面增强。

（1）现代化铁路网率先建成。铁路网内外互联互通、区际多路畅通、省会高效连通、地市快速通达、县域基本覆盖、枢纽衔接顺畅，网络设施智慧升级，有效供给能力充沛。全国铁路网 20 万千米左右，其中高铁 7 万千米左右。20 万人口以上城市实现铁路覆盖，其中 50 万人口以上城市高铁通达。

（2）创新引领技术自主先进。铁路自主创新能力和产业链现代化水平全面提升，铁路科技创新体系健全完善，关键核心技术装备自主可控、先进适用、安全高效，智能高铁率先建成，智慧铁路加快实现。

（3）运输服务供给品质一流。高效率的全程服务体系和高品质的产品供给体系更加完善，全国 1、2、3 小时高铁出行圈和全国 1、2、3 天快货物流圈全面形成，人享其行、物畅其流，安全优质、人民满意。

（4）铁路运输安全持续稳定。人防、物防、技防"三位一体"的安全保障体系健全有力，本质安全水平、安全预防及管控能力、应急处置及救援能力全面提升，高铁和旅客列车安全得到可靠保障，铁路交通事故率、死亡率大幅降低。

（5）运营效率效益更加优良。运输效率、资源配置效率、资本运营效率持续提升，市场规模、经营发展质量不断跃升，主要运输经济指标保持世界领先，主要经营效益指标位居世界前列，国铁资本做强做优做大，国铁集团成为世界一流企业。

（6）铁路治理体系健全高效。党对铁路的全面领导坚强有力，铁路管理体制机制更加健全，制度更加完备，人才队伍精良，市场环境优良，发展活力增强，国铁企业的行业主体作用突出，治理体系和治理能力实现现代化。

（7）绿色骨干优势充分发挥。铁路与其他交通运输方式实现深度融合、优势互补，铁路比较优势更好发挥，铁路的客货运输市场份额持续提升，在现代综合交通运输体系中的骨干作用和地位明显增强。

（8）支撑引领作用全面增强。铁路服务经济社会发展的作用更加显著，应对突发事件及自然灾害、完成急难险重任务、服务重大战略、维护国家安全的能力全面提升，铁路成为社会主义现代化建设的重要支撑。

（9）国际竞争力影响力跃升。中欧班列成为具有国际影响力的世界知名铁路物流品牌，中国成为全球铁路科技创新高地，铁路走出去的产业链和价值链向中高端聚集，中国铁路国际竞争力和影响力显著提升。

到 2050 年，全面建成更高水平的现代化铁路强国，全面服务和保障社会主义现代化强国建设。铁路服务供给和经营发展、支撑保障和先行引领、安全水平和现代治理能力迈上更高水平，智慧化和绿色化水平、科技创新能力和产业链水平、国际竞争力和影响力保持领先，制度优势更加突出。形成辐射功能强大的现代铁路产业体系，建成具有全球竞争力的世界一流铁路企业。中国铁路成为社会主义现代化强国和中华民族伟大复兴的重要标志和组成部分，成为世界铁路发展的重要推动者和全球铁路规则制定的重要参与者。

2．主要任务

1）建设发达完善的现代化铁路网

（1）构建现代高效的高速铁路网。贯通高速铁路主通道，优化提升高速铁路通道网络功能和级配结构。科学有序推进区域性高速铁路建设，扩大高速铁路网覆盖范围。适时推进既有高速铁路通道的平行线路建设，强化繁忙高速铁路主通道能力。建成以高速铁路主通道为骨架、区域性高速铁路衔接延伸的发达高速铁路网，构建快速综合交通网的主骨架。

（2）形成覆盖广泛的普速铁路网。建设川藏等进出藏、疆铁路，优化完善普铁主干线通道。加强地区开发性及沿边铁路建设，畅通铁路集疏运体系及路网"前后一公里"。实施既有线扩能改造，消除干线通道瓶颈，优化集装箱、快捷、重载等运输网，强化沿江等重点区域货运能力。建成以普铁主干线为骨架、区域性铁路延伸集散的现代化普速铁路网，形成干线综合交通网的主动脉。

（3）发展快捷融合的城际和市域铁路网。在经济发达、人口稠密的城镇化地区构建多层次、大容量、通勤式、一体化的快捷轨道网，打造城市群综合交通网的主骨干。城市群中心城市之间及与其他主要城市间发展城际铁路，服务快速通勤及商贸出行。都市圈超大、特大城市中心城区与郊区、周边城镇组团间发展快速市域（郊）铁路，服务公交化便捷通勤出行。

（4）构筑一体衔接顺畅的现代综合枢纽。按照"零距离"换乘要求，建设以铁路客站为中心的综合客运枢纽，强化枢纽内外交通有机衔接，促进客站合理分工及互联互通，推进干线铁路、城际铁路、市域（郊）铁路和城市轨道交通"四网融合"及与机场高效衔接，实现方便快捷换乘。按照"无缝化"衔接要求，建设以铁路物流基地为中心的货运枢纽，完善货运枢纽集疏运体系、城市配送体系以及多式联运、换装转运体系，提升货运场站数字化、智能化水平，推动货运枢纽向现代综合物流枢纽转型。

2）发展自主先进的技术装备体系

（1）创新优质高效的运输服务供给。
（2）厚植效率效益优良的经营实力。
（3）提升持续可靠的安全发展水平。
（4）强化科技创新的支撑引领能力。
（5）改革创新科学高效的现代治理体系。
（6）发挥节能环保的绿色铁路优势。
（7）拓展互利共赢的开放合作空间。
（8）突出精良专业的人才队伍建设。
（9）当好经济社会发展的支撑引领。

【小知识】

中国高铁走出去

从引进速度 200 km/h 高速列车技术，到自主开发速度 350 km/h、380 km/h "和谐号"动车组；从京津城际铁路、武广高铁运营，到京沪高铁开通，中国迅疾跨入引领世界的"高铁时代"！

惊诧于中国速度，各国舆论疑惑：中国高铁似乎在一夜之间完成华丽转身，从一个不起眼的追赶者变成了世人关注的领跑者。感慨于中国高铁，美国总统奥巴马曾在国情咨文中急切地表示："我们没有理由让欧洲和中国拥有最快的铁路。"瞩目于中国模式，一些国家在探究中国创新之谜，以中国高铁为目标展开新一轮追赶。

怀揣与风竞速的梦想，中国以豪迈气魄发展高速铁路，涌动着赶超世界一流的雄心壮志！

中国高铁"走出去"促进"一带一路"互联互通初显成效，中国高铁的第一个"国际作品"土耳其首都安卡拉和其最大的城市伊斯坦布尔高速铁路的二期工程于 2014 年 7 月 25 日顺利完成并通车，工程全长 158 km，合同盈额 12.7 亿美元，设计速度 250 km/h。

正式通车后的安伊高铁，每日往返客流量由之前的 4 000 人次增加至 25 000 人次以上，单程耗时由之前的 10 h 缩短至 3.5 h。安伊高铁二期是中国企业在海外建成的第一条高铁，它完全采用欧洲标准和规范建设，起点高、难度大，对中国高铁进一步"走出去"具有重要示范作用，同时该项目也是中土两国深化经贸合作的标志性成果，更是"一带一路"建设的早期收获成果。建成通车后的安伊高铁，其工程的技术含量，施工质量，建设速度及成本等，受到土耳其领导人和老百姓的普遍赞扬。

学习情境 2　高速铁路路基施工

情境导入

路基是轨道的基础,也叫线路下部结构。高速铁路路基是一种土工结构物,与传统铁路在设计、施工、养护等方面都有很大的不同。主要体现在:必须达到轨道高平顺的要求,必须满足高速铁路对工后沉降的要求,必须严格控制路基的不均匀沉降,必须控制路基的初始不平顺。

学习目标

【知识目标】　掌握《高速铁路设计规范》有关路基的主要内容,掌握高速铁路路基处理施工工艺。掌握高速铁路路基施工检测技术的原理。

【能力目标】　能进行高速铁路路基处理施工方案比选,会使用高速铁路路基检测仪器进行技术数据采集和处理。

任务 2.1　高速铁路路基构造组成

一、高速铁路路基构造组成

1. 路　基

《高速铁路设计规范》《高速铁路设计规范条文说明》提出了高速铁路路基的设计原则。对路堤段和路堑段的路基结构断面做出了具体规定。规定路肩宽度为 1.4 m,规定了路基面上动应力设计值为 100 kPa。

2. 基　床

《高速铁路设计规范》对路基基床结构形式和尺寸做了具体规定,路基基床由表层和底层组成。表层厚度应为 0.7 m,底层厚度应为 2.3 m,总厚度为 3.0 m。其中,基床表层由 5~10 cm 厚的沥青混凝土和 60~65 cm 厚的级配碎石或级配砂砾石组成。

《高速铁路设计规范》对路基基床填筑材料和压实标准提出了具体要求。基床表层应采用级配碎石或级配砂砾石等材料。级配碎石、砂砾石基床表层压实标准以及砂砾石级配范围如表 2.1 及表 2.2 所示。基床底层应采用 A、B 组填料或改良土,其压实标准应符合《客运专线基床表层级配碎石技术条件》的规定。基床底层填料及压实标准如表 2.3 所示。

表 2.1 级配碎石、砂砾石基床表层压实标准

填 料	厚度/m	压实标准		
		地基系数 K_{30}/(MPa/m)	动态变形模量 E_{vd}/MPa	孔隙率 n
级配碎石、砂砾石	0.6~0.65	≥190	≥55	<18

表 2.2 砂砾石级配范围

级配编号	通过筛孔（mm）及质量百分率（%）								
	50	40	30	20	10	5	2	0.5	0.075
1	100	90~100		65~85	45~70	30~55	15~35	10~20	4~10
2		100	90~100	75~95	50~70	30~55	15~35	10~20	4~10
3			100	85~100	60~80	30~50	15~30	10~20	2~8

表 2.3 基床底层填料及压实标准

填 料	厚度/m	压实标准	改良细粒土	砂类土及细砾土	碎石类及粗砾土
A、B 组填料及改良土	2.3	地基系数 K_{30}/(MPa/m)	≥110	≥130	≥150
		动态变形模量 E_{vd}/MPa	≥40（35）	≥40（35）	≥40（35）
		变形模量 E_{v2}（MPa）及 E_{v2}/E_{v1}	≥60 ≤2.5	≥60 ≤2.5	≥60 ≤2.5
		压实系数 K	≥0.95	—	—
		孔隙率 n/%	—	<28	<28

3. 路 堤

《高速铁路设计规范》对基床以下路堤填料和压实标准做了规定。基床以下路堤填料应优先选用 A、B 组填料和 C 组块石、碎石、砾石类填料，当选用 C 组细粒土填料时，应根据土源性质进行改良后填筑，其压实标准应符合规定（见表 2.4）。《高速铁路设计规范》对地基条件提出了要求，当路堤基底以下压缩层范围内（一般不小于 25 m）的地基土不符合路堤地基技术条件要求时，应做工后沉降分析。

《高速铁路设计规范》对路基工后沉降量提出了要求，有砟轨道路基工后沉降量不应大于 5 cm，沉降速率应小于 2 cm/年。桥台台尾过渡段路基工后沉降量不应大于 3 cm。无砟轨道地段路基在无砟轨道铺设完成后的工后沉降应满足扣件调整和线路竖曲线圆顺的要求。工后

沉降一般不应超过扣件允许的沉降调高量 15 mm；沉降比较均匀，长度大于 20 m 的路基，允许的最大工后沉降量为 30 mm。

表 2.4 基床以下路堤填料及压实标准

填料	压实标准	细粒土改良土	砂类土及细砾土	碎石类及粗砾土
A、B、C 组（不含细粒土、粉砂及易风化软质岩块石土）填料及改良土	地基系数 K_{30}/(MPa/m)	≥90	≥110	≥130
	变形模量 E_{v2}/(MPa) 及 E_{v2}/E_{v1}	≥45 ≤3	≥45 ≤3	≥45 ≤3
	压实系数 K	≥0.90（0.92）	—	—
	孔隙率 n/%	—	≤31	≤31

4. 路堑

《高速铁路设计规范》对软质岩、强风化岩及土质路堑的基床处理提出了要求。

（1）基床表层深度范围内应进行换填并满足要求。

（2）基床表层以下，基床底层表面做成两侧坡度为 4% 的排水坡，且在基床范围内不得夹有 P_s < 1.5 MPa 或 $[\sigma]$ < 0.18 MPa 的土层。否则应进行改良或加固处理。

（3）土质路堑地层其土质不满足基床底层填料条件时，应换填 A、B 组填料或改良土，厚度不小于 0.5 m，并应分层碾压至相应的压实标准。

5. 过渡段

（1）路堤与桥台连接处应设置过渡段。过渡段长度按下式确定：

$$L = 2(h - 0.7) + a$$

式中　L——过渡段长度（m）；

　　　h——台后路堤高度；

　　　a——常数，3~5 m。

（2）路堤与横向结构物（立交框构、箱涵等）连接处，应设置过渡段。

（3）路堤与路堑连接处，应设置过渡段。

（4）土质、软质岩及强风化硬质岩路堑与隧道连接地段，应设置长度不小于 20 m 的过渡段，并采用渐变厚度的混凝土或掺入适量水泥的级配碎石填筑。

6. 路基面排水

路基面排水设计应结合电缆槽、接触网杆立柱、声屏障等具体工程，适当加强路基的横向排水设施。

7. 路基坡面防护

路堤边坡应设置坡面防护工程，防护工程应视填料性质、气候条件、边坡高度、浸水及冲刷等具体情况因地制宜采取适宜的防护形式。

土质、软质岩及强风化的硬质岩路堑的边坡坡面（含边坡平台、侧沟平台）均应进行防护或加固。

8. 路基支挡

重力式挡土墙应采用片石混凝土或混凝土浇筑。

应尽量避免设置高度大于 12 m 的重力式路肩墙和路堑墙及高度大于 10 m 的重力式路堤墙，无法避免时应适当提高安全系数。对于轻型支挡结构，根据结构形式、挡土墙高度等因素亦应适当提高安全系数。

9. 路基铺设无砟轨道的适应范围

（1）在路基施工后残余变形量大于扣件允许的运营调整量与轨道结构变形校正余量差值的 4 倍以上，或者不能排除该下沉量的路基上，不应铺设无砟轨道。

（2）在不能清楚掌握沉陷危险（如地质构造的活动带、矿山开采下沉区等）或可能出现不均匀隆起（如干旱区的一些路堑）的路基上，不应铺设无砟轨道。

（3）在地下水位高于钢轨顶面下 1.5 m 的地段，不应铺设无砟轨道。

10. 其 他

区间直线地段接触网立柱内侧距轨道中心应不小于 3.1 m。

电缆槽应采用混凝土预制构件砌筑，设置于路肩上，并应采取措施，及时排除基床表层和电缆槽内的积水。

声屏障应设置于电缆槽外侧。

路基上的各种设备宜与路基同步修建，并不得因其设置而损坏和危及路基的稳固与安全。

二、高速铁路路基标准横断面图式

高速铁路路基工程中，路基本体的各种防护和加固措施，设计中常常可以遇到设计要求和设计条件相同或基本相似的情况。为了减少或避免许多重复性的设计计算工作，将各种在设计中常遇到并可以共用的设计图式加以认定，便成为可直接引用的标准图式。路基标准图式有两种：一为在一般情况下，地基良好，无不良工程地质和水文地质问题和其他不良因素作用，路基可以按照《京沪高速铁路线桥隧站设计暂行规定》进行设计而形成的图式，这种图式有很强的通用性；二为就某些特定的条件或特定的要求而制订的图式，这种图式只在特定条件或特定的要求相同的路基工程中适用，在一定范围内有通用性。路基横断面的标准图式只表明路基本体的构造尺寸和各种需要设置的防护、排水等设施的基本尺寸，所以在实际应用时，对于各种防护设施、排水设备以及路堤的取土和路堑弃土的处理等，还都有一定的设计计算工作。标准图式可为各项设计的取值提供依据。以下为我国高速铁路路基工程中最为常见的双线路堤和路堑的标准图式。

1. 路堤横断面

路堤横断面有各种形式。图 2.1 是路堤高度大于 3 m 时的高速铁路双线路堤标准横断面图。路基宽度决定于线路上部结构，如线间距、轨枕长度、砟肩宽、道床边坡等几何尺寸以及设置电杆、电缆槽、人行道等需要。高速铁路路基宽度较一般线路要宽，主要是由于采用重型轨道结构，加大线间距及路肩宽度，使路基面宽度增大。

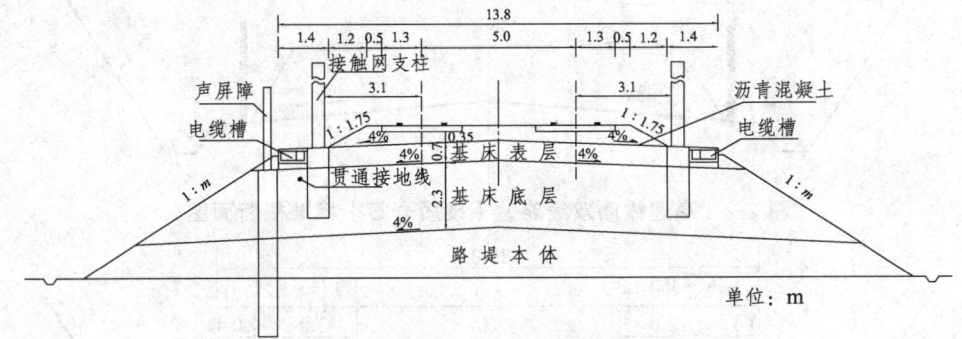

图 2.1 高速铁路双线路堤标准横断面图

高速铁路为了提高线路质量和降低日常维修工作量，需要强化轨道结构。

（1）线间距——由于高速列车运行时会产生列车风，相邻线路高速列车相向运行所产生的空气压力冲击波易振碎车窗玻璃，使旅客感到不适，甚至影响列车运行的平稳性，故高速铁路的线间距有所增大。其大小取决于机车车辆幅宽、轨距、高速列车相遇产生的风压以及考虑将来铺设渡线道岔等条件。

日本东海道新干线的列车最高速度为 220 km/h，线间距采用 4.2 m；法国东南线（巴黎至里昂）的列车最高速度为 270 km/h，试验资料表明，线间距为 4.0 m 即可满足要求，但考虑到将来铺设渡线的需要，线间距采用 4.2 m，1985 年欧洲国际铁路干线协议（AGC）规定的国际铁路新干线最小线间距为 4.2 m；我国高速铁路线间距根据所采用机车车辆类型、运行速度等因素通过试验确定为 5.0 m。

（2）路肩宽度——路肩虽不直接承受列车载荷作用，但它对保证路基受力部分的稳固十分重要。路肩宽度选择应同时满足敷设接触网支柱，安放通信信号设备，埋设必要的线路标志，通行养路机具等要求。

我国现行《铁路路基设计规范》（TB 10001—2016）规定，Ⅰ级铁路路堤的路肩宽度为 0.6 m，路堑为 0.4 m。工务部门的长期养护经验表明，上述宽度在投入运营后很难满足要求。实际上，工务部门在线路运营后需做大量的路肩加宽工程，均自行设法加宽路肩。引起路肩不足的原因，除主要由于路堤填筑时施工质量差、填土下沉大外，路肩宽度标准偏低亦是原因之一，而且随着运量及行车速度的增加，这一矛盾日趋突出。多年来，工务部门普遍要求适当增加路肩宽度。

（3）路堤边坡——路堤边坡坡度决定于填土的性质和所处的环境，如抗震、防洪等。根据我国目前积累的经验，只要地基稳定，填土碾压质量符合设计要求，按现行规范确定的边坡坡度（细粒土填料，8 m 以下为 1∶1.5，8～20 m 为 1∶1.75；粗颗粒填料则将变坡点由 8 m 改为 12 m），路基边坡是稳定的。

2. 路堑标准横断面

高速铁路双线路堑标准横断面如图 2.2 和图 2.3 所示。

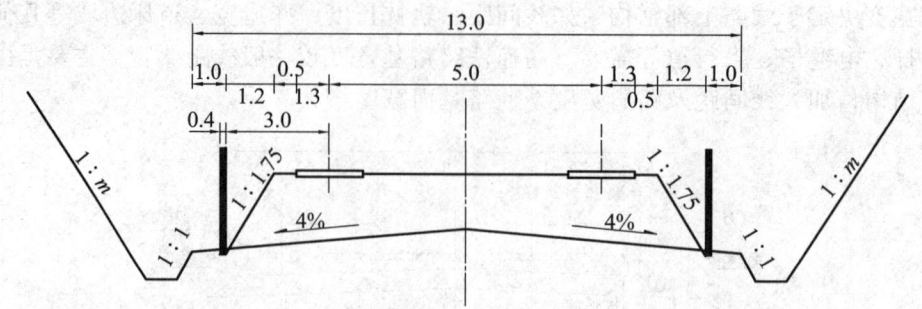

图 2.2 高速铁路双线路堑（硬质岩石）标准横断面图

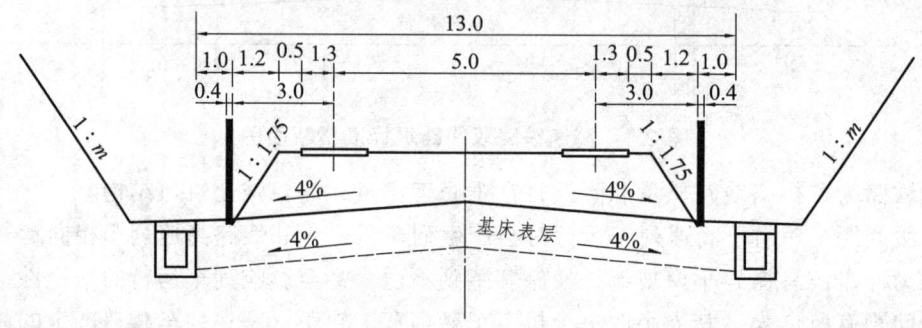

图 2.3 高速铁路双线路堑（软质岩石、风化严重的硬质岩石、土质）标准横断面图

注：① 当采用级配砂砾石时，表层换填 0.7 m 厚级配砂砾石；
② 采用级配碎石时，表层换填 0.55 m 厚级配碎石，其下 0.15 m 换中粗砂。

【实战演练】

绘制高速铁路路堤、路堑的标准横断面图，标注各名称和尺寸。

任务 2.2 高速铁路路基处理施工工艺

一、原地面处理

1. 施工质量控制要点

（1）检查地路条件（按《铁路路基工程施工质量验收标准》以下简称《验标》要求）。
（2）做好排水工作和清表后的晾晒工作。
（3）换填材料是否符合设计要求（做液塑限、击实等试验）。
（4）压实度能否满足设计要求。
（5）路基宽度是否符合设计要求。

2. 可能出现的工程问题及处理方法

常见工程问题：回填细粒土后，碾压达不到要求的地基系数 K_{30}。

解决方法：取土样做含水量试验，鉴别含水量是否合适，若高，则应进行翻晒；反之，则要洒水。如仍达不到设计要求，则要与设计代表联系，商讨处理办法。有可能是受下层软土的影响。

二、塑料排水板

1. 加固原理

根据固结理论，黏性土固结所需的时间和排水距离的平方成正比，在软土地层中按一定的间距和布置形式打设塑料排水板，可增加上层的有效排水途径，缩短排水距离，在路基载荷的作用下，土层中的孔隙水通过塑料排水板的滤膜渗入到沟槽内，并沿着沟槽竖向排入地面的砂垫层内，再通过砂垫层排至路基两侧的排水沟中，加快地基固结速率，使路基沉降在路堤填筑及预压期间基本完成。

2. 适用范围

塑料排水板适用于软土层较厚、路堤较高地段。特别是当天然土层的水平排水性能比垂直方向大时，采用塑料排水板，其加速固结效果较好。

3. 施工工艺

塑料排水板施工工艺流程如图 2.4 所示。

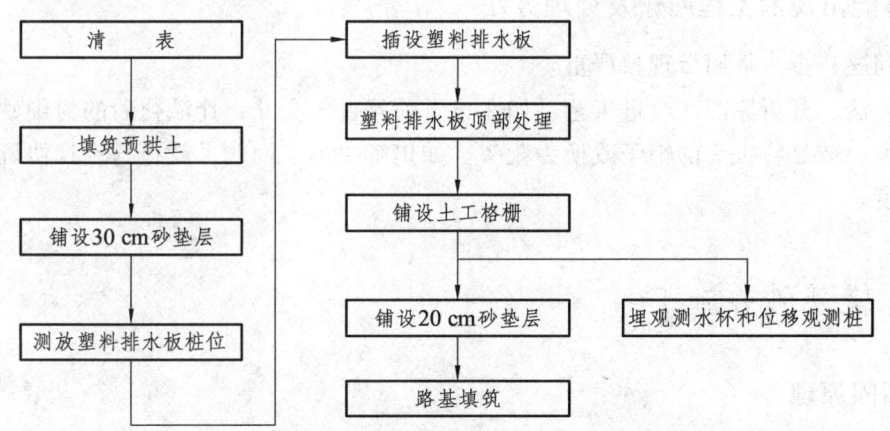

图 2.4 塑料排水板施工工艺流程图

塑料排水板每盘长 200 m，固定在插板机的轮轴上，它通过插板机的导管插入地层，施工时经排水板导管上部滚轮，通过导管靴穿出，导管连同排水板通过 h 形锚销压入土中。将排水板插入设计深度后，拔出导管，排水板便留在土中，然后剪断，即完成一根排水板的插设。

作业程序：

（1）首先进行清表，填筑路拱，压实后路拱两侧与原地面高度相同，中间部分比两侧高出 20 cm。

（2）在路拱上铺设 30 cm 厚的砂垫层并碾压，提供合格的操作场地。

（3）严格按施工图设计的位置及间距进行测放。排水板间距为 1.2 m，呈等边三角形布置。排水板的顶部伸入砂垫层至少 30 cm，使其与砂垫层沟通，保证排水畅通。

（4）插板机上设有明显的进尺标记，以控制排水板的打设深度。

（5）塑料排水板在打设过程中应保证排水带不扭曲、透水膜不被撕破和污染。

（6）打设过程中，不得使用长度不够的塑料排水板，以确保排水性能。

（7）排水板与锚销连接应可靠，锚销与导管下端口密封应严密，以免进泥。本施工中采用 h 形锚销，一是防止打设过程中土层与插板直接接触，损伤排水板；二是防止泥土进入导管。

（8）打设后外露的排水板应避免污染，及时清除排水板周围带出的泥土并用砂填实。

（9）进场堆放的塑料排水板应予以遮盖，防止在阳光中暴露而老化。

插板施工完毕后，首先将砂垫层表面刮平，然后将高出砂垫层的排水板割断，使之与砂垫层顶面相平，再铺设土工格栅。在路基边坡处土工格栅要向路基内回折 2.5 m，回折后的土工格栅比平铺时的土工格栅高 0.1 m。

土工格栅铺设完毕后，再采用人工配合轻型机械进行 20 cm 砂垫层铺设。砂垫层铺设应从路基两侧开始向中心进行。砂垫层铺设完成后，开始路基本体土方的填筑，第一层土方的填筑从路基一侧开始向另一侧推进，不得用载重汽车直接在砂垫层上倾土填筑，土工格栅上填筑厚度大于 0.6 m 时，才能使用重型压路机械。

4. 可能出现的工程问题及处理方法

工程问题：排水板回带现象严重。

解决方法：分析原因，改进工艺。如在拔管前停顿一会儿，让液化后的粉细砂可以恢复一定的强度；或是将桩头的销子改换为靴头。如仍解决不了问题，就得与设计协调，考虑变更打入深度。

三、袋装砂井施工

1. 加固原理

通过在软土地基中置入砂袋，改善路基的排水条件，使地基排水由原来的单向排水变为多向，并缩短排水距离，然后通过预压载荷的作用，使地基内的水分迅速通过砂井排出，加速路基的固结过程，从而增大路基土的抗剪强度和承载力，减少路基的工后沉降。

2. 施工工艺

袋装砂井施工工艺流程如图 2.5 所示。

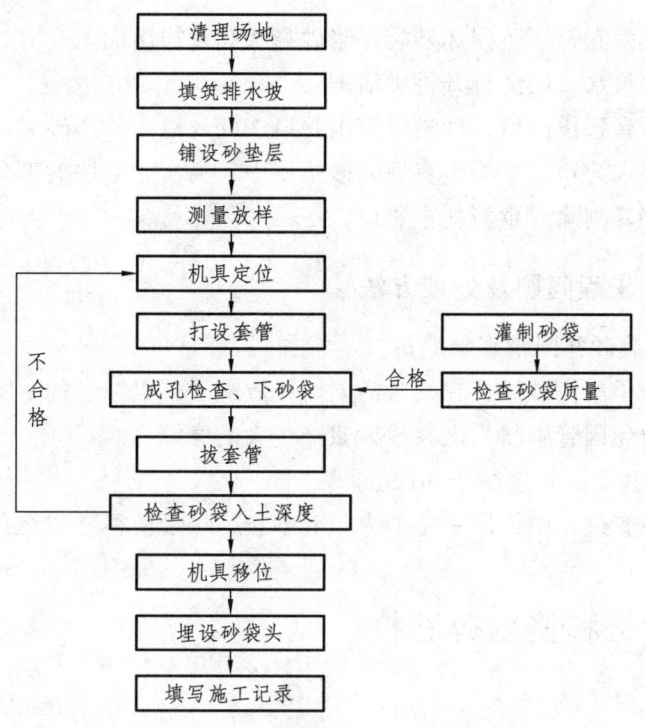

图 2.5　袋装砂井施工工艺流程图

3. 施工要点

（1）首先将路幅范围内原地面上的淤泥、树根、草皮、腐殖土等不适用材料清除，一般清基深 30 cm。两侧挖水沟以防水浸泡工作面。

（2）在设计要求的路幅内，用土填至比原地面高出 20 cm，并以 4% 横坡填成路拱，碾压至密实度达到 90% 以上。

（3）在路拱上均匀铺设透水性好的粗砂层，砂层厚度为 30 cm，表面应平顺，形成同路拱相同的坡度，以利袋装砂井中排出的水能迅速从该砂层中流出，并对砂垫层进行碾压成型。

（4）机具定位。根据砂井布置范围及行列间距在现场采用小木桩、竹板桩准确定出每个砂井位置，在机具定位时，遵循从低处往高处打设的原则，保证锤中心与地面定位在同一点，并用经纬仪观测控制导向架垂直度，在套管入土时将木桩拔掉。

（5）安设套管与桩尖。套管直径应根据砂井直径而定，一般比砂袋直径大 3 cm 时打设效果较好。在套管上画出控制高程的刻划线，如套管接长时，在打设前应进行试安装。套管下端一般采用活瓣式桩尖固定，套管定位是利用桩机上的起吊设备将其吊起，上端送入桩帽，下端用人扶住准确插在定位点上。

（6）套管打入。当套管吊起定位后，即可开锤施打，开始落锤时要轻缓，防止套管突然偏斜。当套管入土后，应设专人观测套管是否垂直，直至深度符合设计要求。

（7）下砂袋时将整个砂袋吊起，从端部放入套管口，徐徐下放或在套管口设置滑槽，将砂袋缓慢顺直放入套管中，防止砂袋扭结、断裂或磨损。

（8）拔出套管：砂袋到位后即可拔出套管，拔管时应先启动激振器，再提升套管，中途不得放松吊绳,防止因套管下坠损坏砂袋。当砂袋随套管拔出而上升时,可将套管下放至原位,在套管内加入少量水,以此打开桩尖活瓣。

(9)袋头处理:套管拔出后,砂袋应露出井口30 cm以上,当砂袋内砂不满时,应向砂袋内补砂直至满足要求为止。袋头竖直埋入砂垫层中,高出砂垫层的部分(在满足设计井深情况下)经检查后将其割除,重新扎牢袋口。

4. 可能出现的工程问题及处理方法

工程问题1:袋装砂井回带现象严重。

解决方法:用绳子吊住砂袋,在拔管的同时释放绳子,以绳子的下坠力冲开桩头;检查桩头的密封性能,避免因管中挤入泥浆或砂浆产生大的摩擦力。

工程问题2:砂井出露长度少于30 cm。

解决方法:在拔管过程中,以一定的力拉着砂袋,尽量使得砂袋在孔中保持垂直。

四、挤密砂桩和挤密碎石桩

1. 工艺原理

振动挤密砂桩是将桩尖、桩管插入待加密的饱和粉细砂地基中,通过上下提降压拔桩管灌砂和利用置于桩管顶上的振动打桩锤的振动作用,使饱和粉细砂土地基得到挤密,从而使地基得到加固。由于沉桩过程中的振动挤密作用,使孔隙比e减少,地基相对密实度D_r得到提高,从而提高了地基的抗剪强度和承载力。此外,由于砂的灌入挤密还可使地基趋于均匀,改善地基的整体稳定性,减少地基沉降,使地基在振动作用下不致产生液化。

2. 施工工序

(1)桩机就位。根据门架式振动挤密砂桩机走行钢轨上标出的桩位标记,移动桩机,使桩机对准打桩线;启动0.5 t卷扬机,按照下横梁上标出的桩位标记移动导向架,使桩管(尖)对准打桩点,并将卷扬机离合器刹紧;松动1 t卷扬机离合器,使桩尖接触桩位点。

(2)启动桩锤电机使桩锤振动,桩管沿桩位下沉(桩管必须下沉到设计深度)。

(3)灌砂。根据桩深,按规定的灌砂量将砂子装入桩管内,如果桩管一次容纳不了应灌入的全部砂料,剩余的砂料待桩管提升下砂振动挤密一段时间后,再补充装入。

(4)沉桩过程中的振动挤密:第一次把桩管提升80~100 cm,提升时桩尖自动打开(目测观察料斗中砂料变化,如砂料没有减少,说明桩尖尚没有打开,此时应继续提升桩管,直到桩尖打开为止),桩管内的砂料流入孔内。

(5)降落桩管,振动挤压15~20 s。

(6)其后,每次提升桩管50 cm,挤压时间以桩管难以下沉时为宜。按上述方法经多次往复升降压拔桩管,灌砂挤密地基。

(7)完成该桩灌砂量和桩管提至地面,然后将桩管移到下一根桩位。

五、粉喷桩施工

1. 加固原理

粉喷桩是用粉喷桩机械将钻杆钻至设计要求的土层深度，钻头到达下部持力层后，用压缩空气将水泥粉经钻杆内孔压送至钻头上的特制喷嘴，水泥粉随同钻头旋转向四周土体喷射，同时钻杆以一定的速度提升，钻头上的叶片将其四周一定范围内的土体自下而上不断切割，使之疏松并与水泥搅拌混合胶结，硬化后即可形成一定直径高于原土层强度的固结体。

2. 适用范围

（1）粉喷桩适用于淤泥、饱和黏土、亚黏土等软土地区的地基加固。

（2）粉喷桩加固最大深度可达 20 m，加固土强度标准值 28 d 龄期的无侧限抗压强度可达 2.0 MPa。

3. 施工工艺

粉喷桩施工工艺流程如图 2.6 所示。

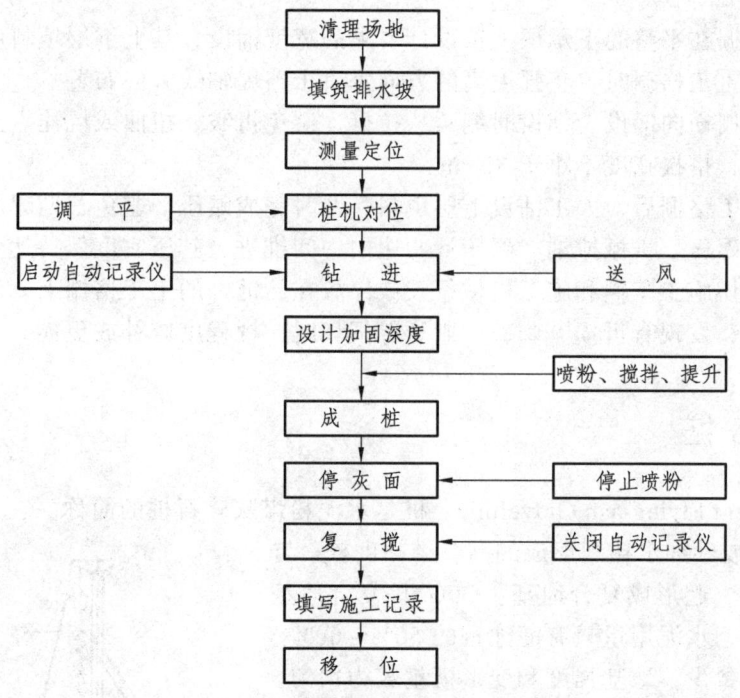

图 2.6　粉喷桩施工工艺流程图

4. 操作要点

（1）首先清除地表 0.3 m 厚种植土及其他杂物，用土回填至原地面，将其顶面做成三角形，两侧与原地面平，中心高 0.2 m，其宽度不小于路堤加护道宽度，并碾压密实至 $K \geqslant 0.86$，地基系数 $K_{30} \geqslant 70$ MPa/m。

（2）机具定位。根据粉喷桩布置范围及行列间距在现场用小木桩准确定出每根粉喷桩的位置。然后使桩机对位，调平机身，保证桩的垂直度。

（3）启动主电机下钻，待钻头接近地面时启动自动记录仪，空压机送气并继续钻进。

（4）当钻至设计深度时，停止钻进，钻头反钻但不提升。

（5）打开送料阀门，关闭送气阀门，喷送水泥。

（6）水泥到桩底后，提升搅拌钻头喷送水泥不停，为控制成桩质量，一般不得使用三挡提升。

（7）提升到设计高程时，关闭送料阀，停止喷粉。打开送气阀，空压机不要停机，停止提升，在原位转动 2 min，以保证桩头均匀密实。

（8）搅拌钻头再钻到设计桩底深度，进行第二次搅拌。

（9）将搅拌钻头提出地面，停止主电机、空压机，填写施工记录。

（10）移动桩机至下一个桩位。

六、土工格栅碎石垫层施工

施工要点：

（1）土工格栅在平整的下承层上按设计要求的宽度铺设，其上下层填料应无破坏土工格栅的杂物，铺设土工格栅时，将强度高的方向垂直于路堤轴线方向布置。

（2）土工格栅横向铺设。铺设时绷紧、拉挺，避免折皱、扭曲或坑洼。土工格栅沿纵向拼接采用搭接法，搭接宽度不小于 30 cm。

（3）铺好土工格栅后，人工铺设上层填料，及时完成碾压，避免长期曝晒。然后采用机械运料、整平、碾压。机械摊铺、碾压从两边向中间推进，其压实度保持达到规范要求。

（4）杜绝一切施工车辆和施工机械行驶或停放在已铺好的土工格栅上，施工中随时检查土工格栅的质量，发现有折损、刺破、撕裂等损坏时，视程度修补或更换。

七、CFG 桩

CFG（Cement Flying-ash Gravelpile）桩是水泥粉煤灰碎石桩的简称。它是由水泥、粉煤灰、碎石、石屑或砂加水拌和形成的高黏结强度桩，与桩间土、褥垫层一起形成复合地基。CFG 桩复合地基一般不配钢筋笼，水泥用量只有灌注桩的 50%～60%，而且桩径小、桩数少，地基强度和变形模量较为均匀，对提高结构受力、结构抗震等级均为有利。其工程造价与预制桩相比可节约成本 50%，与灌注桩相比可节约成本 30%，具有极佳的经济效益。CFG 桩施工设备如图 2.7 所示。

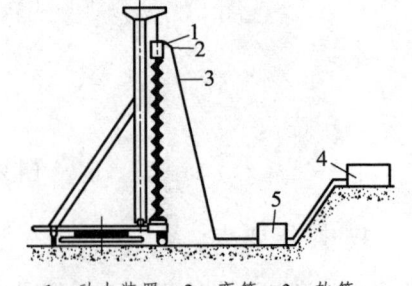

1—动力装置；2—弯管；3—软管；
4—搅拌机；5—混凝土泵。

图 2.7　CFG 桩施工设备图

施工流程：

（1）桩机、混凝土泵、搅拌机就位。

（2）启动桩机，钻具钻进到预定高程。
（3）混凝土泵将搅拌均匀的混合料送至钻杆芯管内，提升钻杆，根据显示的灌注压力，控制混凝土泵的泵送量和钻具提升速度，灌注到设计高程。
（4）移动桩机至下一桩位，并清理排气装置。

【实战演练】

依据高速铁路地基施工项目，提交一份施工方案比选报告。

任务 2.3　高速铁路路基填筑压实施工

一、路堤下部及底层填筑

（一）施工工艺

路堤本体填筑施工按照三阶段、四区段、八流程的施工工艺组织施工。其施工工艺流程如图 2.8 所示。

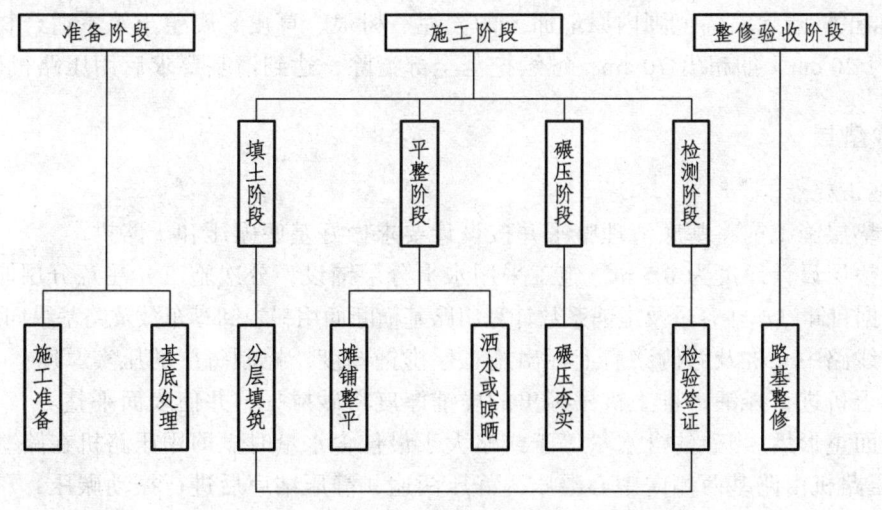

图 2.8　路堤填筑施工工艺流程图

（二）施工要点

1．施工测量和放样

（1）路基施工前要先做好施工测量工作，其内容包括：导线、中线、水准点复测、横断面检查与补测、增设水准点等。

（2）根据恢复的路基中桩、设计图纸、施工工艺和有关规定，定出路基用地边桩和路堤坡脚边沟、护坡道等具体位置桩。

2．路基横断面核查

开工前对线路中桩坐标、原地面高程进行复测，绘制路基横断面图，计算土石方数量。

3．施工前的复查和试验

开工前对用作填料土的沿线取土场取有代表性的土样，按《铁路土工试验规程》方法，进行试验，并作出土样的密度与含水量曲线，确定最大干容重、最佳含水量。

4．铺筑试验段

铺筑试验段，确定路基压实的最佳方案。

5．路基清表及路拱土回填

（1）施工准备。
① 组织测量放样，每20 m测放中心桩及对应边桩，抄平测量，标出高程，对控制桩设置护桩。
② 路基提前排除积水、晾晒、挖好排水沟。
（2）施工方法。
采用推土机清除路幅范围内原地面上的淤泥、树根、草皮、腐殖土等不适合材料。一般清除深度为20 cm，如超出20 cm，继续挖至全部清除，达到清基要求后用压路机碾压。

6．砂垫层

（1）施工要点。
① 砂垫层施工前将基底清理整平并按设计要求做好基底碾压和土路拱。
② 砂垫层设计厚度为0.5 m，施工采用水平分层铺设，分次施工，注意分层厚度。
③ 根据自卸汽车斗容量及虚铺系数计算出路基横断面用料、卸车车数及路基纵向卸车距离。
④ 在线路中心桩及两侧路肩上标出施工层虚铺厚度，控制每层的压实厚度。
⑤ 推土机进行摊铺，推土机按标出的虚铺厚度将砂摊平，并使表面平整。
⑥ 表面整形后，当砂的含水量等于或略大于最佳含水量时立即用压路机在路基幅宽内进行碾压，压路机由路基两侧向中心碾压，静压两遍，静压结束后进行振动碾压，压实遍数通过试验段施工确定。
⑦ 在碾压成型并进行孔隙率检测达到要求的砂垫层上进行土工格栅的铺设。
⑧ 第二层砂垫层摊铺、整平及碾压采用方法与第一层相同。

碾压过程注意事项：
严禁压路机在已完成的或正在碾压的路段上"调头"或"急刹车"，停车时要先减振，再使压路机自然停止。
砂垫层摊铺采用全断面摊铺，不留纵缝；当日施工的两个工作段衔接处，从整形到碾压都要进行搭接施工，搭接长度不小于5 m。

（2）质量控制。

① 砂垫层用级配良好的中、粗砾砂填筑，含泥量小于 5%，不含有机质、垃圾等杂质。

② 砂垫层铺平碾压时砂的最优含水量控制在 8%～12%，如含水量偏小，当外界最低气温不低于 5 ℃时，采用洒水汽车在砂垫层外侧接水管，适量洒水后碾压。

③ 砂垫层密实度标准应达到中密度以上（即相对密度不小于 0.67）。

④ 砂垫层质量检验符合标准。

7．铺设土工格栅

（1）土工格栅在铺设前应检查所选用材料规格及性能是否符合设计。

（2）铺设土工格栅前应整平垫层，填料内不得有尖石、树根等杂物；铺设土工格栅要求长孔方向与线路横断面方向一致，土工格栅必须拉直、拉平，幅与幅之间要对齐，为使其绷紧平整，以 U 形钉固定。

（3）土工格栅铺设时，按设计端头回折，并用填料压住。

（4）只有当土工格栅上的填料和垫层厚度大于 0.6 m 后，才能采用重型压实机械进行碾压。

8．路堤填筑

（1）根据试验段确定的虚铺厚度在路基两侧布设标示桩，分层厚度小于 30 cm，在路基表面标示出用料卸车数、纵向卸车距离；对施工段落进行技术交底，包括填层厚度、宽度、填料类别、压实标准及注意事项。

（2）分层填筑。

① 按横断面全宽纵向水平分层填筑压实；按照卸车标示距离专人指挥卸车，保证每层填料厚度及宽度。

② 为保证边坡压实质量，填筑时路基两侧各加宽 40 cm。若有特殊要求时，按照设计办理。

（3）摊铺平整，翻松晾晒。

① 填料的摊铺采用推土机按照边桩标示高度进行。

② 初步摊平达到要求后，检测填料含水量是否在施工最优含水量 2%～3% 内，当含水量较低时，及时洒水。

③ 填料含水量适中时，压路机静压一遍后，平地机进行整平和整形，平地机由两侧向路中心进行刮平。使其纵向顺延，横回路拱应符合要求，精平要仔细进行，必须将局部高出部分刮除，并清出路堤外。

（4）碾压夯实。

① 根据试验确定的碾压方案及路段的特点，碾压前对压路机司机进行技术交底，其内容包括碾压起讫范围、压实遍数、压实的速度等。

② 路基整形完成，填料含水量接近最优含水量时，用压路机在路基全宽范围内静压一遍，压路机应由两侧路肩向路中心碾压。

③ 路基经过稳压后，用大吨位重型振动压路机进行压实，压实原则为"先轻后重，先慢后快，先弱后强"。由两边向中间循序碾压，各幅碾压面重叠不小于 0.4 m，各区段交接处互相重叠压实，纵向搭接长度不小于 2 m。

④ 碾压过程中，如发现局部有松软现象时，应及时挖除，用合格填料换填，以保证路基整体强度。

⑤ 路肩两侧应多碾压两遍，边坡也要进行夯实。

二、过渡段填筑

（一）过渡段的施工原则

（1）保证设计的长度和范围。
（2）填筑材料符合设计要求。
（3）保证设计规定的压实标准。
（4）基底处理与桥台、相邻路基同时进行。
（5）隐蔽工程验收合格后，才能进行基坑和基底处理。
（6）桥台混凝土强度达到设计要求后，才能进行过渡段填筑施工。
（7）桥台基坑回填材料符合设计要求（台后基坑使用C40混凝土）。
（8）过渡段与相邻的路堤和锥体按水平分层同时填筑。
（9）过渡段两侧按设计做好纵向和横向排水沟，避免水从结合部渗入路基造成病害。
（10）桥台必须按照设计要求做好防水层与保护层后施工过渡段。

过渡段设置示意图如图 2.9 所示。

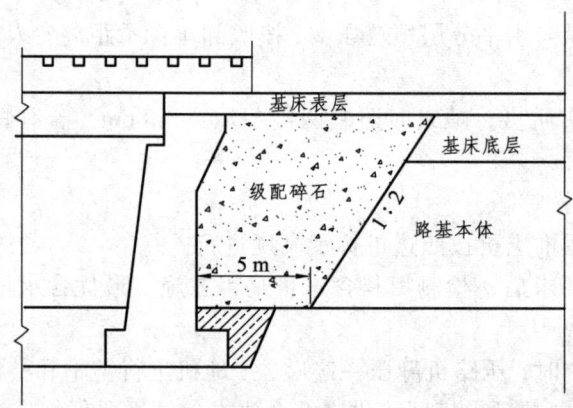

图 2.9 过渡段设置示意图（级配碎石）

（二）施工工艺

1．填筑前的准备工作

（1）清除基底不宜作填料的地表土，整平后碾压密实，达到控制指标。
（2）在室内作出级配碎石配合比试验并进行填料压实试验，以确定压实机型、摊铺厚度、压实遍数、压实速度。
（3）开挖过渡段两侧的纵向及横向排水沟。

（4）对压实机械人员进行技术交底。

（5）为控制分层厚度，在结构物上画出明显的每层厚度的标线。

2．填筑施工

确定出填筑厚度，根据每层厚度计算出过渡段填筑的总层数。每层施工工艺可参考如下步骤：

（1）验收过渡段基底。

进行地基承载力检测合格以后，平整场地。按照设计要求放样确定第一层级配碎石填筑的界限，放样路基中心、护锥轮廓线、填筑边线及打设高程控制桩。

（2）搅拌运输。

级配碎石采用稳定土搅拌站集中拌和，根据试验段的参数进行拌和。控制含水量并根据天气情况作相应的调整。运输设备可采用自卸汽车。

（3）摊铺碾压。

因下几层作业面比较小，可采用人工进行摊铺。注意松铺厚度及摊铺均匀。其余各层采用推土机进行摊铺，对不均匀处进行调整。拌和好的混合料要尽快运到现场并进行摊铺碾压。注意堆放的距离。全断面碾压应遵循"先两侧后中央，先静压后振压，注意时速，作业面不调头、不转弯"的原则。

（4）检测修整。

设专人及时进行压实质量检测。每层碾压后压实若达不到要求，要分析原因，重新补压直到满足要求。记录完整、准确，签认及时。

三、膨胀改良土施工

膨胀土是矿物质多为蒙脱石、伊利石和高岭石的黏性土。其体积随含水量的增加而膨胀，随含水量的减少而收缩，具有较强的胀缩性，作为路基填料必须经改良处理后才能使用。

目前处理膨胀土的方法主要是化学改良，如掺石灰、水泥、粉煤灰、固化剂等，使膨胀土与之起一定的化学反应，改变膨胀土的胀缩性。

1．改良土施工工艺

膨胀改良土施工时常采用两种拌和方法：厂拌法和路拌法。厂拌法改良土施工工艺流程和路拌法改良土施工工艺流程如图 2.10 和图 2.11 所示。

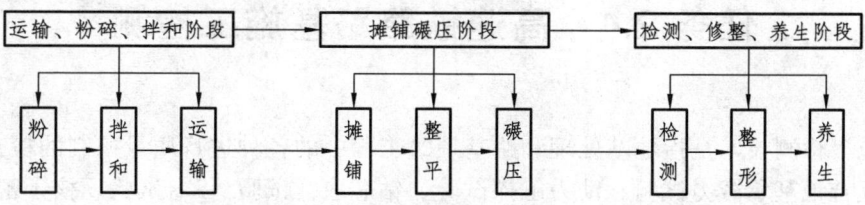

图 2.10 厂拌法改良土施工工艺流程图

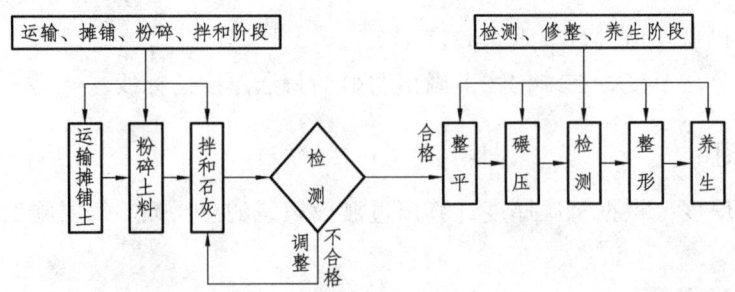

图 2.11 路拌法改良土施工工艺流程图

2. 施工要点

（1）下承层处理及检验。

按验收标准对下承层进行处理及检查验收。验收合格后，用平地机将表面刮平。若表面干燥则洒水湿润。

在合格的下承层上测量放样，施放边桩及路拱桩，并标注出虚铺厚度。

（2）分层填铺填料。

等距离堆卸填料。用推土机沿线路纵向，先两侧后中间进行摊铺，然后用平地机进行整平。虚铺厚度由标注桩控制，控制好填料的含水量。

（3）填料拌和。

先进行翻耕，再用路拌机进行拌和，控制好翻拌深度，避免填筑层与下承层之间形成素土夹层。拌和沿线路纵向进行，先路基两侧后路基中间，纵向衔接宽度为 0.5 m。反复进行几次，使其拌和均匀。整个过程中，技术人员应经常检测改良土的含水量、拌和深度及填料均匀程度。当填料符合要求后，用平地机初平，准备进行碾压。

（4）碾压。

在初平的路段上用压路机快速静压 1 遍，以暴露潜在的不平整，对其由人工配合机械整平。碾压由外侧路肩向线路中心进行，沿纵向重叠 1/3 轮。碾压工艺：先静压 1 遍，然后弱振碾压 1 遍，强振碾压 4 遍，再弱振碾压 1 遍，最后静压 1 遍。若有不平处，用平地机刮平并补压。压实后的改良土，表面应平整密实，无裂缝或局部龟裂纹，无浮土、脱皮及松散等现象，密度及压实检测应符合要求。

【实战演练】

撰写路基填筑施工方案。

任务 2.4 高速铁路路基施工检测

路基施工检测技术是指地基处理和路基填筑工程中的各种进行质量控制的检查方法。主要包括：复合地基承载力试验、动力触探试验、钻芯取样试验、K_{30} 试验、核子密度仪试验、变形模量试验、动态变形模量。

一、复合地基承载力试验

复合地基承载力试验主要针对复合地基处理后进行的施工质量检查。粉喷桩、搅拌桩、挤密砂（石）桩、旋喷桩等复合地基，一般应按《验标》要求的频率检测，或取5‰的桩进行复合地基承载力试验。

复合地基载荷试验承压板可用圆形和方形，面积为一根桩承担的处理面积；多桩复合地基载荷试验的承压板可用方形或矩形，其尺寸按实际桩数所承担的处理面积确定，桩的中心应与承压板中心保持一致，并与载荷试验点重合。承压板底面高程应与桩顶设计高程相适应。承压板底面下宜铺设粗砂或中砂垫层，垫层厚度取 50~150 mm，桩身强度高时宜取大值。试验高程处的试坑长度和宽度，应不小于承压板尺寸的3倍。基准梁的支点应设在坑外。

复合地基承载力特征值的确定：

当压力-沉降曲线上极限载荷能确定，而其值不小于直线段比例界限的2倍时，可取比例界限；当其值小于比例界限的2倍时，可取极限载荷的一半。

当压力-沉降曲线是平缓的光滑曲线时，按相对变形值确定：① 对砂石桩或振冲桩复合地基或强夯置换墩：当以黏性土为主的地基，可取 s/b 或 $s/d=0.015$ 所对应的压力；当以粉土或砂土为主的地基，可取 s/b 或 $s/d=0.01$ 所对应的压力；② 对挤密桩、石灰桩或柱锤冲扩桩复合地基，可取 s/b 或 $s/d=0.012$ 所对应的压力；对灰土挤密桩复合地基，可取 s/b 或 $s/d=0.008$ 所对应的压力。③ 对水泥粉煤灰碎石桩或夯实水泥土桩复合地基，当以卵石、圆砾、密实粗中砂为主的地基，可取 s/b 或 $s/d=0.008$ 所对应的压力；当以黏性土、粉土为主的地基，可取 s/b 或 $s/d=0.01$ 所对应的压力。④ 对水泥土搅拌桩或旋喷桩复合地基，可取 s/b 或 $s/d=0.006$ 所对应的压力。⑤ 对有经验的地区，也可按当地经验确定相对变形值。

按相对变形值确定的承载力特征值不应大于最大加载压力的一半。

试验点的数量不应少于3点，当满足其极差不超过平均值的30%时，可取其平均值为复合地基承载力特征值。

二、动力触探试验

动力触探试验主要针对挤密碎石桩和挤密砂桩进行的桩身施工质量检查，一般应取2%的桩进行动力触探试验。采用动力触探的方法进行挤密桩桩身均匀性检测时，桩身质量标准应满足 $N_{63.5} \geq 10$ 击的设计要求。

动力触探试验简称动探，也称为圆锥动力触探DPT，是利用一定质量的重锤，将与探杆相连接的标准规格的探头打入土中，根据探头贯入土中30 cm时所需要的捶击数，判断土的力学特性，具有勘察与测试的双重性能。根据穿心锤质量和提升高度的不同，动力触探试验一般分为轻型、重型、超重型动力触探。

动力触探试验一般用来衡量碎石土的密实度。碎石土的平均粒径和最大粒径不同选用的动力触探试验型式也不同，以重型动力触探为例：$N \leq 5$ 则为松散；$5 < N_{63.5} \leq 10$ 则为稍密；$10 < N \leq 20$ 则为中密；$N > 20$ 则为密实。

三、钻芯取样试验

钻芯取样试验主要是针对粉喷桩、搅拌桩和旋喷桩进行的桩身施工质量检查,一般成桩 28 d 后取 2‰ 的桩抽芯进行无侧限抗压强度试验。

四、K_{30} 试验

K_{30} 试验方法是铁路和公路部门在现场确定路基填筑层的地基系数的试验方法,也可用其确定建筑物基础的地基系数。K_{30} 试验原理是在地基土上用直径 30 cm 的刚性载荷板垂直分级加载,测得下沉量 s 与载荷强度 p 的关系曲线,取 1.25 mm 下沉量 $s_{1.25}$ 对应的载荷强度 $p_{1.25}$ 计算 K_{30} 值,即地基系数。K_{30} 试验仪器主要由载荷板、千斤顶、百分表、基准支架及反力装置组成。

五、核子密度仪试验

通过核子密度仪试验可以快速检测到压实土体的干密度 γ_d、湿密度 γ、含水量 ω,并可换算得到压实土体的压实度 K、相对密度 D_r,孔隙率 n 等物理指标。

六、变形模量试验

变形模量 E_{v1} 和 E_{v2} 试验也属于平板载荷试验,在客运专线主要是对填筑压实后的路基进行地基变形模量检测。

变形模量试验在试验装备上与地基系数 K_{30} 是极其相似的,主要差别在于操作步骤与资料整理和计算方法的不同。该试验在一般情况下也采用直径 300 mm 的载荷板。先预压 0.01 MPa 的载荷 30 s,然后分级加载,直到沉降达到 5 mm 或载荷达到 0.5 MPa。加载时,对载荷的增量没有做硬性规定,但规定加载等级不应小于 6 级,每级加载要在 1 min 内完成,加载完成后经 120 s 加下一级载荷。对于持力层停留等待的时间允许缩短为 60 s。

变形模量 E_{v1} 和 E_{v2} 的测试计算原理:

变形模量计算的理论基础是弹性半空间体上圆形局部载荷的公式:

$$E_0 = 0.79(1-\mu^2)d\sigma/s$$

式中   0.79——与承压板形状和刚度有关的系数,圆形板取 0.79;

         μ——地基土的泊松比;

         d——承压板直径;

         σ, s——静荷载试验沉降曲线上某点的压力值和沉降值。

取 $\mu = 0.21$,并采用增量形式,则:

$$E_v = 1.5r\Delta\sigma/\Delta s$$

式中　1.5——承载板形状影响系数；
　　　r——载荷板半径；
　　　$\Delta\sigma$——应力变化值；
　　　Δs——沉降量变化值。

取加载应力变形曲线的 0.3 到 0.7 段的割线计算 E_{v1} 和 E_{v2}。E_{v1} 和 E_{v2} 分别为第一次加载和第二次加载时计算的 E_v 值。

七、动态变形模量 E_{vd}

动态变形模量 E_{vd}（Dynamic Modulus of Deformation）是指土体在一定大小的竖向冲击力和冲击时间作用下抵抗变形能力的参数。根据平板压力公式，动态变形模量可按下式计算：

$$E_{vd} = 1.5 \times r \times \sigma/s \text{（MPa）}$$

式中　1.5——承载板形状影响系数；
　　　r——承载板半径，这里为 150 mm；
　　　σ——路基最大动应力；
　　　s——承载板的沉降值（mm）。

实际使用时简化成：$E_{vd} = 22.5/s$。

动态变形模量测试仪的工作原理是：采用一定质量的落锤，从一定高度自由落下，通过阻尼装置、承载板，对路基产生瞬间的冲击，使路基产生沉陷。也就是采用一定质量的落锤，从一定高度自由落下，模拟列车运行时对路基产生的动载荷效应冲击路基，在冲击能相同的条件下，测试路基的垂直变形值，以此计算路基的动态变形模量 E_{vd} 指标。从理论上讲，路基碾压越密实，沉降值越小，路基的动态变形模量 E_{vd} 值越高；反之，路基的 E_{vd} 值越低。

用动态变形模量测试仪检测路基的承载力，与动力触探法检测路基的承载力相比，它们的相似之处在于：它们都是采用一定质量的落锤，以一定高度自由落下。但两者的检测原理和检测方法完全不同：动力触探设备简单，操作方便，检测速度快，但影响检测结果的因素较多，如探杆侧壁摩擦阻力的影响、地下水的影响、探杆的连接刚度等，是一种较为粗略的定性方法；而动态变形模量的检测方法是采用电子技术获得路基填筑信息或数据的一种先进的检测方法，可直接测得路基在动载荷作用下所发生的力和变形的参数，即动态弹性模量。

K_{30} 试验法、变形模量试验法及动态变形模量试验法的操作要点和试验特点对比如表 2.5 所示。

表 2.5　K_{30}、E_v、E_{vd} 的操作要点和试验特点的对比

项　目	K_{30}	E_v		E_{vd}
		E_{v1}	E_{v2}	
载荷板直径	300 mm	300 mm	300 mm	300 mm
预加载	0.01 MPa（以前为 0.035 MPa）	0.01 MPa	第二次加载	三次冲击载荷
与地面的接触耦合	一般	一般	好	差
加载等级	0.04 MPa（以前为 0.035 MPa）	不少于 6 级		动态施加脉冲宽度 18 ms
加载控制	当 1 min 的沉降量不大于该级载荷沉降量的 1% 时加下一级载荷	120 s 后加下一级载荷		—
最大载荷或终止试验加载的标准	总沉降量超过 1.25 mm，或强度超过估计的现场实际最大接触压力，或达到地基的屈点	0.5 MPa 或沉降大于 5 mm		7.07 kN
反力装置（一般为载重汽车）	需要	需要		不需要
操作	复杂	复杂		简单
试验速度	一般	一般		快
对土体自身特征的反映	较好	较好	好	差

【实战演练】

提交复合地基承载力试验、K_{30} 试验、动态变形模量等试验报告。

任务 2.5　某客运专线路基工程施工方案

一、主要技术标准

某客运专线主要技术标准如表 2.6 所示。

表 2.6　主要技术标准

项目名称	技　术　指　标
线路等级	客运专线
设计速度目标值	基础工程满足 350 km/h，运行速度 200 km/h 及以上
正线数目	双线

续表 2.6 主要技术标准

项目名称	技术指标
最小曲线半径	一般 9 000 m，困难 7 000 m
正线线间距	5 m
最大纵坡	一般 12‰，最大不宜超过 20‰
到发线有效长度	700 m
牵引种类	电力
机车类型	动车组，跨线列车采用 200 km/h 及以上车组
列车运行方式	自动控制
行车指挥方式	综合调度
轨道类型	全线无砟轨道

二、工程重难点

段内湿陷性黄土、松软土广泛分布，为确保路基工后沉降满足要求，对湿陷性黄土和松软土地基采取强夯、灰土换填或灰土挤密桩、水泥土挤密桩或 CFG 桩处理。地基处理和路基工后沉降控制即湿陷性黄土地基沉降变形估算及监测为本工程的重难点。

路基工程重点：
① 地基处理；② 填料改良；③ 路基填筑；④ 过渡段施工。

路基工程难点：
① 湿陷性黄土地基处理；② 路基工后沉降控制。

三、路基工程施工方案

1. 路基工程概述

正线长 50.044 km，其中路基全长 11.709 km（区间路基长 6.957 km），路基长度占正线长度的 23.40%（区间路基长度占正线长度的 13.90%）。除车站有部分挖方外，均为路堤，路堤平均填土高度约 6 m，被 4 座特大桥分割为 5 大段，路基工程分布情况如表 2.7 所示。

路基工程特点：
① 路基工后沉降控制严格，要求不大于 2 cm。
② 地基处理困难，路基填筑要求高，工期上存在一定的不确定性。
③ 地基处理桩约 620 万延米，强夯约 24.6 万 m^2，基床表层以下填筑约 270 万 m^3，要求在 16 个月内完成，工期紧、投入大。
④ 路基质量标准高，技术新、技术难；沉降期长（12～18 个月）。

表 2.7 路基工程分布情况

序号	起讫里程	长度/m	工程名称
1	DIK391+500~DIK392+277	777	浸水路堤、坡面防护及地基处理工程
2	DIK415+431.54~DIK415+550	118.46	浸水路堤、坡面防护及地基处理工程
3	DIK415+550~DIK417+508.3	1 958.3	浸水路堤、挡土墙、路堤坡面防护及地基处理工程（站内工点）
4	DIK422+912.75~DIK426+514.6	1 246.12	路堤坡面防护及地基处理
5	DIK429+004.04~DIK433+698.65	4 694.61	路堤坡面防护及地基处理
6	DIK440+937.15~DIK441+050	112.85	路堤坡面防护及地基处理
7	DIK441+050~DIK443+900	2 801.9	悬臂墙、路堤坡面防护及地基处理工程（站内工点）

2．路基工程施工方案

路基工程分为两个区段，由两个专业路基施工队根据各段具体情况以桥、涵为界，分区、分段进行施工。各作业队组织分段平行流水施工。路基工程采用大型机械化配套设备并辅以小型配套机具施工。

设 3 个取土场，4 处改良土拌和站，2 处级配碎石拌和站。

施工指导思想：

① 科技领军，试验先行。

② 积极采用新技术、新工艺。

③ 保重点——优先保证地基处理及站场路基填筑。

④ 控制沉降。

⑤ 注重路基综合防排水。

⑥ 确保路基沉降稳定期在 15 个月以上。

⑦ 加大设备、人员投入，尽量缩短填筑期，争取沉降期。

⑧ 严控过渡段施工质量。

总体施工顺序：

两个区段同时施工，每个区段均按照先站场后区间的总体顺序施工，同时优先安排箱梁运架及铺轨起点段路基工程、湿陷性黄土地基处理、高路堤和路基填筑试验段施工。

湿陷性黄土地基处理施工前，加强地质核查，同时先进行工艺试验（试桩），经试验确认满足设计要求后再开始全面施工。施工中加强沉降观测、分析、预测，确保地基处理的工程质量。

客运专线铁路路基基床以下及基床底层填筑必须严格执行《客运专线铁路路基工程验收及质量评定暂行规定》所规定的施工操作程序。

路基填方施工本着试验先行，样板引路，再大规模展开的原则。先选取一段路基试验段，加强现场试验研究，通过现场沉降观测、施工效果检测，确定黄土路基地基处理、路堤填筑的科学合理的施工方案和施工方法，选定各种施工工艺参数，全面指导路基施工，确保满足湿陷性黄土路基工后沉降的要求。

改良土及基床表层的级配碎石的生产采用厂拌法工艺。路基按照土工结构物要求精心施工。满足填料标准、压实标准和检测要求，以保证路基的强度、刚度、工后沉降及纵向均匀变化，确保稳定性、耐久性要求。施工中加强路基压实质量检测及填料指标控制，确保填料标准符合规范和设计要求。

路堑用横向台阶法开挖，靠近基床底层表面及边坡辅以人工开挖。

路基施工推行成熟工法、工艺，不断采用新技术、新工艺、新测试方法，使路基施工在探索和试验中不断完善施工工艺及施工质量控制，以确保工后沉降满足设计要求。

路基工程安排堆载预压时间大于13个月，沉降稳定期大于15个月，堆载预压期间进行沉降观测，并进行路基工后沉降推测，当推测工后沉降满足要求后方可卸载。

路基防护、排水等附属工程根据现场情况，在保证不影响总工期的前提下根据具体情况协调安排进行，排水注重永久防排水和施工期间临时防排水（简称"永临"）相结合，及时形成有组织防排水体系。路基防护支挡、排水工程及时施作，以利路基稳定与安全，并紧随路基尽早完成。

电缆槽、接触网基础、声屏障基础、综合接地、连通管道等设施与路基本体同步施工。

3. 不良地质及特殊岩土地基处理施工方案

本工程位于渭河盆地平原区，不良地质现象主要是黄土塬边及其上冲沟的一些坡面变形，如坡面溜坍等，以及人为坑洞、砂土地震液化等。特殊岩土主要有湿陷性黄土、松软土、人工填土、饱和软黄土等。

（1）湿陷性黄土地基采用强夯法、灰土挤密桩、水泥土挤密桩进行处理，在复合地基顶面设置水泥土垫层，垫层中铺设双层土工格栅。

（2）上部湿陷性黄土、下部松软土地基采用强夯+CFG桩，或灰土（水泥土）挤密桩短桩+CFG桩长桩，或单一CFG桩、灰土挤密桩、水泥土挤密桩处理，复合地基顶面设置水泥土垫层（设双层土工格栅）。

（3）松软土为主地基采用CFG桩加水泥土垫层（双层土工格栅）处理。

（4）地震液化地基采用强夯、CFG桩处理。

强夯采用32 t以上履带吊车及夯锤，锤重15 t；灰土挤密桩、水泥土挤密桩采用振动沉管法、孔内夯填工艺；强夯+CFG桩和水泥土（灰土）挤密桩+CFG桩的地基处理方式，CFG桩采取螺旋钻引孔再振动沉管成孔和长螺旋钻成孔两种成孔方案。

4. 某站挖方施工方案

（1）挖方地段采用路堑式结构形式。按"永临"结合的原则，开挖前，先做好堑顶防排水设施。

（2）挖方采用横向台阶分层开挖，合理安排运土通道与掘进工作面的位置及施工次序，做到运土、排水、挖掘互不干扰。

（3）每段开挖工作完成后，对边坡进行及时防护，当防护不能紧跟开挖进行，要暂时留一定厚度的保护层，待做护坡时再刷坡。

（4）采用挖掘机配合自卸汽车施工，靠近基床底层表面及边坡辅以人工开挖。

(5)挖至基床底层上部的设计高程时,核查地质是否与设计资料相符,如与设计资料相符,按设计和规范要求进行地基处理施工,经检验合格后方可进行基床底层上部的填筑。

5. 过渡段施工方案

本工程主要有路桥、路涵、路堤与土质路堑以及半填半挖过渡段。

（1）路桥过渡段。

填方桥台：

桥台台尾为路堤时,桥路过渡段采用二次过渡方案。过渡段的正梯形部分采用水泥稳定级配碎石（掺加5%水泥）,其后设置一段倒梯形的过渡段,采用A、B组填料。过渡段总长度不小于4倍桥台后路堤高度,且不小于20 m。过渡段范围内的基床表层级配碎石掺加5%水泥。A、B组填料的压实标准与基床底层的相同。路桥过渡段断面示意图如图2.12所示。

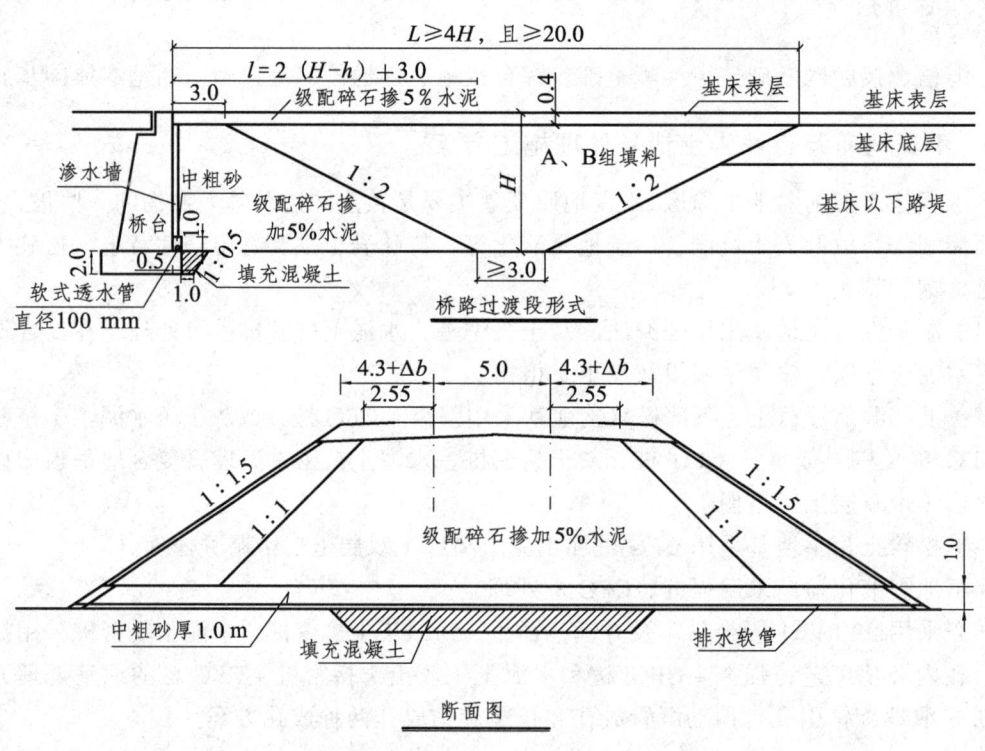

图 2.12 路桥过渡段断面示意图

挖方桥台：

桥台台尾为土质路堑时,桥路过渡段采用混凝土与级配碎石渐变过渡,混凝土长度不小于20 m。在过渡段以外20 m范围内的基床表层级配碎石掺加5%水泥。

（2）路涵过渡段。

当涵洞顶部至钢轨轨面高度 $h \geqslant 2.0$ m 时,在涵洞侧面设置水泥稳定级配碎石（掺加5%水泥）过渡段,过渡段范围的基床表层级配碎石掺加5%水泥。其路涵过渡段设置图如图2.13所示。

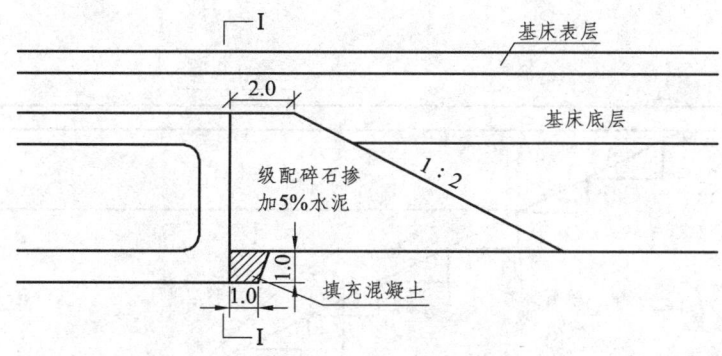

图 2.13 路涵过渡段（涵顶距轨底≥2.0 m）设置图

当涵洞顶部至钢轨面高度 $h<2.0$ m 时，参照填方桥路过渡段方式，采用两次过渡方案，首先在涵洞顶面及两侧设置正梯形的全包式水泥稳定级配碎石（掺加 5% 水泥）过渡段，再延伸设置一段倒梯形过渡段，采用 A、B 组填料，压实标准同基床底层，过渡段范围内的基床表层级配碎石掺加 5% 水泥，过渡段总长度不小于 4 倍路堤高度，且不小于 20 m。其路涵过渡段设置图及其断面图如图 2.14 所示。

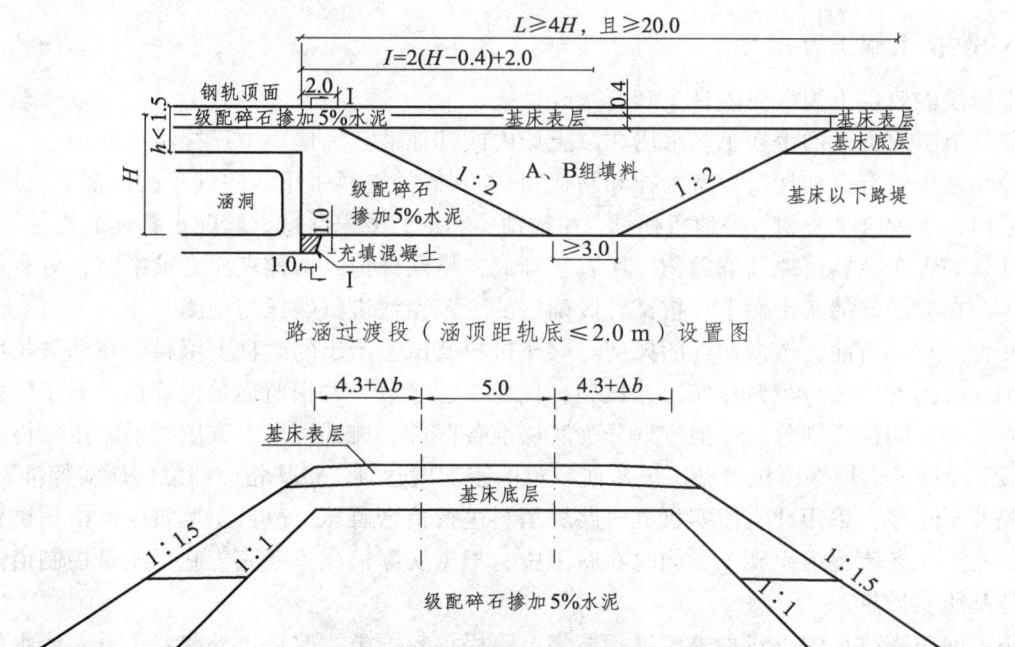

路涵过渡段（涵顶距轨底≤2.0 m）设置图

I—I 断面图

图 2.14 路涵过渡段设置图及其断面图

（3）路堤与土质路堑过渡段。

路堤与路堑连接处，顺原地面纵向挖成 1∶2 的坡面，坡面上开挖台阶，台阶高度 0.6 m 左右，开挖部分填筑要求同路堤。其过渡段示意图如图 2.15 所示。

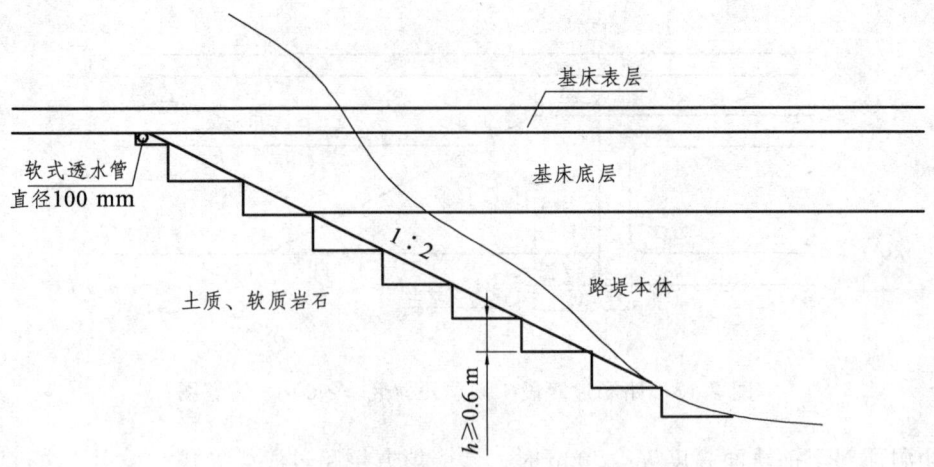

图 2.15　路堤与土质路堑过渡段示意图

（4）半填半挖过渡段。

在半填半挖过渡段，路堑部分基床底层范围内挖除换填与路堤相同且符合基床底层要求的填料（并设置 4% 向外排水坡），路堤部分顺原地面挖台阶，台阶高度不小于 0.6 m。

6. 改良土施工方案

本标段的改良土为水泥改良土和石灰改良土。

路基填料改良土的生产工艺采用在取土场内或其他适宜场地集中厂拌法拌和。

拌和采用带有自动计量设备的拌和站拌和，拌和好的熟料采用自卸汽车运送至工地现场，摊铺采用人工配合推土机、平地机松铺，在摊铺集料时，事先通过试验确定集料的松铺系数。根据计算的每车熟料可摊铺的面积，用石灰画成方格网标记，摊铺表面力求平整，对有规定的路拱，在整平好的灰土面上，按试验段确定的工艺参数进行碾压与检测。

在大面积填筑前，根据初选的摊铺、碾压机械及试生产出的改良土填料，在选取长度不小于 100 m 的地段进行填筑压实工艺试验，确定工艺参数，并报监理单位确认。施工区段按填筑阶段的不同进行划分，一般宜划分为底层准备区段、摊铺区段、碾压整形区段、检测试验区段。改良土采用碾压机械分层碾压使填料的密实度达到"路基相应部位的压实标准"后，每间隔 1.5 m 厚，采用冲击压实机具对路堤填料进行追密碾压。改良土填筑应严格按试验段总结的施工工艺流程组织施工，同时在施工中，根据实际情况不断完善施工质量控制措施，确保路基压实质量。

施工前对需改良的土料种类应进行核实，路堤填料种类、改良土外掺料（石灰或水泥）的种类及技术条件应符合设计要求。填筑前对取土场填料进行取样检验；填筑时对运至现场的填料进行抽样检验。当填料土质发生变化或更换取土场时应重新进行检验。要特别注意石灰改良土和水泥改良土对土的塑性指数及液限、塑限要求是不一样的，水泥改良土适合掺入塑性指数较小的土质。因此，在取土场内设置拌和站时，应对土的性质、改良土外掺料的种类、剂量、运距等综合考虑。

石灰改良土的石灰选用消解石灰，其指标应达到现行的试验规程标准。水泥改良土掺入水泥时，其初凝时间应大于 3 h，终凝时间宜大于 6 h。对符合要求的土质进行过筛处理，使石灰颗粒与黄土颗粒尽可能小,增加其表面积,并拌和均匀,能充分接触并发生反应。这是化学改良土填料质量控制的关键。为了获得预期的效果,尚需对含水量、含灰率,石灰颗粒粒径、改良土颗粒粒径、外掺料剂量(石灰或水泥)、松铺系数、碾压遍数等工艺参数进行严格控制。

7. 基床底层施工方案

基床底层厚度2.3 m,采用水泥改良土(配合比≥5%)填筑。基床底层施工方案与改良土施工方案中的水泥改良土施工基本相同。在基床底层开始施工前对下承层进行检查与验收合格后,方可填筑施工。路基内的预埋设备及相关配套工程与路基同步施工,并制订相应的保护措施,确保路基本体的整体性和密实性。

基床底层施工完工并验收合格后,进行堆载预压。

8. 基床表层施工方案

路基基床表层0.4 m厚级配碎石分两层填筑,每层的填筑松铺厚度按照试验确定的厚度参数填筑。级配碎石的拌和采用厂拌法施工工艺。填筑前选择不小于100 m的有代表性路段作为试验段。

级配碎石混合料用稳定土拌和设备在拌和站集中进行拌和,采用不同粒径的碎石和石屑,按预定配合比在拌和设备内拌制级配碎石混合料。在正式拌制级配碎石混合料之前,先调试所用的厂拌设备,使混合料的颗粒组成和含水量都能达到规定的要求。并通过试验段的试拌、试铺总结的各种施工参数进一步合理地调整和确定拌和需要各种级配的碎石数量,使基床表层的级配碎石填层具有更好的强度和刚度。

级配碎石混合料采用大吨位自卸车运输。基床表层下层的级配碎石的摊铺可采用摊铺机或平地机进行,顶层必须用摊铺机摊铺。每层的摊铺厚度按工艺试验确定的参数严格控制。用平地机摊铺时,在路基上采用方格网控制填料量;用摊铺机摊铺时根据摊铺机的摊铺能力及拌和厂的拌和能力配置运输车,使摊铺机的摊铺作业能够不间断地连续进行。

采用重型振动压路机时应严格按照试验段确定的压实参数和程序控制压实速度和压实遍数进行操作。使其达到规定压实标准,表面平整,各项指标符合设计要求。

每层施工完成后进行自检、复检,合格后报监理工程师抽检,应严格按照规范要求的试验方法、试验点数、检验频次,逐层分段、分部进行试验检测。

9. 堆载预压施工方案

在路堤基床底层填筑完成后进行堆载预压以加快沉降的发生。堆载预压期间,加强沉降观测,绘制"沉降-时间"曲线图,进行沉降预测和工后沉降的推算,当推算的工后沉降满足要求时方可卸载。堆载预压期大于13个月(设计文件要求为6~18个月,且至少经过一个雨季),具体卸载日期根据沉降观测资料推算确定。

10. 路基附属及防护施工方案

(1)路堤坡面防护。

在所有路堤的基床表层以下路堤边坡的外边缘处,水平铺设宽度不小于3.0 m的双向土工格栅（抗拉强度不小于25 kN/m，层距为0.5 m）。

边坡高度$H<4$ m时，边坡平整后采用混凝土空心砖结合种草防护。

边坡高度$H\geqslant 4$ m时，先设带排水槽的拱形骨架护坡，然后在骨架内用液压喷播植草并栽种紫穗槐对路堤边坡进行防护。

受洪水影响地段，采用M10浆砌片石防护，坡脚处设2 m高C15片石混凝土矮脚墙基础。

（2）挡土墙工程。

在规划区的路基两侧、车站站房侧及部分其他地段，为减少拆迁，节约用地，设置挡土墙工程。在新渭南站设置的重力式挡土墙，采用C15片石混凝土；在新临潼站设置了钢筋混凝土悬臂式挡土墙。挡土墙应分段施工。

（3）路基防排水工程。

本工程在路基两侧设置了侧沟、天沟、平台截水沟、排水沟、引水沟、截水沟等，形成了完善的地面排水系统，沟底设二八灰土垫层。

对湿陷性黄土路基特别注重做好防排水，注重做好系统性的永久防排水和施工期间临时防排水，重点做好基底、水沟槽底、路基边坡防排水。

路堑施工先按"永临"结合原则，做好堑顶天沟等排水系统，后开挖。湿陷性黄土分层分段开挖，边坡防护及坡面、平台排水及时施工。

各种水沟施工尽量避开雨季，防止地表水下渗。基槽采用人工配合小型机具开挖，达到要求深度后，进行基底检验，验槽合格后分层夯填灰土垫层。

做到路基成型一段，排水系统跟进一段。

所有浆砌排水设施的边坡必须平整、稳定，铺砌背后及顶部与地层之间，认真填塞、封严。

11. 路基相关配套工程施工方案

接触网等基础的施工与路基工程同步实施，路基成型一段，基础成型一段。其开挖在基床表层填筑完毕后进行，采用干取土钻机掏土，然后用串筒进行基础混凝土的灌注施工。

电缆槽采用预制安装。基床表层填筑完毕后再开挖至电缆槽底高程，安设电缆槽。电缆槽侧壁用砂浆等填塞密实，最后施工浆砌片石护肩。电缆槽施工时不应破坏侧沟和侧沟平台、堑坡坡脚及路肩边坡。

防护栅栏在分段路基边坡防护排水施工完毕后进行，基础采用人工或小型机具开挖。

预埋钢管在无砟轨道道床施工前完成。

路基相关配套工程与路基同步施工，并制订相应的保护措施，确保相关配套工程的安全与稳固。

相关工程及附属设施施工时，防止路基污染，做好成品保护。

12. 路基沉降观测方案

成立路基沉降观测组，定人、定位进行长期观测。制订详细的路基沉降观测作业指导书及相应的管理制度，确保路基沉降观测准确无误，为路基和无砟轨道施工提供准确的依据。

采用观测沉降板、观测桩、分层沉降仪结合精密水准仪、尺垫等对路堤和基底进行沉降观测，路堑采用观测桩进行路基面沉降观测，沉降观测采用二等水准测量。所有路堤按照设计每隔 20～50 m 布设一监控断面，过渡段及高填方适当加密，每监控断面在两侧坡脚和路堤中心进行地面沉降观测、堤顶沉降观测、路堤分层沉降观测。填筑高度大于 5 m 的路堤、松软地基路基、湿陷性黄土路基和过渡段等重点监控断面进行长期连续观测，以利运营养护维修和积累资料。另选择代表性断面进行地基水平位移观测、孔隙水压力观测等。观测中采用四固法观测，即：固定观测人员；固定仪器及水准尺；固定后视尺读数；固定测站及转点。

13. 改移道路施工

客运专线施工与改移道路施工统筹安排协调进行，保证既有道路畅通，先通新路后断旧道，并及时为客运专线施工创造有利条件。

改移道路路基填筑采用挖掘机挖装，自卸汽车运输土方，推土机摊铺，平地机整平，压路机碾压的施工方案。

对于挖方地段，先做好堑顶的排水系统。路基土方填料用平地机摊铺，先进行初压，再用重型振动压路机复压，确保路基压实度。及时进行边沟、排水沟施工。泥结碎石路面采用路拌法施工，平地机摊铺，振动压路机压实。级配碎石底基层、水泥稳定碎石基层采用稳定土拌和站搅拌，摊铺机、平地机摊铺，压路机碾压密实；沥青混凝土路面采用摊铺机摊铺，压路机碾压密实。

【实战演练】

提交某高速铁路软土地基处理施工方案比选报告。

【小知识】

大西客专

大同至西安铁路客运专线是国家《中长期铁路网规划》的重要组成部分，线路北起山西省大同市，自北向南贯穿山西省中部，向南经山西省朔州市、忻州市、太原市、晋中市、临汾市、运城市，在山西永济市跨黄河进入陕西省渭南市，经临潼至西安。

线路全长 859 km，山西省境内正线长为 710 km，陕西省境内正线长为 149 km。其中大同至原平段利用在建北同蒲第三、四线 160 km（亦称"北同蒲增建四线"或"大同—原平四线"），原平至西安段新建线路长度 699 km。全线桥隧比例约占线路全长的 78%，共设车站 29 个，其中新建车站 18 个，利用在建和既有铁路客站 11 个。线路设计行车速度 250 km/h，并预留进一步发展条件，全线工程投资预估算总额为 963.3 亿元，山西段由铁道部出资 60%，山西省出资 40%。建设工期 4 年。2009 年 12 月 3 日上午开工，2013 年底竣工。

该线建成后，实现了大同至西安铁路通道内客货分线运输，大幅度提高了运输能力和质量。大同至西安旅客列车运行时间由过去的 17 h 压缩至现在的 3 h 左右。通过与石（家庄）太（原）客运专线、太原至中卫（银川）铁路、陇海客运专线、西（安）成（都）客运专线有效衔接，进一步拓展了快速客运网覆盖面，形成山西、陕西通往全国各地高效便捷的快速客运网，大大缩短了区域内主要城市间以及与全国各区域间的时空距离，满足了日趋增长的旅客运输需求，对促进地方区域经济可持续发展起到了重要作用。

学习情境 3　高速铁路轨道施工

情境导入

高速铁路轨道结构的主要类型为无砟轨道，即以混凝土或沥青混合料（如 CA 砂浆）取代散粒道砟道床。主要有雷达型无砟轨道、旭普林型无砟轨道、博格板式无砟轨道。

学习目标

【知识目标】　了解高速铁路轨道结构的类型和适用条件，熟悉雷达 2000 型双块式无砟轨道铺设工艺，熟悉博格板预制与安装施工工艺，熟悉旭普林无砟轨道铺设工艺。

【能力目标】　能够编制雷达 2000 型双块式无砟轨道铺设、博格板预制与安装、旭普林无砟轨道铺设施工方案，进行施工作业技术指导。

任务 3.1　高速铁路轨道结构类型

一、高速铁路轨道结构等级

铁路轨道结构等级与运输条件密切相关。在铁路运输发展的初期，速度、轴重、密度都处于较低水平，对轨道结构的要求以可靠性为主，等级划分则以年通过总质量为主，兼顾列车速度的要求。近年来发展的客运专线和重载铁路，对轨道结构提出了不同侧重的要求。客运专线以旅客运输为主，除要求极高的安全性和可靠性以外，对旅客的乘坐舒适度提出了很高的要求。在轨道结构方面，对传统轨道不允许存在的不平顺做出了严格的限制。为了达到这些要求，欧洲 AGC 计划明确要求线桥设备采用统一标准。这些标准包括：① 采用 60 kg/m 钢轨、长度 2.6 m 轨枕、弹性扣件、硬质道砟的轨道结构；② 利用标准列车计算桥梁载荷；③ 规定统一的列车速度和轴重；④ 全部采用立体交叉；⑤ 采用大号码道岔，直向过岔速度与区间正线一致，侧向过岔速度与连接的联络线一致。

二、轨道结构类型

由目前世界上高速铁路的运营情况可知，高速铁路轨道结构主要有两种类型：有砟轨道与无砟轨道。从实践经验看，两种轨道都可运行速度 300 km/h 的高速列车。如法国高速铁路和日本的山阳新干线均全部或部分铺有砟轨道,列车行车速度已达到 300 km/h。虽然法国也在对无砟轨道进行试验研究,但至今在高速铁路运营线上仍全部采用有砟轨道。相比之下,德国高速列车最高行车速度虽然只有 280 km/h,但由于其列车轴重较大,加上其在高速线上还运营货车,因此其有砟轨道破损严重,要求在高速铁路换铺无砟轨道的呼声甚高。有砟与无砟轨道各有优缺点,高速铁路究竟应铺何种类型轨道结构,高速铁路采用何种轨道结构形式,要根据本国铁路的实际情况,经过技术、经济比较后确定,切不可盲从。从目前世界各国高速铁路的运营情况来看,列车速度低于 300 km/h 时,桥隧区段可铺设无砟轨道,路基宜铺设有砟轨道。当行车速度大于 300 km/h 时,采用无砟轨道可较好保持轨道的平顺性,有利于高速行车。虽然目前无砟轨道结构在改善轨道弹性方面做了大量的工作,但在 300 km/h 以下的行车速度时,旅客乘车感觉仍然是有砟轨道略好于无砟轨道。有砟轨道是铁路的传统结构,它具有弹性良好、价格低廉、更换与维修方便、吸噪特性好等优点。但随着行车速度的提高,其缺点也逐渐显现。首先,由于有砟轨道不均匀下沉产生的 120 Hz 以下频率范围的激振严重,轨道破损和变形加剧,从而使维修工作量显著增加,维修周期明显缩短。根据德国高速铁路的资料,当行车速度为 250 ~ 300 km/h 时,其线路维修费用约为行车速度为 160 ~ 200 km/h 时的 2 倍;速度为 250 ~ 300 km/h 时,通过总重达 3 亿 t 后道砟就需全部更换,而在 160 ~ 200 km/h 时,通过总重则可达 10 亿 t。日本对高速铁路桥上的有砟轨道与无砟轨道维修费用进行的统计分析表明,有砟轨道的线路维修费用比无砟轨道高 111%,也就是说有砟轨道的维修费用相当于无砟轨道的 2 倍多。基于这一情况,许多专家认为,从经济角度和维修管理角度看,高速铁路应采用无砟轨道。特别是在桥隧结构上,由于无砟轨道减少了二期恒载和建筑高度,采用无砟轨道更为有利。除此以外,无砟轨道还具有使用寿命长、线路状况良好、不易胀轨跑道、高速行车时不会有石碴飞溅等优点,因此无砟轨道在国外高速铁路上获得了越来越广泛的应用,其铺设范围已从桥梁、隧道发展到路基和道岔区,无砟轨道结构在高速铁路上的大量铺设已成为发展趋势。

三、无砟轨道结构的特点

采用混凝土、沥青混合料等整体基础取代散粒体碎石道床的轨道结构统称为无砟轨道。其优点是:

(1)消除了由于散粒体道砟的破碎、粉化,道床的形变而导致轨道几何形态恶化和日益增加的轨道维修工作量。这对于无法利用行车间隔时间进行轨道维修作业的高速铁路具有特别重要的意义。

(2)整体化的轨下基础给轨道提供了更为强大的纵、横向阻力,提高了轨道的稳定性。这对于采用跨区间无缝线路的高速铁路具有现实的意义。

(3)在刚性的整体混凝土底座上,安装厂制的橡胶垫板、橡胶靴套或现场浇筑的 CA 砂浆垫层等弹性元件提供的轨道弹性,比在土路基上的碎石道床提供的轨道弹性更具均匀性。这为提高高速列车的行车平稳性和乘车舒适性提供了重要的条件。

其缺点是:

(1)散粒体碎石道床可通过起、拨、捣作业,方便地对轨道几何形态的变化进行整治和修理。而无砟整体道床，只能利用扣件的有限调节量调整轨道几何尺寸的变化，因此，无砟轨道结构建成之后的永久变形受到严格的限制。

（2）无砟轨道为刚性基础，其轨道整体弹性差。列车运行时其环境振动、噪声及轨道振动强烈。要取得与有砟轨道相当的整体弹性，必须增大弹性元件的投入。

（3）无砟轨道的基础一旦出现变形或破坏，其整治和修复相对困难，资金和人力的投入也很大，故要求有坚实和稳固的基础。

（4）无砟轨道的工程费用比有砟轨道高。在无砟轨道的施工工艺比较成熟、施工机械比较完善的国家，其工程费用通常比有砟轨道的工程费用高15%～25%；在无砟轨道的施工技术及施工机具正处于发展和逐步完善的国家，其工程投资之比约为2∶1。

基于上述特点，我国现阶段在使用无砟轨道结构时需要考虑下述各点：

（1）尽管在国外无砟轨道已广泛应用于混凝土桥梁、隧道、车站及区间土路基线路，但考虑到无砟轨道对其基础的坚实、稳固及无永久变形或有限永久变形的要求以及工程造价较高的特点，在现阶段我国高速铁路上无砟轨道将首先应用于混凝土桥梁、高架结构及有仰拱的隧道内，在有条件的车站正线、到发线也可适当试用。至于在区间土路基线路上使用无砟轨道，还需要进行试验研究，待积累一定的经验后才宜推广使用。

（2）在混凝土桥梁和高架结构上使用无砟轨道时，必须考虑无砟轨道施工完成后混凝土梁的工后徐变上拱量，并必须将其控制在扣件的调高量范围之内。

（3）扣件是调整无砟轨道几何形态的唯一环节。一般要求隧道内无砟轨道扣件的调高量为10 mm左右，桥梁、高架结构无砟轨道扣件的调高量至少为30 mm，最好为50 mm。

（4）无砟轨道的几何施工精度是决定无砟轨道能否大面积推广应用的关键。这必须依赖于先进的施工工艺、成熟的施工技术、完整配套的施工机械、训练有素的施工队伍和合理的施工工期。

四、无砟轨道在国外高速铁路上的应用

日本无砟轨道在高速铁路上的应用始于1971年山阳新干线，其后在日本获得迅速发展，并得到广泛应用，20世纪80年代以来修建的新干线，无砟轨道比例都在85%以上，但日本新干线桥隧比例比较大，截至2004年，在路基上无砟轨道铺设长度仅有90 km，占无砟轨道铺设总长度的3%左右。

法国除在英吉利海峡隧道内全部采用无砟轨道外，还在TGV地中海线靠近马赛的一个隧道内进行无砟轨道试验，运行速度达到240 km/h。

荷兰高速铁路新建线路，针对软土问题设计了板-桩结构，也积极采用无砟轨道。

西班牙、意大利、韩国、比利时等高速铁路都进行了无砟轨道试验与试铺。

德国20世纪70年代初开始研究无砟轨道，1972—1988年铺设无砟轨道25处，遍及桥梁、隧道和土路基，累计长19 km。1989—1997年增铺无砟轨道22处，累计长188 km。在柏林至汉诺威和法兰克福至科隆的两条高速铁路上，无砟轨道的铺设长度分别占线路总长的70%和100%。

德国无砟轨道的结构类型很多，形式主要有 Rheda 型、Zublin 型、ATD 型和 Y 钢枕型，其中用于桥上和隧道内的 Rheda 型轨道结构如图 3.1 所示。

板式轨道（见图 3.2）按其结构和组成又可分为普通型（a）、防振型（b）和框架型（c）。

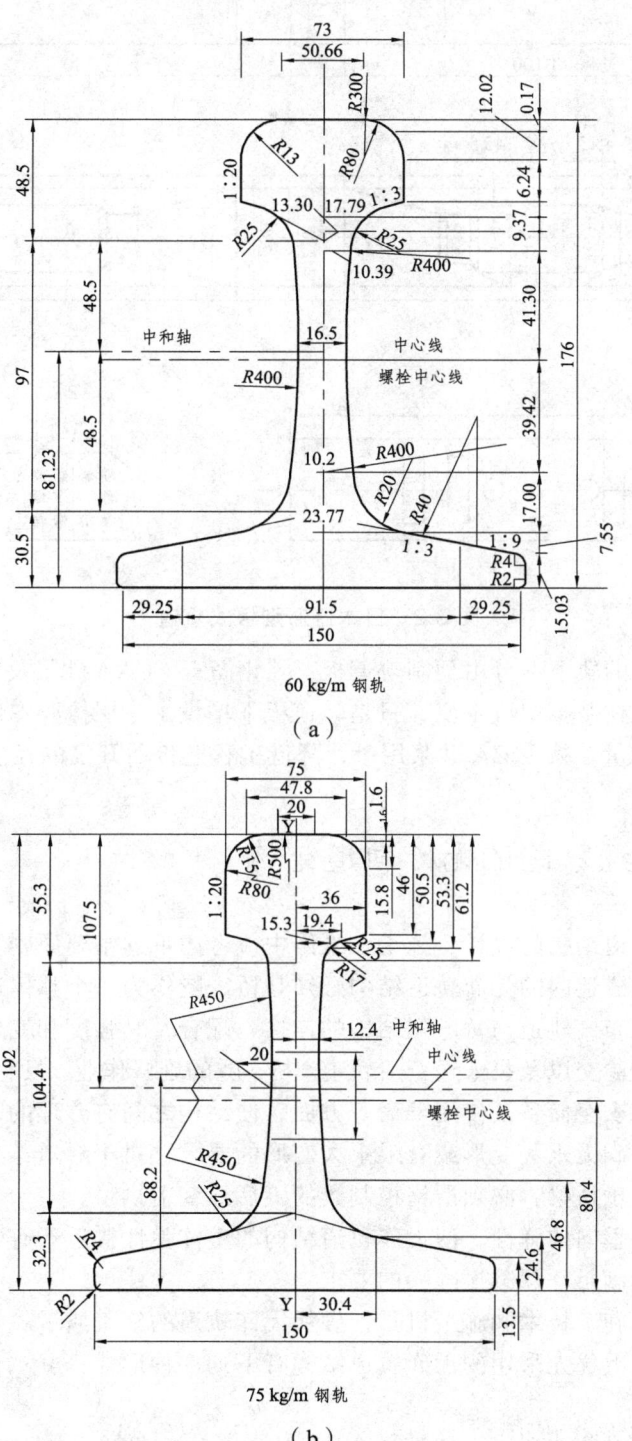

(a)

(b)

图 3.1 德国 Rheda 型轨道

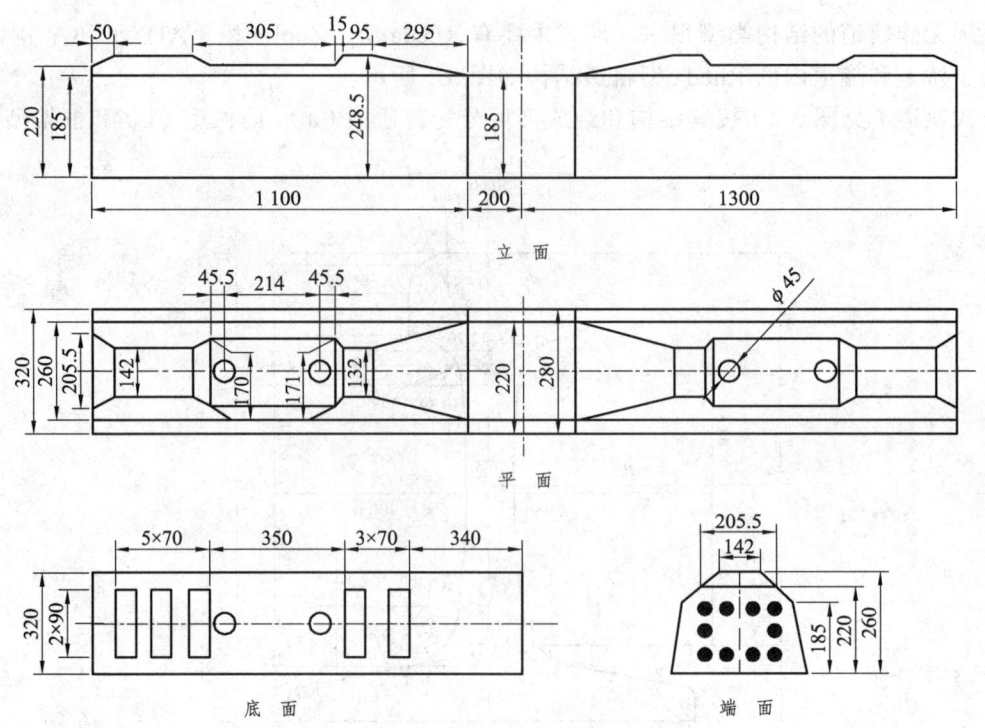

图 3.2　日本普通型板式轨道

普通型板式轨道的轨下部分由预制轨道板、乳化沥青（CA）砂浆及混凝土底座组成；防振型板式轨道保持上述基本组成不变，只是轨道板下增设了一层橡胶弹性垫；框架型板式轨道是为降低轨道板质量，减少 CA 砂浆用量，降低工程造价而开发的经济型轨道结构。

五、我国高速铁路的无砟轨道结构

在桥、隧无砟轨道结构的设计、施工、维修中应考虑下列主要原则。

（1）用于桥梁、隧道内的无砟轨道结构必须与桥、隧作为一个整体进行设计。其中包括列车载荷的传递与分布；轨道与桥、隧结构的连接、配合及其强度和变形的要求；桥、隧与无砟轨道施工工序的验交以及投入运营后轨道、桥、隧的维修作业。只有通过整体综合设计，才能在运营可靠性、安全储备及使用寿命等方面，使结构之间有合理的匹配关系。

（2）充分考虑基础无永久变形或有限永久变形的要求。对于隧道，必须有坚实的仰拱及完善的排水设施。对于桥梁，必须严格控制梁的工后徐变上拱量。

（3）提高扣件在垂向的弹性，使无砟轨道结构的整体弹性接近于有砟轨道。这样，既提高乘车的舒适度，又满足环保减振降噪的要求。

（4）提出合适的施工技术和施工机具，确保无砟轨道的施工质量。

在我国高速铁路上优先采用的无砟轨道结构有下列 3 种形式：

1. 长枕埋入式无砟轨道

该无砟轨道其轨下部分由预应力混凝土轨枕、混凝土道床板及混凝土底座组成（见图

3.3）。在道床板和底座之间设置隔离层，使道床板有修复或更换的可能性。在隔离层上还可设置弹性垫层，以增加轨道的整体弹性。

轨枕可工厂预制，混凝土道床板和混凝土底座的现场施工相对简单，造价相对低廉。

图 3.3 长枕埋入式无砟轨道结构示意图

2. 板式无砟轨道

该无砟轨道其轨下部分由轨道板、乳化沥青砂浆（CA 砂浆）及混凝土底座组成（见图 3.4）。轨道板由工厂预制。在桥上或隧道内将混凝土底座现场浇筑完成后，再将轨道板及其上部的钢轨、扣件就位，再在轨道板和混凝土底座之间灌注 CA 砂浆。CA 砂浆层是确保轨道几何施工精度的调整层，也是给轨道提供适当弹性的缓冲层。

板式轨道建筑高度低，自重轻，对降低轨道及桥、隧结构的总造价有利。

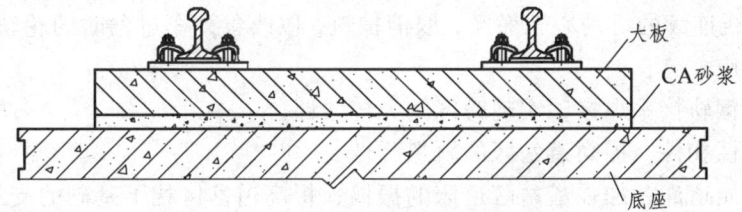

图 3.4 板式无砟轨道结构横断面图

3. 弹性支承块式无砟轨道

该无砟轨道其轨下部分由混凝土支承块、块下橡胶垫块、橡胶靴套、混凝土道床板及混凝土底座组成。

其施工程序也是由工厂完成支承块、橡胶垫及橡胶靴套的预制，在混凝土底座经现场浇筑完成后，在现场将支承块、橡胶垫块、橡胶靴套及与之配套使用的钢轨、扣件进行组装，并精确定位，然后，灌注混凝土道床板，就地成型。

与上述其他两种无砟轨道相比，弹性支承块式无砟轨道具有更好的弹性，对于减振降噪要求较高的区域或地段，可优先选用这种结构形式。

高速铁路的高架结构在线路总延长中占有相当的比重。京沪高速铁路的高架结构约占线路总延长的 1/3。在高架结构上采用有砟轨道，会给将来的线路维修、道床清筛造成相当的困难，无砟轨道无疑是最佳的选择。随着无砟轨道的结构设计、施工技术及建筑材料的进一步发展，在一般土路基地段铺设无砟轨道也将在国内很快实现。在高速线路上，无砟轨道结构将有广阔的应用前景。

六、高速道岔

由于道岔区轨道结构连续性被破坏和轨道刚度的急剧变化以及线路平剖面的几何不平顺，列车过岔时必然增大轮轨相互作用动载荷，增加轨道变形和列车的急剧振动，从而影响行车的安全、平稳及乘车舒适性。随着行车速度的提高，上述问题会更加突出，因而必须在道岔的线形、平、剖面及结构上作出相应的改进，满足高速行车的要求。

通常采取的措施有：

1. 改变道岔线形以改善侧向运行条件

除采用大半径圆曲线形导曲线之外，还大力研究采用不同类型的缓和曲线形导曲线。

2. 适当加大道岔号数，以提高侧向通过速度

用于正线与到发线相连的道岔，通常不小于 18 号，以缩短列车进出站制动减速和起动加速时间，提高车站通过能力。区间渡线道岔，通常不小于 38 号，以保证列车侧向通过速度达到 160 km/h 及以上。

3. 改善道岔结构

（1）采用轨线连续的可动心轨辙叉，取消护轨，以改善列车过岔时的轮轨相互作用条件，降低轮轨动力效应。

（2）道岔区钢轨接头焊接，实现跨区间无缝线路。

（3）采用弹性扣件，提高道岔区的轨道弹性。

（4）采用优质道砟，加强道岔区道床的振捣，提高道岔区枕下基础的支承能力和弹性。

（5）设外锁闭装置及道岔可动部件密贴状态监视器，提高可动部件锁闭的可靠性，确保信号灯的正确显示及列车的安全通行。

（6）减少基本轨至尖轨尖端过渡区及翼轨至可动心轨尖端过渡区的立面及平面不平顺，改善轮轨动力相互作用条件。

（7）适当加大道岔号数，从而增加道岔全长及道岔部件长度，使轨道刚度变化及不平顺变化相应减缓，从而有利于改善运行条件。

4. 改善道岔零部件材质及制造工艺

研发长尖轨的机加工艺及淬火技术，研究辙叉表面爆炸硬化以提高其初期耐磨性，研究高锰钢部件焊接技术及高锰钢辙叉与普通碳素钢轨焊接技术，以解决辙叉趾端、跟端与前、后导轨的焊接问题。

【实战演练】

绘制我国高速铁路无砟轨道的断面图,分析无砟轨道各类型的适用条件。

任务 3.2　雷达 2000 型双块式无砟轨道铺设

Rheda(雷达)型无砟轨道因 1972 年在德国 Rheda 车站铺设而得名。轨道结构组成包括:钢轨、300 型扣件、道床板(含预制混凝土轨枕或双块式轨枕)、槽形板(可选)等。德国弗莱德尔公司在 1999 年开发出无槽形板的雷达 2000 系统。

一、国内外现状

目前,无砟轨道结构形式主要有双块式轨枕和板式两种。双块式轨枕又有雷达 2000 型和旭普林(Zablin)型。

已采用雷达 2000 型(或普通雷达型)的线路有德国的柏林—汉诺威、科隆—法兰克福、纽伦堡—英戈城等,韩国首尔—釜山高速铁路一期工程的 3 座长隧道等,以及我国台北—高雄高速铁路站内及两端 300 m 区段。

2006 年,我国铁道部与德国睿铁公司签订相关"技术转让合同",在 600 km 武广客运专线上全部使用其施工技术,并向睿铁公司采购了 12 套雷达 2000 型标准施工机械,2 套在欧洲制造,10 套在国内制造。

二、术　语

1. 无砟轨道

用整体混凝土结构代替传统有砟轨道中的轨枕和散粒体碎石道床的轨道结构。

2. CRTS I 型板式无砟轨道

预制轨道板通过水泥沥青砂浆调整层,铺设在现场浇筑的具有凸形挡台的钢筋混凝土底座上,并适应 ZPW-2000 轨道电路的单元轨道板无砟轨道结构形式。

3. CRTS II 型板式无砟轨道

预制轨道板通过水泥沥青砂浆调整层,铺设在现场摊铺的混凝土支承层或现场浇筑的钢筋混凝土底座上,并适应 ZPW-2000 轨道电路的连续轨道板结构无砟轨道结构形式。

4. CRTS III 型板式无砟轨道

预制轨道板通过水泥沥青砂浆调整层,铺设在现场摊铺的混凝土支承层或现场浇筑的钢筋混凝土底座上，并适应 ZPW-2000 轨道电路的连续轨道板结构。

5. CRTS Ⅰ型双块式无砟轨道

将预制的双块式轨枕组装成轨排，以现场浇筑混凝土方式将轨枕浇入均匀连续的钢筋混凝土道床内，并适应 ZPW-2000 轨道电路的无砟轨道结构形式。

6. CRTS Ⅱ型双块式无砟轨道

以现场浇筑混凝土方式，将预制的双块式轨枕通过机械振动法嵌入均匀连续的钢筋混凝土道床内，并适应 ZPW-2000 轨道电路的无砟轨道结构形式。

7. 轨道板

预制的钢筋混凝土板或预应力钢筋混凝土板，是板式无砟轨道的主要部件。

8. 双块式轨枕

采用钢筋桁架连接两块混凝土支承块而形成的轨枕，是双块式无砟轨道的主要部件。

9. 混凝土道床板

现场浇筑的埋设双块式轨枕或混凝土岔枕的整体钢筋混凝土层。

10. 混凝土底座

现场浇筑的用于支承 CRTS Ⅰ型轨道板、道岔区道床板或在桥上支承 CRTS Ⅱ、CRTS Ⅲ型轨道板和双块式道床板的钢筋混凝土基础。

11. 混凝土支承层

现场摊铺或浇筑的用于在路基上、隧道内支承 CRTS 双块式混凝土道床板或 CRTS Ⅱ、CRTS Ⅲ型轨道板的素混凝土层。

12. 水泥沥青砂浆层

现场浇筑于轨道板和混凝土底座或混凝土支承层之间具有一定弹性的水泥沥青砂浆层。

三、CRTS Ⅰ型双块式无砟轨道施工

1. 工艺概述

CRTS Ⅰ型双块式无砟轨道生产工艺流程如图 3.5 所示。

在已完工并清理干净的混凝土底座或混凝土支承层上标定轨道板、模板、横向模板固定钢条位置，布置钢筋并安装横向模板固定钢条，用散枕装置将 CRTS Ⅰ型双块式轨枕散布其上，控制散布轨枕的累计纵向误差，同组轨枕间距误差不大于 5 mm，中线偏差不大于 10 mm，两组轨枕间距偏差不大于 ± 20 mm，轨枕线形平顺，与轨道中线基本垂直。

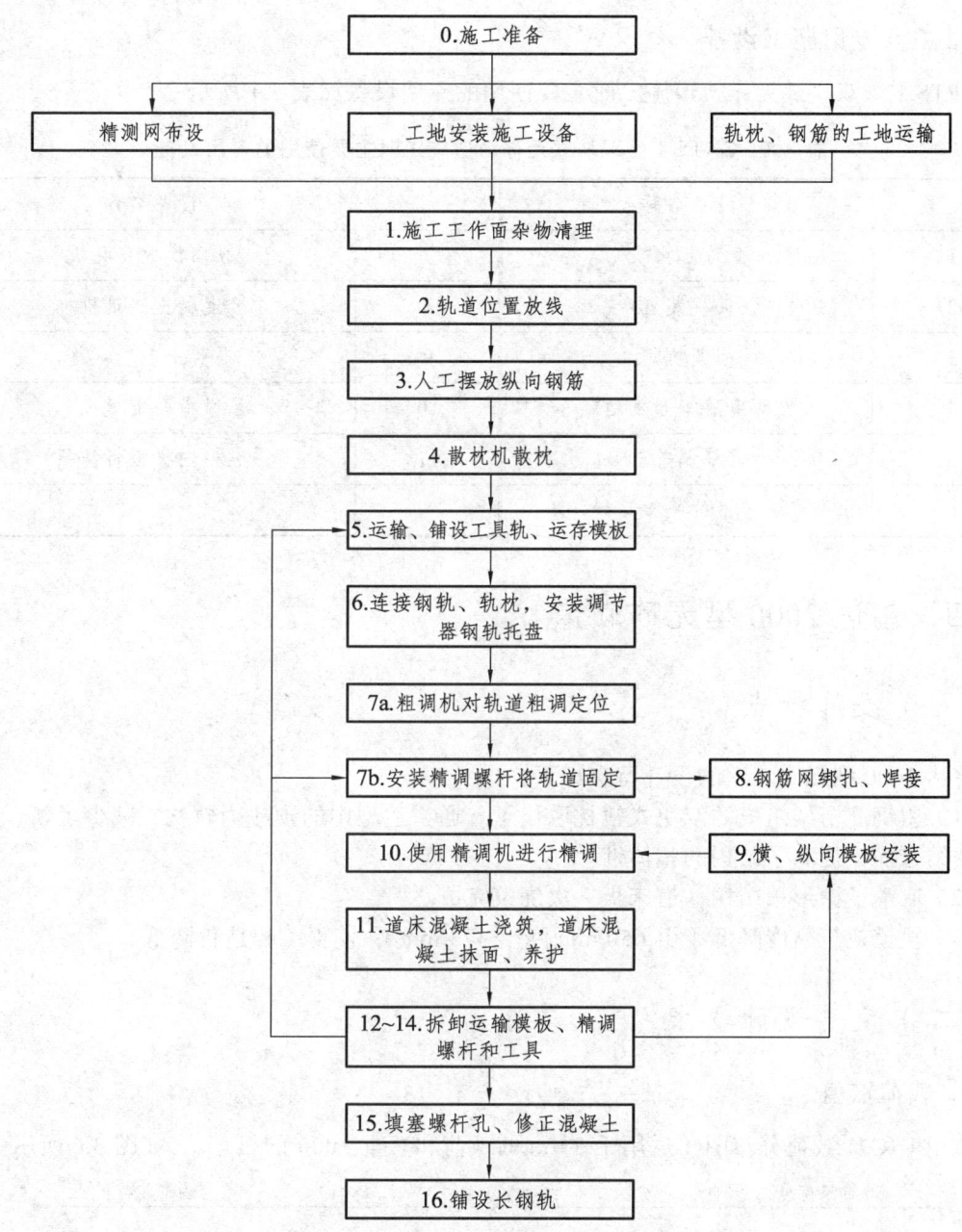

图 3.5 CRTS Ⅰ型双块式无砟轨道生产工艺流程图

用公铁两用随车起重运输车将工具轨和纵向、横向模板运至现场，工具轨摆放至轨枕上进行铺设，轨缝间距控制在不大于 30 mm，接头安装固定夹板。将螺杆调节器安装于工具轨，用粗调机和螺杆调节器对轨道粗调定位，绑扎钢筋网，用纵横向模板安装机安装纵横向钢模板，使用轨道精测设备对轨道检测并用精调螺杆对轨道进行精调，用混凝土浇筑机浇筑道床混凝土，然后用混凝土养护帐篷对已浇筑道床混凝土进行养护，用纵横向模板拆洗机拆除并清洗模板，用带随车吊的平板运输车拆除螺杆调节器并运至前方，拆除工具轨并用公铁两用随车起重运输车运至前方，进行下一个循环的施工。

2. 主要专用施工设备

CRTS Ⅰ型双块式无砟轨道施工时主要使用的专用设备如表 3.1 所示。

表 3.1 CRTS Ⅰ型双块式无砟轨道施工时主要使用的专用设备

序 号	设备名称	序 号	设备名称
1	变跨起重机	7	纵向模板安装机
2	散枕装置	8	混凝土浇筑机
3	粗调机组	9	混凝土养护帐篷
4	公铁两用随车起重运输车	10	纵横向钢模板
5	螺杆调节器	11	纵横向模板拆洗机
6	带随车吊的平板运输车		

四、雷达 2000 型无砟轨道

（一）设计特点

雷达 2000 型无砟轨道的设计特点如下：

（1）用钢筋桁架组成的双块式轨枕取代了普通雷达型中的预应力轨枕，减少了新、老混凝土的结合面，提高了结构的整体性。

（2）取消了槽形板结构，道床板一次浇筑完成。

（3）轨道建筑高度降低（由 650 mm 降至 473 mm），使得工程造价降低。

（二）主要设计要求

1. 载荷取值

使用 UIC71 载荷分布图（适用于 8 t/m 的载荷和总重 100 t 的机车），如图 3.6 所示。

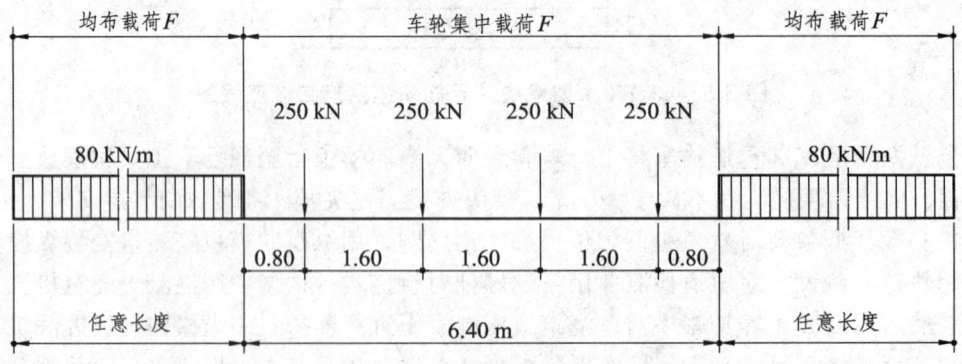

图 3.6 UIC71 载荷分布示意图

2. 道床板

（1）混凝土道床板是一个纵向连续、无伸缩缝及中心配筋的钢筋混凝土结构，混凝土强度等级为C30/37，最小厚度为240 mm，最小宽度为2 800 mm。

（2）道床板结构配筋：纵向18ϕ20，配筋率为0.8%~0.9%（高配筋率是为了保证在低温条件下产生有控制的裂纹，即裂缝间隔为2~2.5 m，裂缝宽度小于0.5 mm）。每根轨枕间配1根ϕ16的横向钢筋。

（3）混凝土保护层的最小厚度：50 mm。

（4）道床板材料设计要求如下：

① 混凝土强度等级：C30/37。

② 抗压强度：30 MPa（圆柱体抗压强度）；37 MPa（立方体抗压强度）。

③ 弹性模量：$E = 34\,000$ MPa。

④ 弯曲抗拉强度：≥5.5 MPa。

⑤ 混凝土中水泥最低用量：350 kg/m³。

⑥ 混凝土水灰比：≤0.45。

⑦ 钢筋：Ⅱ级热轧螺纹钢筋。

3. 路基上水硬性支承层HGT设计要求

（1）技术要求引用了德国道路工程的相关技术标准，即："道路工程承力层的附加技术条件与规程"（ZTVT-StB95）——骨料最大粒径32 mm，有级配要求。

（2）设计厚度：300 mm。

（3）设计宽度：3 400 mm。

（4）强度等级：C12/15。

（5）抗压强度：12 MPa（圆柱体抗压强度）；15 MPa（立方体抗压强度）。

（6）弹性模量：$E = 5\,000 \sim 10\,000$ MPa。

（7）HGT层利用滑模摊铺机施工成型。

（8）沿线路纵向每5 m设一沟槽，沟槽的深度必须大于支承层厚度的35%。

（9）外形尺寸及平整度要求如下：

① 高程：与设计值偏差+5 mm~-15 mm。

② 平整度：10 mm/4 m。

③ 厚度：整个施工段的厚度算数平均值不超过设计值的10%，个别厚度不得低于设计值25 mm。

（10）HGT层表面应有适当的粗糙度，支承层表面须作拉毛处理。

（三）施工方法和主要施工装备

雷达2000型无砟轨道采用"自上至下"的施工方法，即先组装调整好轨排的几何形位，然后现场浇筑道床混凝土，施工工艺：水硬性混凝土层施工→轨枕散布→轨排组装→轨排粗调→钢筋绑扎→轨排精调→立模灌注混凝土→混凝土养护→长钢轨铺设→无缝线路施工。

1. 滑模摊铺机

路基上水硬性支承层 HGT 的施工所用设备为滑模摊铺机,如图 3.7 所示。

图 3.7　滑模摊铺机

施工要求如下:

(1)在混凝土支承层铺设时的温度和紧接铺设之后的混凝土养护温度,以及混凝土的成分和水泥种类应保持协调,以保证支承层的承载能力与 60 年的使用寿命。

(2)支承层上的无规则裂纹应通过适当措施予以消除,防止裂纹映射到道床上。

(3)应在支承层施工 30 天后再浇筑道床混凝土。

2. 散枕装置

散枕装置是用于将轨枕按照所需间距放置在指定位置的设备。考虑到储运需要,建议在此之前轨枕就已在指定位置堆垛到位(最多 6 层)。粗调及精调作业时,应保证堆垛的轨枕不能影响全站仪的通视。轨枕卸载下来之后就应进行第一次质量抽样检查,放置轨枕之前应对轨枕完成以下质量项目验收:

① 运输中轨枕是否损坏。
② 是否有裂缝。
③ 钢筋是否变形。
④ 伸出的钢筋长度是否符合要求。

图 3.8 所示为旋转轨枕之前工人在对其质量进行检验。具体的质量指标如下:

① 轨枕混凝土不得开裂。
② 混凝土表面的局部损坏宽度和深度均不得超过 10 mm。
③ 桁架钢筋内部平行钢筋变形不得超过 ± 5 mm。
④ 伸出轨枕两侧的钢筋端头(我国标准约 80 mm)应予以检查。
⑤ 质量缺陷超标的轨枕必须标记并清理出来且禁止使用损坏的轨枕。

图 3.8 放置轨枕之前的质量验收

⑥ 采用散枕装置放置轨枕。在此过程中注意不要损坏轨枕,例如混凝土本身破坏或钢筋变形等。

将轨枕放在下部结构上时,应注意以下几个方面:

① 在路基段和隧道段进行雷达 2000 施工:在下部结构上首先铺放纵向钢筋,在钢筋上铺放轨枕。

② 在桥梁段和隧道洞口明挖段进行雷达 2000 施工:在下部结构上首先铺设安装隔离层,然后在其上铺放纵向钢筋。

③ 在桥梁段进行雷达 2000 施工:轨枕放在纵向木梁(150 mm × 150 mm)上,以避免凸台板对轨道施工的影响。

轨枕必须按照规定的间距放置,质量检查项目如下:

① 成组轨枕在下部结构上的放置位置的纵向允许偏差为 ± 20 mm。

② 左右偏差最大为 10 mm。

③ 轨枕间距误差为 ± 5 mm(布枕间距与设计轨枕间距差)。

④ 角度(目测,工具轨安装时精测)。

⑤ 线形。

⑥ 放置轨枕后检查裂缝。

在桥梁上进行雷达 2000 施工,应进行以下质量项目的检测(目检):

① 中间层无任何损坏。

② 在下部结构上铺满中间层。

③ 应使用木梁支承轨枕。

3. 自动装卸车

自动装卸车(见图 3.9)用于运输、起吊和放置工具轨、钢模板和螺杆调节器。

由于工具轨保证了浇筑混凝土前最终定位的精确度,所以工具轨必须在第一次使用前进行检查及在使用中进行随机检查。工具轨的操作应小心,禁止出现塑性变形。在将工具轨铺设到轨枕上之前,应检查其垫板是否干净。必须使用最少两个起吊点的横架来起吊工具轨(见图 3.9)。

工具轨的质量检查项目如下：
（1）检查工具轨平直性。

图 3.9　自动装卸车

（2）就位前检查轨底是否干净。
（3）检查轨排的角度。
（4）损坏的工具轨应清理出来。

另外，当工具轨安装在轨枕上时，所有的 Vossloh 扣件均应在"运输时状态"，保证安装工具轨时不会因为轨枕扣件阻碍而变形。

用 GB60 轨型材模具检查工具轨平直性。考虑误差后的模具应比 GB60 断面略大。

参照以下指标进行工具轨安装。
（1）检查轨枕与工具轨的角度，需要时进行调整。
（2）人工将扣件定位并拧紧螺栓。
（3）从第一个轨枕起，每两个轨枕的扣件螺栓应使用扭矩扳手拧紧。
（4）一套扣件的两个螺栓应同时拧紧，拧紧时应注意以下几个方面：
① 扭矩扳手的扭矩：（200±20）N·m。
② 扣件螺栓处夹具与轨脚至少留出 0.5 m 的间隙。
③ 避免扣件发生塑性变形，否则应予更换。
（5）为了使施工机械能在工具轨上行走，两工具轨之间间隙不应超过 30 cm。
（6）为了使工具轨定位准确，在工具轨的端头部位，一个扣件应完整地覆盖工具轨。

所需检测设备为直角尺（见图 3.10）和自动扭矩扳手。

4. 螺杆调节器

螺杆调节器（见图 3.11）用于固定、粗定位和最终定位轨排。最终定位的精度直接与螺杆调节器托轨片及本身的螺纹有关。因此应小心操作（托轨片及螺纹），注意经常性的养护，清洗其上的混凝土并打油。

图 3.10 直角尺

图 3.11 螺杆调节器

托轨板应装到轨脚上,第一个轨枕需要配一对螺杆调节器,之后每两个轨枕配一对。如果工具轨在端头处伸出轨枕超过 5 cm,则应将其继续伸长并用螺杆调节器支撑。螺杆调节器中的平移板应安装在中间位置,以保证可向两侧移动。最大平移距离约 ± 40 mm。超高分为两步调整,方法为将定位杆安装进定位孔。在粗调过程中,第二次对高度进行调整。在粗调工序中安装竖直螺杆。为了保护螺杆、方便其从混凝土中取出来,使用了铝质螺旋套筒。该套筒在粗调工序中拧紧竖直螺杆时安装;在拆除螺杆、工具轨之后取出,属于最后一道工序。铝质套筒为耗材,取出之后不能再用。取出套筒之后,留下的孔将用建筑砂浆填满。

通过调节螺杆,可在轨道精调时调节轨排高度和水平位置。横向调节需使用双头调节扳手调节平移板。每套设备配两个双头调节扳手。采用这种双头调节扳手,两头的螺杆调节器可同时移动。因此在螺杆调节器安装的时候就应保证成对对称安装。

为了调节螺杆高度,需要使用扭矩扳手。注意高度只能往上调节,而不能往下调。

检测时不需特殊检测设备,检查形式为抽查。中线精调时需要双头调节扳手。高度调整时只需要扭矩扳手(六角螺帽 M35)。质量检查项目如下:

① 螺杆调节器干净，无混凝土附着。
② 已加润滑油。
③ 精调前横向移动的托轨板应在中间位置。
④ 螺杆调节器设在两轨枕中间位置。
⑤ 两个螺杆调节器在轨排两侧对称（平行）安装。

5. 粗调机

粗调机（见图3.12）用于提起轨排，使用时按照粗调要求（按x, y, z坐标）对其定位。

图 3.12　粗调机

粗调机由测量工程师及技术员操作。粗调机（RAM）为精密机械，尤其在其顶部的棱镜很容易受到扰动，因此必须小心操作。粗调时，使用全站仪对各个单元顶部的棱镜进行定位。建议使用两台全站仪重叠测量，粗调机带遥控操作器。粗调机将轨排定位至±5 mm的精度。全站仪和棱镜为精密仪器，应小心操作，任何微小的损坏都将影响轨道精度。正常使用时每一年应对全站仪进行一次校准，损坏后修复的全站仪应在重新使用之前校准。

粗调机在每次拆卸之后都应进行内部校准（重置），以重置精确的高度和轨距。螺杆调节器托轨板的倾斜插孔设置需在测量工程师指导下进行。该倾斜插孔可事先估计。插孔可按如下分级调节倾角：±1.99°、±3.96°和±5.97°。

竖直螺杆应采用电动扭矩扳手拧紧，最大扭矩不超过5 N·m，与手动拧紧力量大致相当，基本是螺杆接触地面就停止。

精确测量的前期准备工作是控制测量网已经建立并保存完好。此外，全站仪与粗调机棱镜之间不能因为阻挡物或天气原因（如雾、高温空气等）影响通视。

不需特殊检测设备，质量检查项目如下：
① 将螺杆按照5 N·m扭矩扭旋到位。
② 检查控制测量网。
③ 按照设计数据复核输入数据。

④ 检查全站仪并校准。
⑤ 检查粗调机拆装后重置的补偿值。

6. 横向模板安装机

横向模板安装机用于运送并安装横向模板（见图 3.13）。

图 3.13 横向模板

在桥梁和高架桥、隧洞洞口明挖段进行雷达 2000 施工时需设横向模板。模板连接在之前由测量人员定位安装好的基座条上。基座条位于隔离层之上，由测量人员指导其安装定位。安装横向模板前应检查基座条与下部结构稳固连接。模板必须干净（无混凝土附着）并且涂有脱模剂。模板不能变形，否则不能使用。

质量检测设备无特殊要求，仅需要一把尺子。质量检查时只需进行目测检查，检查项目如下：

① 基座条与下部结构牢固连接。
② 横向模板干净。
③ 脱模剂涂刷情况。
④ 损坏或弯折的模板不得使用。
⑤ 按设计图纸复核基座条位置。

7. 纵向模板安装机

纵向模板安装机用于运送并安装纵向模板。纵向模板安装机前轮在下部结构上行走，后轮在模板槽道中行走。为了保证顺利行走，应清除下部结构上的杂物。安装模板时不能扰动已粗调完的轨排。

质量检测设备无特殊要求，仅需要一把尺子。质量检查项目如下：

（1）纵向模板无弯折。
（2）纵向模板干净。
（3）脱模剂涂刷情况。
（4）损坏或弯折的模板，若有则不得使用。

8. 钢模板（纵向及横向）

纵向模板（见图 3.14）用于各种下部结构的雷达 2000 轨道的施工。同时，许多机械也在纵向模板外侧底部的 U 形槽内行走。

图 3.14 纵向模板

纵向模板连续铺设，可直接安装在下部结构之上或与之前安装的横向模板相连。模板必须干净（无混凝土附着），并且涂有脱模剂。损坏的模板不得使用，包括以下情况：

（1）模板不够顺直（内侧模板变形），影响雷达 2000 轨道的施工质量。

（2）模板刚度不够（外侧模板变形），影响承载力、机械在其上的行走和混凝土的浇筑。

（3）U 形槽道损坏，影响机械在其上行走顺畅。

损坏通过目测检查。

模板与下部结构平面垂直。模板安装后，应检查钢筋与模板的最小距离，保证混凝土保护层的厚度。具体厚度应符合设计图样。

质量检测设备无特殊要求，仅需要一把尺子。质量检查项目如下：

（1）纵向模板干净（无混凝土污染）。

（2）脱模剂涂刷情况（仅能使用脱模剂）。

（3）损坏或弯折的模板不得使用。

（4）混凝土保护层最小厚度。

（5）目测检查纵向模板。

（6）检查纵向模板与下部结构顶面保持垂直。

9. 专业精调设备

专业精调设备（见图 3.15）将轨排定位到 ±1 mm 的精度。

轨排最终定位由测量人员进行。测量人员指挥调节螺杆调节器，以最终定位。

横向调整使用双头调节扳手；高度调节使用人工扳手。高度调节只能往上调，以保证旋转螺杆可直接调整轨道。

保证全站仪测量通视。精调需保证与前一道工序（铺设纵向模板）及下一道工序（混凝土浇筑）有足够距离，保证其不会受其他工作施工影响。两头最小距离约为 150 m。

使用精调设备的注意事项如下：

（1）精调工作开始之前。

图 3.15　专业精调设备

① 准备工作。对设计数据（如横曲线，竖曲线，超高等）进行检查，确保其正确无误，并输入到 GRPwin 软件中；对控制点进行检查，确保控制点数据（平面坐标及高程）正确无误，检查控制点是否受到破坏；检查螺杆调节器的功能与润滑。检查扳手操作正常与否。

② 仪器。确保全站仪按规定进行了检定；确保轨检小车按规定进行了检定；在轨检小车每次测量作业之前都要对超高传感器进行校准。

③ 测量人员。至少配备一名接受过该设备专业培训的专业测量人员。

（2）精调过程作业中。

为了确保全站仪与轨检小车之间的通视，以及测量的精度，应尽量避免在极端天气条件下进行精调作业，以免影响测量精度（如夏天正午时分）。

（3）精调作业之后。

轨枕精调完成后不允许再有人为的干扰，否则有可能需重新进行精调。轨道精调与浇筑混凝土时间间隔超过规定时间后，应对轨道进行随机检查，如发现多处位置的数据不符应考虑重新进行精调。

（4）设备维护保养。

设备应按照使用手册的规定进行妥善保管及清洁（尤其是轮子上的锈迹及油污）。

在正常使用情况下，建议每 6 个月对设备进行检定。但是，如果发生了意外情况（如碰撞），应及时将设备送至有资格的相关机构进行检查，确定设备精度是否受损。

10. 混凝土浇筑机

混凝土浇筑机用于浇筑雷达 2000 轨道板混凝土。该浇筑机可调节浇筑的数量与速度，可实现在双块式轨枕周围及底部均匀浇筑混凝土。

浇筑混凝土是雷达 2000 型无砟轨道施工中最重要的一环，在此过程中需对其进行检测与控制。

（1）拌和过程中对混凝土质量检查的项目：

在混凝土拌和过程中，必须按照指定的配比连续检查。在混凝土配比设计中将说明具体的检测方式。一般情况下需实施以下检查项目：

① 制作混凝土试件。

② 强度及刚度试验。

③ 和易性及耐久性试验。

④ 外加剂及配比记录归档。

⑤ 运到现场的每车混凝土都应进行流动性检测。抵达施工现场时扩展度应在 (48 ± 2) cm（超高在 0~80 mm 时）或 (41 ± 2) cm（超高不小于 80 mm 时）。运到现场之后 1 h 内该值不应小于 44 cm（超高在 0~80 mm 时）或 36 cm（超高不小于 80 mm 时）。如果扩展度超过了该界限，则该混凝土不能使用。

（2）现场操作注意事项：

① 根据混凝土交付注意事项，检查其龄期和配比。

② 流动性检测——按照配比确定合格与不合格的界限指标。

③ 浇筑混凝土时，轨枕、扣件、工具轨等均应予以保护，如果仍有污染，应该进行清洗。清洗时避免用大量水洗，以免冲走表面混凝土中水泥成分，影响混凝土耐久性和使用寿命。浇筑混凝土以后应人工抹平。应提供混凝土浇筑时使用盖帽的技术指标、照片。

④ 浇筑混凝土 0.5~1.0 h 后，需要将轨道—轨枕板放低 1 mm，即将螺杆放松 0.25 圈，以保证轨枕更好地嵌入混凝土中（检查该时间是否超过初凝时间）。此时应小心操作，避免扰动轨排。精调时就应预留 1 mm。

⑤ 浇筑混凝土 2~4 h 后需将扣件螺丝平顺地松开，释放轨道在施工过程中由温度引起的变形。操作时注意不要扰动轨排。

⑥ 松开扣件螺丝以后，在养护期间应喷洒养护剂进行养护，防止混凝土中水分蒸发过快。以上操作均须注意，不得扰动轨排，以免影响精调质量。

（3）现场检查项目：

① 轨枕和扣件系统的清洁。

② 下部结构顶面无积水或少积水。

③ 无裂缝、空洞或其他损坏。

④ 混凝土表面平整。

⑤ 浇筑混凝土 0.5~1.0 h 后松开螺杆 0.25 圈（等于降低 1 mm，但应根据配比设计而定）。在拆模和车辆行走以前，应检测混凝土的强度。在拆模时，混凝土强度至少应达到 5 MPa，以便拆模机工作，如横向模板拆卸/清洗机等。在第一次承受重载时，如长轨安装车工作通过时，混凝土强度应至少达到 10 MPa。

由于混凝土的硬化是温度和时间的函数，为了检测混凝土的温度，故在每工班最后一车混凝土浇筑时，在轨道板混凝土内设置热敏电阻。该热敏电阻或热电偶留在混凝土中，通过传感电线与电池供电的野外数据记录器连通。该记录器显示混凝土内部的实时温度。所需的强度（5 MPa）取决于混凝土配比及环境温度。按照荷兰至比利时高铁项目的建设经验，基本在浇筑混凝土 24 h 后就可达到该强度。

（4）现场检测项目。

至少在浇筑混凝土 24 h 内对混凝土养护温度进行监测，设备采用热敏电阻和数据记录器。

（5）需要以下设备检测混凝土的质量。
① 在拌和厂配备试件抗弯强度试验仪器。
② 在现场配备扩展度（坍落度）试验仪器。
③ 混凝土温度传感器（热敏电阻）及温度数据记录器。

11. 工作帐篷

在外部环境不利影响及极端气候条件下，工作帐篷（见图 3.16）对新浇混凝土起到遮挡保护作用。

图 3.16　工作帐篷对新浇混凝土起到遮挡保护

新浇混凝土的养护过程非常重要；不能因外界因素而影响质量，比如日晒下水分快速蒸发、低温时结冰、大雨时冲刷混凝土等。可通过覆盖保护膜减缓水分蒸发，低温时可通过帐篷内供暖装置提供必要的温度，保证篷内空气不会过低。

特别是大雨时，该帐篷的高度可保证工人在内部作业，因而十分必要。同时帐篷由混凝土浇筑机拉动，可始终保证新浇混凝土得到保护。

12. 纵向模板拆洗机

在混凝土硬化后，使用纵向模板拆洗机对纵向模板进行拆除、清洗和存放。

混凝土必须达到足够的强度（至少 5 MPa）才能承载此设备。纵向模板拆洗机一次性完成纵向模板的拆除、清洗、涂脱模剂。模板在再次使用之前应该再涂脱模剂。模板使用专用脱模剂（聚四氟乙烯基），该脱模剂对混凝土质量无影响，方便拆模，避免拆模时损坏混凝土边角。清洗模板是指用模板拆洗机上带的清洗刷来清洗模板上的混凝土。对模板表面进行外观检查，残留的混凝土或砂浆应手工清除。表面涂油或润滑应使用脱模剂。清洗完后，机械会自动将脱模剂喷涂到模板内侧，保证脱模剂喷涂均匀合理。

对模板清洁和脱模剂涂抹只需进行外观检查，无须特殊检测设备，质量检查项目如下：
（1）达到由混凝土工程师确定的拆模时间。
（2）拆除模板后，检查雷达 2000 混凝土有无损坏。

(3)检查模板清洗情况。
(4)检查模板是否涂脱模剂。

13. 横向模板拆洗机

在混凝土硬化后,使用横向模板拆洗机对横向模板进行拆除、清洗、存储。

混凝土必须达到足够的强度(5 MPa)才能承载此设备。横向模板拆洗机一次性完成横向模板的拆除、清洗、涂脱模剂。模板在再次使用之前应该再涂脱模剂。使用专用脱模剂(如聚四氟乙烯基),该脱模剂对混凝土质量无影响,可方便拆模,并保证拆模时不会影响超高。

清洗模板是指用模板拆洗机上带的清洗刷来清洗模板上的混凝土。对模板表面进行外观检查,残留的混凝土或砂浆应手工清除。表面涂油或润滑应使用脱模剂。清洗完后,机械会自动将脱模剂喷涂到模板内侧,保证脱模剂喷涂均匀合理。对模板清洁和脱模剂涂抹只需进行外观检查。在拆除纵向模板后拆除横向模板,检查方法与纵向模板同。

【实战演练】

提交某高速铁路雷达 2000 型双块式无砟轨道铺设作业指导书。

任务 3.3 旭普林无砟轨道铺设技术

旭普林无砟轨道结构由以下几个部分组成:在地基上是防冻层,然后是 30 cm 厚的水硬性承载层(HGT-C12/15),最上面是 24 cm 厚无伸缩缝的混凝土承载板,并且轨枕和混凝土承载板浇筑在一起。双块式轨枕由两个普通配筋的混凝土块通过桁架钢筋连接组成。另外,钢筋伸出混凝土块两侧。由预制车间生产的双块式轨枕,保证了钢轨扣件几何尺寸和力学的正确位置。整个无砟轨道则由以下几部分组成(见图3.17):钢轨、钢轨扣件、轨枕、混凝土承载板、水硬性承载层(HGT-Cl2/15)、防冻层及下部基础。

轨枕除上部与钢轨结合以外,其他部分与下部的混凝土承载板浇筑成整体。通过预制混凝土轨枕内桁架钢筋和向外伸出的附加钢筋,轨枕与下部承载板形成一个共同受力的钢筋混凝土结构。当然,该钢筋混凝土结构应满足必需的混凝土保护层厚度。上部嵌入的双块式轨枕对承载板的影响很小。

由于对与无砟轨道相关位置的精确性、质量和耐久性均有很高的要求,所以旭普林设计者从一开始就很注重施工中的技术要求。

无砟轨道的施工是一个线性施工,而且必须在长期内保持施工的质量一致。与固定的工厂制造不同,其施工的过程是持续变动的。一方面,它的制造过程要和现

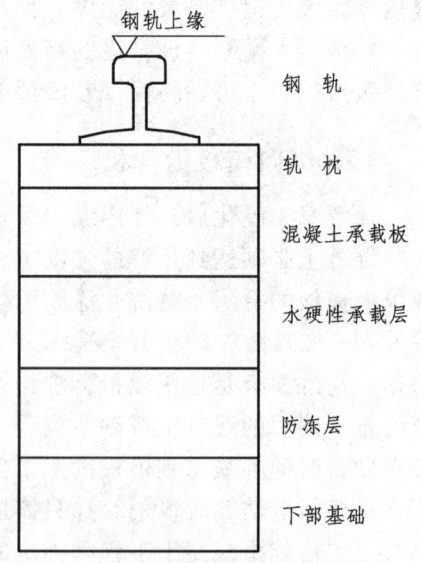

图 3.17 旭普林无砟轨道结构组成

有相近的线性生产保持一致；另一方面，它必须尽可能简单和灵活地解决在这个线性过程中的不连续性（即在轨道线路上，桥梁到隧道的过渡段、建筑形式变化和道岔中的一些特殊变化）。为了满足无砟轨道结构上高质量的要求，旭普林选择一种整体施工，这不仅使无砟轨道功能最优化，而且其结构也符合较经济的施工过程。无砟轨道的发展不仅要满足所需的功能要求，而且特别要注意施工过程。由此发展出了"旭普林无砟轨道施工体系"。

通过旭普林施工体系，可确定施工中的结构和组织框架。对于施工过程的制订，必须根据工作和施工任务来划分。工作过程中的施工划分要在实际情况中进行权衡，再决定工作过程中组合或分解确定的任务时所需的标准。

旭普林无砟轨道施工方法的基本思路在于分解单个的工作过程，这样能使轨道施工和建筑材料都达到最优化。通过单个生产步骤空间和职能的设置及施工技术的选择，使与生产流程相关的施工达到最优。其他工序结构的重要因素还包括运输和仓储的原料输送，以及施工人员投入最优化。

一、施工步骤分段

水硬性承载层（HGT-Cl2/15）施工完成以后，通过混凝土施工机械或人工开始进行无砟轨道施工。主要施工过程分为以下几个方面：

（1）精准地测量和安装支承柱，使轨枕能精确地安放。
（2）在混凝土承载板内进行配筋，并浇筑混凝土和混凝土振捣。
（3）将轨枕精确地放入已经捣实但还未硬化的承载板混凝土中。
（4）混凝土后期养护工作。
（5）安装钢轨，并进行无缝焊接。

根据以上施工过程，可以将施工步骤基本确定。施工的步骤要使施工质量和施工进度最优化。对于无砟轨道施工质量有影响的因素有：精准地设置与轨道最终位置相对应的所有因素，统一的混凝土质量要通过相应的技术得到保障，对相应的施工人员明确施工步骤且重复进行该步骤，等等。

旭普林无砟轨道体系在施工时采用了一组施工机械，如不采用施工机械进行施工，也可采用其他的手动施工方法。但最简单的施工流程，还是使用这种机械施工法。

施工机械基本上分为两个单元：校准及安装单元（如支承柱，横梁，框架）和运输单元（如混凝土巡回车，刮板，安装机械等）。运输单元的各个组成部分都是可以开动的施工机械。

混凝土承载板的施工是一个独立的施工工序，且施工时不需要使用钢轨，因此移动的施工段的长度控制在 350~400 m。在较短的施工段落内，施工机械和材料的运输可以通过两侧设置的钢模板轨道来实现。这个钢模板轨道一方面作为混凝土承载板的模板，另一方面作为所有施工机械和设备的行驶轨道来使用。

混凝土是由专门的混凝土运输车运送，混凝土被浇筑、捣实，使用高精度的施工混凝土承载板，且按要求进行表面刮光。将混凝土承载板表面抹光后，在下一个施工段内直接进行轨枕放置或钢模板轨道的铺设。同时，施工机械运送一根横梁和一个轨枕框架到下一个施工段中。

当横梁放置在一对支承柱上以后，就可以把拥有 5 根轨枕的一个框架放下。通过这种步骤，可以保障实现无砟轨道的设计位置精确度和进行实际施工。在这个轨枕安放机械身后，是 1 辆已经载有下一个框架的装配车，框架将被送到前面的安放机械中。在最后，由吊车将空的框架和轨枕吊上装配车。这样就形成了在施工线路上的物资输送。

无砟轨道的钢轨位置所要求的高精度，在旭普林无砟轨道施工体系中通过校准和固定装置予以保障。这部分的所有组成单元都是精密加工而成的。由测量人员精确测量固定在水硬性承载层上的支承柱是横梁的支座。支承柱位置的高精度可以传递给横梁。同样，横梁也是安装有 5 根轨枕的框架的支座。

由此可以给出一个已经确定的精度关系，即支承柱施工精度 > 横梁施工精度 > 轨枕框架施工精度 > 轨枕施工精度 > 钢轨扣件施工精度 > 以后钢轨的施工精度。

通过以上的简短介绍，我们可以初步了解在旭普林无砟轨道施工体系中，许多步骤是平行进行的，并且彼此是相互紧密连在一起的。施工进度的最优化可以通过以下方法来实现：所有可能的施工步骤都采用平行施工法；缩短每个施工步骤的时间。因此，在施工流程中，"最差的环节"所占有的比例应较小。每个施工步骤的组成可以满足在较短的工期内，能将这个步骤中的任务以较高质量和精确度完成。施工可分为以下几个步骤。

1. 支承柱的测量和安装

无砟轨道的精确测量和确定轨道的最终位置，是一个具有较高精度要求的、时间紧而且敏感的施工步骤。旭普林的设计者将该步骤单独列了出来。该施工步骤可以和布置支承柱工作平行进行，以加快施工进度。框架将精确地放置在支承柱上。支承柱是稳定地安装在水硬性承载层（HGT-C12/15）上的，钢模板轨道和支承柱在受力系中是互相分开的，钢模板轨道发生变动时不会影响支承柱，从而使支承柱一方保持它原有的位置。

由于其他工作的超前加快了支承柱的测量和安装步骤，有时可能会产生一些障碍，如在测量过程中对控制点调整和复核测量等，这些均可在测量阶段弥补。测量的耽搁不会造成施工步骤的停顿。

2. 混凝土承载板的配筋，浇筑混凝土和混凝土振捣

对混凝土承载板内进行配筋，浇筑混凝土和混凝土振捣的施工步骤，原则上与在预制厂内进行的工序类似，只不过是通过一组可移动的机械来进行而已。混凝土承载板配筋完毕以后，要进行一层混凝土浇筑和振捣。这些施工步骤一直都是以相同方式进行的，可以尽量缩短各个单元之间联系的时间。混凝土浇筑的顺利才能实现理想的混凝土承载板施工。

旭普林公司从实际情况出发，决定采用现场浇筑混凝土承载板的方式，这不仅仅是从结构上考虑，而且还考虑到整个施工工序的经济最优化。通过使用运输混凝土，使材料的运输问题得到最经济的解决办法。现浇混凝土结构可以适应不同的实际情况，比预制构件效果好。特别重要的是，在不连续处可以通过简单的方法解决。这样的话，轨道超高、伸缩缝和道岔过渡段都能通过现浇混凝土这一比较简单的施工方法来实现。

3. 将轨枕精确地放入已经捣实但还未硬化的承载板混凝土中

旭普林施工法的一个核心问题，就是压入没有安装钢轨的轨枕，以避免由于钢轨的长度

变化而产生相应的约束内力。每5个轨枕被固定在一个轨枕框架内，在轨枕压入过程结束时，框架正好安放在混凝土承载板两侧的一对精确安装的支承柱上。框架一直保持固定，直到混凝土开始硬化为止。为了保证轨道的连续性，每两个相邻的框架放在同一根横梁上，以便在各自独立的框架之间形成连接。所有的接触面都是可调整的，这样可以保证测量人员调整的支承柱位置无偏差，以确保轨枕的最终位置正确。

无砟轨道使用机械施工时，轨枕压入和混凝土承载板的混凝土浇筑是在一个施工步骤中进行的。轨枕通过机械准确地放置在振捣后的混凝土中。轨枕压入可以保证现浇的混凝土和预制的混凝土之间有最好的连接。

如同在预制工厂里一样，施工步骤都是有序的。在装配车上，轨枕被固定在轨枕框架内，装配车可以同时运送几个框架。因此，实际的轨枕装配和轨枕压入是平行工序。轨枕框架放置在一条轨道上，装配车可以通过该轨道向工作面滑动；装配车的工作面可以根据实际情况调整相应的坡度，使轨枕框架可以通过自身重力作用自动向安装框架滑动。这个坡度在坡道线路内也可以通过调整获得。

4．混凝土硬化和后期养护工作

混凝土后期养护工作和自身的施工步骤是分开的。如有可能，可通过轨枕框架使轨枕位置在混凝土硬化前固定不变。为了避免混凝土过快地干缩，混凝土在模板中时，上面可以加以覆盖和洒水养护。

根据这个要求，由空气温度、湿度和混凝土特性所确定的后期养护时间，对于整个施工程序的时间没有什么影响。通过吊车，轨枕框架又可以被运送到下一个施工段中。

5．钢轨安装和无缝焊接

钢轨安装和无缝焊接施工步骤在无砟轨道施工步骤之后，可以与后者完全分割开，它不会影响到无砟轨道的自身施工。

6．人员的投入

有了精确的测量，无砟轨道机械施工可以使轨道位置达到相当高的精度，在某种程度上与人员无关。对于各施工步骤的分工，由于施工人员一直在循环地进行相同的任务，因此可以保证达到精度要求。

7．物流和材料输送

施工的物资流动在无砟轨道施工步骤中是至关重要的一环，它对最终获得一个高质量的和经济的结果非常重要。建材和施工机械的运输在整个施工过程中占有相当大的比重。旭普林无砟轨道施工体系的应用，一方面是为了减少施工的物资流动费用，另一方面是为了保证施工的高质量。旭普林无砟轨道施工采用的是运输混凝土，这种施工的物资流动可以灵活适应各种实际要求，如由于桥梁的伸缩缝、过渡段、轨道超高等所引起的非连续性。

施工场地内的材料运输主要是通过施工机械来完成，主要的原料输送是轨枕框架的运输。装配、铺设和硬化这个循环可以平行施工。

二、旭普林施工体系——机械施工法

旭普林施工体系的工序流程分为系列施工和平行施工两种。这些施工步骤在一条线路内平行前进。

（一）施工工序

一个施工段落长为 3.25 m，包含 5 根间距为 65 cm 的轨枕。在一个施工段落内，有许多相互平行进行的施工步骤。整个施工的进度取决于最慢的那一个施工步骤，这也就是施工段落所需的时间。一个施工段落的标准施工时间为 10 min，每个施工步骤的施工时间，应保证在 10 min 以内。施工进度与施工队伍相关，还与工作环境相关（如工地的物资流动、人员分配等）。旭普林无砟轨道的施工工序可以简单地分为以下 3 个主要部分：

（1）准备工作。
（2）施工。
（3）后期处理工作。

1. 准备工作

准备阶段的工作分为两类，一是根据图样对无砟轨道施工进行放线；二是浇筑混凝土承载板所需的混凝土。

无砟轨道施工是在水硬性承载层（HGT-Cl2/15）完成后才开始的。在旭普林施工体系中，放线工作可以通过支承柱的布置来确定。测量人员先在 HGT-Cl2/15 上放线定点，并用螺栓进行标注。同时，HGT-Cl2/15 的位置精确度也被检测出来，并记录在案。

十字螺栓是为了给支承柱的螺栓套管和钢模板轨道的辅助标尺（见图 3.18）定位。辅助

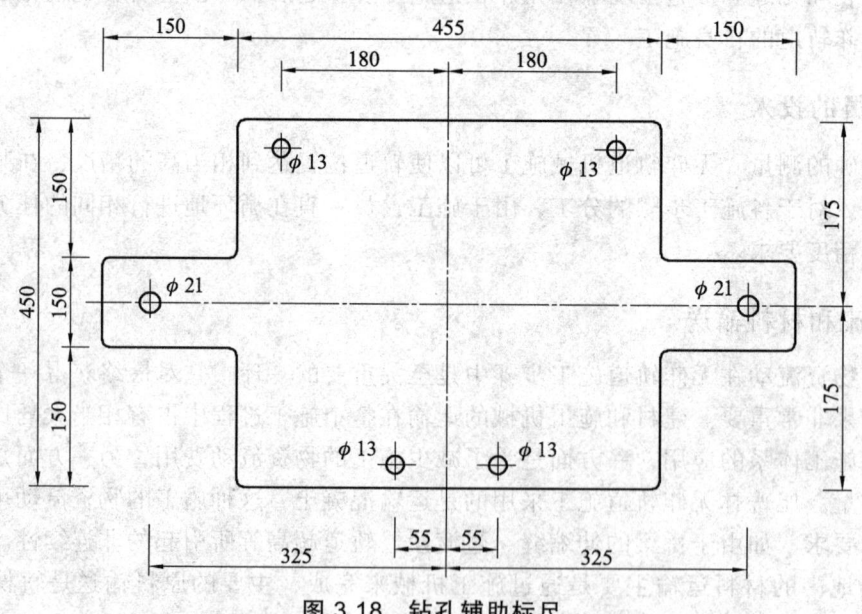

图 3.18 钻孔辅助标尺

标尺是用来在低标号的混凝土上为支承柱和钢模板轨道钻孔，每隔 3.25 m 在将要浇筑混凝土的混凝土承载板的两侧设置支承柱，并固定好。使用有相应塑料套管的螺栓，或者类似的产品。当使用其他套管和螺栓时必须进行拉拔检测，检测其是否具有相同的特性。

支承柱安装在 HGT-Cl2/15 层上以后要调零。因此使用一个位置调节设备（见图 3.19），它安装在 HGT-Cl2/15 层的标注十字螺栓上。调节器可以显示支承柱必须拥有的位置，能理想地实现现有位置。

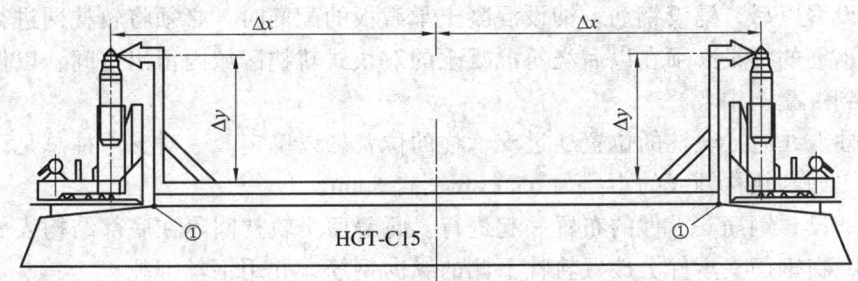

图 3.19　位置调节设备

位置调节设备，可以直接测量相对的两个支承柱之间的高差和间距，并记录在案，这样放线工作也就完成了。安装好支承柱以后，就可以安装和固定混凝土承载板施工的钢模板轨道。使用的套管和螺栓与支承柱所使用的一样，它不仅是混凝土施工的模板，还是整个轨道施工中所有机械行驶的轨道。钢模板轨道和运输机械是分开的，因此，由于运输而在钢模板轨道内产生的振动不会影响支承柱。

下一步就要进行支承柱的精确调整和固定工作了（见图 3.20 和图 3.21），同时进行混凝土承载板的配筋施工。这一步骤结束后，轨道的高度和宽度就确定了。

图 3.20　精确地调整支承柱

图 3.21　测量和固定支承柱

2. 施　工

无砟轨道的施工分为以下几个工序：

（1）检查支承柱。

（2）混凝土承载板的施工。

（3）装配移动框架和在施工线路内进行各部分的纵向运输。

（4）放置横梁和轨枕框架。

（5）撤掉已经浇筑混凝土后轨枕的框架。

（6）撤掉自由的横梁及已经硬化的混凝土两侧的支承柱和钢模板轨道。完成钢模板轨道和支承柱的设置以后，铺设钢筋。铺设混凝土承载板的配筋时，必须将轨枕网进行复制。混凝土承载板钢筋的铺设必须在以后浇筑混凝土的双块式轨枕区域内留出空间，以保证不会影响轨枕压入到混凝土中。

在支承柱放线时，轨枕的位置通过支承柱的位置加以确定。一对支承柱总是设置在两个轨枕的中间，即到轨枕轴线的距离为 $65/2 \text{ cm} = 32.5 \text{ cm}$。

钢筋的铺设与钢筋支承件的布置一起进行。每隔两个轨枕间隔在底部结构表面布置一个钢筋支承件，在钢筋支承件上放置轨枕下侧的纵向钢筋，并用钢丝绑扎。

在下侧纵向钢筋的上方，在轨枕间隔内设置一根横向钢筋。布置时要注意支承柱的轴线，一条支承柱的轴线就相当于一个轨枕间隔。可使用辅助标尺，每隔 65 cm 进行相应的标记，标出横向钢筋的精确位置。

在横向钢筋上方，铺设上部纵向钢筋并固定好。接着检查钢筋位置是否正确。为了保证以后无障碍地进行双块式轨枕的施工，必须进行以下几个方面的检查：

（1）上部配筋的高度。

（2）横向配筋的位置与轨枕间隔的关系。

（3）为双块式轨枕预留的空间。

（4）与模板之间的混凝土保护层厚度。

在浇筑混凝土之前，必须采取轨道板接地处理措施。混凝土承载板的接地处理可以通过焊接一根直径为 20 mm 的纵向钢筋将轨道板与外面的接地设备（电线杆、建筑物）进行连接。在无砟轨道的混凝土承载板外侧设置一个接地端，接地端与无砟轨道混凝土承载板的上表面简单进行连接。

在无砟轨道承载板浇筑混凝土之前，再次对支承柱进行检查。

在进行框架放置的施工之前，测量两个支承柱之间的间距，并与设计值做比较。通过固定端一侧的手动测量，对 5~7 格前后的支承柱的方向进行检查。这样可以将位置的变化适时纠正。

承载板的混凝土都是由专门的混凝土运输车辆（对第二根轨道就可以通过钢轨运送）送到施工现场。混凝土先倒在巡回车里，再通过钢模板轨道运送至浇筑地点。

在浇筑地点放空混凝土巡回车，必须注意混凝土的均匀浇筑。通过手动的刮杆，对混凝土进行第一步刮光处理。通过刮板，混凝土被捣实和处理为设计形状。混凝土通过振捣棒进行全面捣实，通过刮板将混凝土表面按规定进行刮光。刮平以后直接进行下一道施工工序，安装轨枕。安装机械将一根横梁和一个轨枕框架运送到即将施工的段落内。先将横梁放置在一对支承柱上，然后将安装好的 5 根轨枕的框架压入混凝土中。

轨枕框架是通过机械精加工而成的（误差小于 1/10 mm），支承柱和轨枕的支承面都是精准铣切而成的。这样，就可以通过精确的支承柱的位置，保证轨枕位置的正确。

施工时，一端为固定端，另一端为活动端。固定端是在轨道有超高的一侧，横梁将居中放置在支承柱上；活动端的作用只是为了调整高度。在整个施工段内，固定端都用红色标记，活动端为绿色标记。在轨枕框架放置到横梁上时，也采用相同的方法。一根横梁上总是放置两组轨枕框架。图 3.22 所示为横梁和已经压入轨枕的轨枕框架，图 3.23 所示为和轨枕框架一起压入混凝土中的轨枕。

图 3.22　横梁和已经压入轨枕的轨枕框架

图 3.23　和轨枕框架一起压入混凝土中的轨枕

安装机械中有一个振动压入装置，通过它可以将轨枕框架以振动的形式压入混凝土中。完成轨枕框架的混凝土浇筑以后，立刻检查轨枕框架与横梁之间的接触面。必须保证所有的接触点都相互接触，之间没有任何空隙。只有轨枕框架直接放置在横梁上，才能保证轨枕在混凝土中的正确位置。

通过轨枕的压入，前面已经完成的混凝土承载板的表面又会产生变形。因此，必须对混凝土表面进行手工修补。这里需采用刮板或刮刀，刮平、勾边、做出要求的横截面的形状。这里必须要注意，轨枕混凝土的浇筑要有足够的深度。在该步骤中，混凝土承载板表面的横向坡度是一致的。混凝土表面刮光后，便可以开始混凝土的养护工作。

在安装机械后面是装配车，它为下一个框架作施工准备。在轨道两侧的轨枕通过吊车吊到装配车上，通过专门的机械将轨枕排好，并固定在轨枕框架上，用在下一个施工步骤中。

安装好的轨枕框架，在装配车上被运到安装车的取货位置上（见图3.24）。在为轨枕框架做准备工作的同时，已经完成了支承柱在下一个施工段落的工作。

图 3.24　装配车运送安装好的轨枕框架

接下来，由吊车将空的框架和横梁从后面运到装配车上（见图3.25）。这就是整个施工线路上的材料运输。

图 3.25　移动整个框架

3. 后期处理工作

后期处理工作包括以下几个方面：

（1）将轨枕框架从已浇筑好的混凝土的轨枕上拆下。
（2）拆掉支承柱。
（3）拆掉钢模板轨道。

在混凝土已经有一定强度的区域内，就可以开始将轨枕上的框架拆除。这时扣件又被松开，弹性卡件也恢复原位，并固定好。吊车将一个框架吊走，因此只有一根横梁上没有任何框架，它同样也是由吊车送到装配车上。在图3.26中，可以看到轨枕框架一直固定在轨枕上。

图 3.26 轨枕框架一直固定在轨枕上

等轨枕框架拆完以后,开始拆除支承柱和钢模板轨道。支撑柱和钢模板轨道通过相应的辅助机械,从施工段末尾向前方输送,这样就形成了一个循环。根据整个物资流动计划,支承柱和钢模板轨道由卡车运送,或者等以后第二条轨道施工时使用。

旭普林无砟轨道的施工是典型的线性施工法。整个施工段内分为很多独立的步骤,每一步骤都有明确的任务和范围,整体施工进度与各步骤是密切相关的。当某一步骤出现问题时,施工时间就不能按照理想时间计算。

(二)施工步骤、工序描述和人员需求

(1)施工步骤。无砟轨道施工的步骤为:前期工作→支承柱的安装→钢模板轨道安装→配筋→支承柱位置的检测→混凝土施工→安装机械→装配车→吊车→拆卸轨枕位置的检测→钢轨安装→检测→钢轨磨光→验收。

(2)工序描述。工序描述如表 3.2 所示。

(3)人员需求。人员需求如表 3.3 所示。

表 3.2 工 序 描 述

工序	工序描述	所需时间/min	
		单一工作量	总工作量
1	钻扣件孔 设置模板,每个支撑点钻 6 个孔,清理钻孔 2 个模板,钻 2×6 个孔	2	
2	安装支承柱 在下部的结构上用螺栓固定支承柱,粗装 在下部结构上固定基座 2 根支承柱	5 5	最多 10

续表

工序	工序描述	所需时间/min	
		单一工作量	总工作量
3	安装钢模板轨道 进行额外的扣件钻孔，铺设钢模板轨道，调整用螺栓固定钢模板轨道 2根钢模板轨道	5 5	最多10
4	配钢筋，长12 m，可以用于3.5个施工段落 放置钢筋支承架 铺设纵向钢筋 钢筋绑扎	5 7 7 13	最多35
5	检查测量 测量支承柱，精确调整 2根支承柱	10	最多10
6	混凝土施工 1个施工段落 = 3.25 m × 2.80 m × 0.24 m = 2.2 m³ 1名施工员	6	最多10
7	捣实、刮平混凝土 1个施工段落 = 3.25 m × 2.80 m = 9.1 m²	5	最多10
8	压入轨枕 开动装配车 接收横梁和轨枕框架 驶向安装位置 放置横梁 放置轨枕，压入轨枕 1个有5根轨枕的轨枕框架	1 2 1 2 3	最多10
9	装配车 接收轨枕 排放轨枕 接收轨枕框架 在轨枕框架上固定轨枕 轨枕框架运到工作台 接收横梁 横梁运到工作台 1个轨枕框架，1根横梁	2 1 1 3 1 1 1	最多10
10	吊车 接收轨枕框架 接收横梁 开动装配车	1 1 2	最多10

续表

工序	工序描述	所需时间/min	
		单一工作量	总工作量
10	放置轨枕框架 放置横梁 开往施工工段 1个轨枕框架,1根横梁	1 1 2	最多10
11	拆卸 拆除轨枕框架 拆除支承柱并装箱 拆除钢模板并装箱	10	最多10
12	材料运输 用卡车或拆卸车运输材料 接收材料 纵向运输 卸载材料 驶回 2根支承柱,2块钢轨模板	3 2 3 2	最多10

表3.3 人员需求

工序	工序描述	工作人数	要求
1	钻扣件孔	2~3	施工员
2	安装支承柱	3~4	施工员
3	安装钢模板轨道	3~4	施工员
4	配钢筋	2~3	钢筋工
5	支承柱检查测量	2~3	测量员
6	混凝土施工	1 1~3	机械师 施工员
7	捣实、刮平混凝土	1 2~3	机械师 施工员
8	压入轨枕	1 2 1~2	机械师 施工员 辅助施工员
9	装配车	1 3~4	机械师 辅助施工员
10	吊车	1 1	机械师 辅助施工员
11	拆卸	3~4	辅助施工员
12	材料运输	1 1	机械师 辅助施工员
总数		32~43	

三、旭普林施工体系——无砟轨道人工施工

由于技术或经济的原因,在一些特殊区域不能或不必进行无砟轨道的机械化施工。比如,无砟轨道和道岔之间的过渡段施工。又如,在无砟轨道施工时,桥梁还没有完工。因此,在这些情况下,某些段只能在没有施工机械的情况下采取人工施工。

1. 设置钢模板

首先将混凝土承载板的钢模板支好,并固定在下层的结构上。钢模板可以采用 ZAM-S-325 钢模板轨道或是一般的框架模板。侧向模板也可以在较晚的时候进行布置。但必须考虑,在这种情况下不能将侧向模板与轨枕测量相互联系在一起。

2. 配置钢筋

整个配筋过程包括,放置钢筋支承件,放置纵向和横向钢筋,以及节点钢筋的焊接和安装接地端头。

3. 排列轨枕/初步调整

将双块式轨枕按 65 cm 的间距放置在小的垫块上,高度低于设计高程 10 mm。木质或混凝土垫块的尺寸由以下几个条件决定。

(1) 宽度要保证,在两根纵向钢筋之间能够放下。

(2) 长度要保证,调整设施安装完以后能够被顺利取出。同时还要注意的是,在两个相邻轨枕间距内还要设置一根包裹有混凝土的横向钢筋。

(3) 高度要保证,双块式轨枕放置好以后应低于设计高程 10 mm。这是为了在通过校准横梁进行轨枕的高度调整后,垫块和轨枕之间有一定的空隙,以便顺利抽出垫块。

对于一般路基上的高度为 240 mm 的混凝土承载板,建议采用 150 mm × 150 mm × 100 mm 大小的垫块(见图3.27)。垫块要尽可能放在轨枕中部、钢轨的正下方。

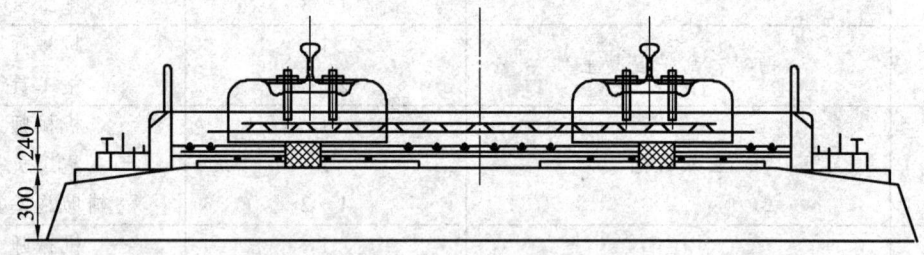

图 3.27 双块式轨枕布置图

在双块式轨枕排列时,水平位置可以通过固定在侧模板上的标尺进行初步设置(位置精度为 ±10 mm)。当然,侧向模板在施工前要由测量人员精确地测量定位。

在轨枕上先安装上辅助钢轨——工具轨,并由弹性的钢轨扣件固定在轨道格栅上。辅助钢轨通过连接板连接在一起。安装钢轨时要注意,钢轨接头仅布置在一般的钢轨长度范围内。这样,轨道格栅就已经稳定了。

4. 铺设轨枕和初步标准

双块式轨枕按 65 cm 的间距直接放在垫块上,比设计高程低 10 mm。

通过辅助钢轨固定成轨道格栅。垫块大小如前面所介绍的一样。轨道格栅由轨道吊车对齐(位置精确度为 ±10 mm)。

5. 精确的校准

为了对轨道格栅进行精确调整,应每隔 3 根轨枕设置 1 根轨道校准横梁。轨道校准横梁由两块夹板固定在辅助钢轨上,由 2 根竖向轴将轨道校准横梁支在下层结构上,如图 3.28 和图 3.29 所示。

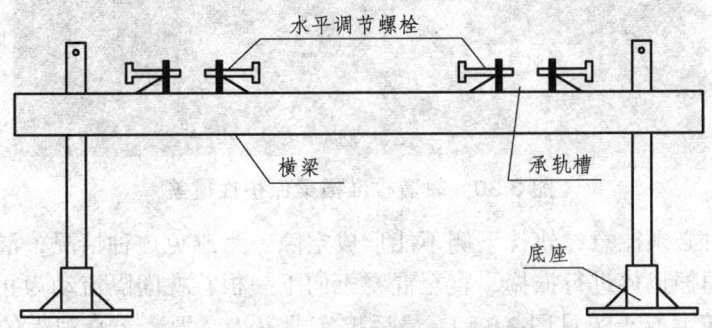

图 3.28 轨道校准横梁示意图

图 3.29 轨道校准横梁施工状态

通过竖向轴完成高度校准以后,可以将轨枕下的垫块取出。这时横向的校准横梁已经完成。对方向的校准,在每隔 3 根轨道的位置,标准横梁将横向校准装置的水平方向进行锁定,使轨道水平方向保持与设计位置一致,这可通过拧横向校准螺栓来实现(由测量人员操作)。为了避免在轨道格栅中产生过大应力和在校准横梁上产生较大水平力,剩下的轨道校准横梁在横向上不是完全锁定的。在下一个工序中,所有其他的轨道校准横梁在横向上被固定和校准好。

6. 混凝土施工

完成轨道格栅的精确调整以后,就可以开始浇筑混凝土。在混凝土施工时,轨道校准横梁固定轨道位置。因此，横梁的竖向轴也浇筑在混凝土中。

为了保护横向的校准，在浇筑混凝土前，轨道校准横梁要保护起来。在浇筑混凝土时，不能弄脏钢轨、钢轨扣件和轨枕。因此，在实际操作时要采用保护装置（见图3.30）。

图3.30 轨道校准横梁保护性覆盖

浇筑混凝土时必须注意，轨枕下侧不能形成空隙。为避免这种情况，混凝土要按照规范进行施工，并使用振捣棒进行振捣，直至混凝土向下一根轨枕间隔流动为止。然后再在下一个轨枕间隔中浇筑混凝土（见图3.31）。最后捣实混凝土，混凝土承载板的表面将被刮光，这里要注意的是，混凝土承载板的设计横向坡度在这一步工序中实现。

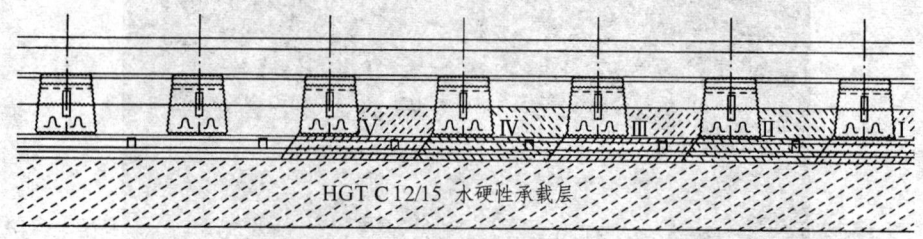

图3.31 按规范进行混凝土施工

确定了轨枕下侧形成混凝土底板，混凝土中没有空隙后，竖向轴在新拌混凝土出凝后拆除。将校准竖向轴旋转大约1/4周，拔出竖向轴即可。为了确定准确时间，可以进行如下简单的贯穿试验。

使用一个已知质量的塑料球放在新浇筑的混凝土上，根据下压后的直径，可以确定混凝土的当前强度。

另外，松开钢轨扣件，这样当温差产生钢轨纵向变形时，不会对新浇筑混凝土的轨枕有任何影响。

7. 轨道校准横梁的拆卸

混凝土硬化后，可以将轨道校准横梁拆除，此时轨道校准横梁还固定在轨道的格栅上。从混凝土中拆掉竖向轴；接着，拆除轨道校准横梁的夹板；最后可以将轨道校准横梁和竖向轴一起从混凝土中拔去。由于竖向轴是锥装的，所以从混凝土承载板中拔起时没有任何问题。拔起后的孔由低收缩性的砂浆进行浇筑。

8. 检查测量

安装完轨道之后，就要对轨道位置进行检查测量和记录。

任务 3.4　博格板预制与安装施工技术

一、博格公司及博格板式轨道系统简介

博格公司是德国比较大的一个综合性企业，在铁路方面有专业部门负责，主要从事整体道床、隧道和桥梁的施工与维修保养。另外，博格公司还参与了赛车场项目，例如参与了我国 F1 赛车场和上海磁悬浮建设。这里仅简要介绍博格板式轨道。

1. 博格板式轨道系统简介

博格公司 1996 年就自主研制开发了博格板式轨道系统。博格板式轨道系统衍生于一种德国的板式轨道系统，此系统早在 1977 年就已铺设在德国卡尔斯菲尔德，至今无须任何维修，该系统在生产及安装方面考虑得很周全，使其在经济方面也有一定的竞争力。与其他整体轨道系统相比，博格板式轨道系统具有明显的优点：由于大部分工作都在预制工厂进行，机械化施工程度高，保证了产品的高质量和高精度。

博格板式轨道系统由预制轨道板组成（见图 3.32），在轨道板的横向施加了预应力，板与板之间进行了传力连接，具有以下几个特点：

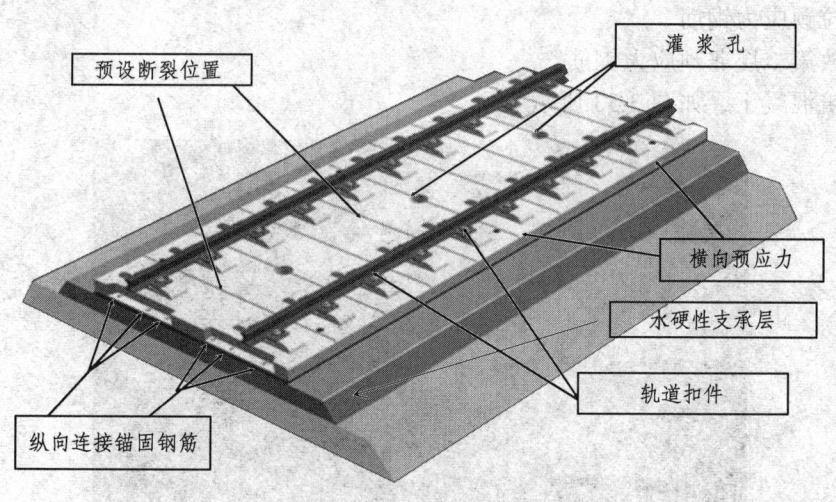

图 3.32　博格板式轨道

（1）轨道的均匀性好，耐久性强。
（2）横向与纵向的抗滑移阻力非常高。
（3）标准板可以应用于路基、框架桥、隧道，特殊预制板可以应用于长桥。

（4）大大减少了工地测量工作。

（5）符合用于高速、高性能铁路系统的无砟轨道系统的设计原则。

2. 博格板式轨道系统应用

该系统应用于路基上时应铺设一层级配碎石防冻层，再铺设一层 30 cm 水硬性混凝土承载层，再安装预制轨道板。在隧道和明洞里，以底板混凝土取代水硬性混凝土承载层，厚度为 20 cm，在桥梁上采用非预应力特殊预制轨道板，厚度为 30 cm。

博格板式轨道系统成功应用的实例主要有：

（1）法兰克福—科隆高速铁路部分路段，该段已在运营，速度可达到 330 km/h。

（2）纽伦堡—因戈尔斯塔特 35 km 高速铁路。

二、博格板预制与安装技术

1. 博格板预制

博格板是在预应力台座上生产的，混凝土强度为 C45/C55，可以采用普通混凝土或钢纤维混凝土，在混凝土收缩和徐变完成后用数控磨床对承轨台进行机械加工成型。其生产过程基本在厂房内进行，大部分工序采用专用机械作业，生产流程如下：

（1）利用清扫机械对模板进行清洁。

（2）铺放第一层非预应力钢筋。

（3）铺放预应力钢筋。

（4）安装侧模及预埋件。

（5）张拉预应力钢筋。

（6）铺放第二层非预应力钢筋。

（7）浇筑混凝土，如图 3.33 所示。

图 3.33　浇筑混凝土

（8）用拉毛机进行表面刷毛（见图 3.34），蒸汽养护 16 h。

图 3.34 浇筑博格板底面拉毛

拉毛机用于对无砟轨道构件新浇筑混凝土的底面进行拉毛处理,以保证无砟轨道构件和水硬性胶结承载层(HGT)之间较好地结合。

正常情况下拉毛机作业过程如下:

① 将拉毛机移动到模板模具的纵向挡板上。
② 降下拉毛机。
③ 在模板模具上方移动并对表面拉毛。
④ 拉毛结束之后重新将拉毛机升高。

(9)切割机械切断预应力钢筋,如图 3.35 所示。

图 3.35 切割预应力钢筋

预应力钢筋切割小车的功能是割断相邻模板接缝中的预应力钢筋。预应力钢筋切割小车只能在预应力钢筋彻底松弛后方可使用。

正常情况下,切断预应力钢筋的工作过程如下:

① 第一个切口位于预应力张拉台的中间,第二个切口位于张拉台的 3/4 处,第三个切口位于张拉台 1/4 处。
② 切割小车用人工控制方法移至使用地点。

③ 锁定切割小车,此时将小车的锁栓插入模板的孔内。
④ 接通吸尘器、供水系统和锯条,锯条降下。
⑤ 用人工控制方法将切割滑板沿着接缝移动。
⑥ 关闭吸尘器、供水系统和锯条,锯条抬起。
⑦ 松开止动机构后,再从第②项重新开始。

(10) 用真空吸力机械吊出轨道板毛坯,并运出室外存放 30~60 天。

(11) 将轨道板翻转后传送回车间,如图 3.36 所示。

图 3.36 轨道板翻转装置

用翻转装置将从堆放厂送来的无砟轨道板翻转 180°,然后放在运送系统的滚轮上传送回车间。

正常情况下轨道板翻转的作业流程如下:
① 翻转装置下降并打开锁紧装置。
② 用运送横梁将无砟轨道板吊放在翻转框架上。
③ 运送横梁解锁并用在翻转装置工作范围以外的起重机吊离。
④ 将无砟轨道板锁紧。
⑤ 翻转装置升起,翻转 180° 后翻转装置降下。
⑥ 将无砟轨道板放到滚轮上以后将构件解锁。
⑦ 翻转装置上升到终端位置。
⑧ 用摩擦轮将无砟轨道板运送到下一站。
⑨ 翻转站腾空以后,翻转装置才能回转 180°。再从第①项重新开始。

(12) 检查预制板,并用数控磨床将承轨台磨削成线路需要的几何尺寸。

(13) 在工厂人工安装轨道扣件,机械拧紧螺杆。

(14) 存放成品或将其运到工地。

2. 博格板现场安装(以路基为例)

(1) 铺设水硬性混凝土支承层,在其上根据设计位置标出轨道轴线和接缝位置。

(2) 采用汽车将预制轨道板成品运到安装现场,人工配合吊车安装,如图 3.37 所示。

图 3.37 轨道板安装

（3）安装时首先使用调高装置对轨道板进行高度调整和粗定位，后进行测量并精确定位，如图 3.38 所示。

图 3.38 测量与定位

（4）将轨道板与支承层之间的间隙进行密封处理，再利用灌浆孔灌注 3 cm 厚的灌浆层，并封闭灌浆孔。

（5）进行轨道板纵向连接（见图 3.39），先在窄接缝里灌浆，然后把张拉锁件和螺母套在预制轨道板两端的螺纹钢筋上对其进行张拉连接，最后在宽接缝处浇筑混凝土。

图 3.39 轨道板纵向连接

（6）铺设长钢轨，采用焊轨机焊接，要求轨温保持在 22～35 ℃。

3. 轨道扣件系统

扣件系统同雷达2000，均为Vossloh300-1。

4. 博格板生产与施工难点

博格板式轨道系统也有其局限性，一是不能生产道岔，二是在曲线半径较小地段及斜交涵洞地段顶面需要预制非规则轨道板。

【实战演练】

撰写雷达2000型双块式无砟轨道、旭普林无砟轨道、博格板铺设的施工方案。

【小知识】

轨检车

轨检车由检测装置和数据处理系统两大部分组成。检测装置包括：惯性基准轨道不平顺测量装置、光点轨距测量装置和多功能振动测量装置等。数据处理系统包括：模数转换器、计算机、打印机等。

轨距检测采用光电式轨距测量装置，应用光学、磁学和电学原理，通过不同的传感器把轨距几何量值的变化转换成电容、电感和电流或电压等电气参数的变化，实现动态条件下轨距的无接触测量，这种测量方法不仅适用于常速轨检车，在高速轨检车上也普遍适用。测量前后、高低和左右水平时，采用惯性基准轨道不平顺测量装置。该装置应用质量-弹簧-阻尼系统构成惯性基准，对轨道不平顺和水平进行测量。车体和轴箱振动加速度检测采用多功能振动测量装置。

轨检车载数据处理系统能对测试结果进行实时处理。由各检测装置测得的模拟信号通过模数转换器转化为数字信号，输入计算机进行分析和处理。处理结果打印成图表，给出某段线路上各检测项目的平均值、标准值、各级超限峰值及最大超限值、累计超限罚分值等。同时，模拟信号还被记录在波形记录仪或模拟磁带机上，供进一步分析和处理用。

学习情境 4　高速铁路桥梁施工

情境导入

高速铁路设计参数限制严格，曲线半径大，坡度小，并需要全封闭行车，导致桥梁建筑物大大多于普通铁路。目前，高速铁路桥梁以中小跨度为主，采用双线单室箱形截面，主梁整孔预制或分片制造整体联结。下部结构多采用钻孔桩，上部结构连续梁采用悬臂浇筑。

学习目标

【知识目标】　了解高速铁路桥梁特点，熟悉钻孔桩、承台、墩身施工工艺。
【能力目标】　能编制钻孔桩、承台、墩身、满堂支架现浇梁、悬臂浇筑施工的作业指导书。

任务 4.1　高速铁路桥梁的特点

一、列车对桥梁所产生的动力问题

同公路桥梁相比，铁路桥梁的活载在桥梁总载荷中所占比重较大。据统计，中小跨度混凝土公路桥的活载与总载荷之比为 7%～10%，大跨度混凝土公路桥的活载与总载荷之比为 4%～6%；而中小跨度混凝土铁路桥的活载与总载荷之比可达 40%～50%，大跨度混凝土铁路桥的活载与总载荷之比可达 25%～35%；对于一些自重较轻的铁路钢桥，铁路活载所占的比重高达 60% 以上。故活载在铁路桥梁设计中的重要性可见一斑。铁路桥梁活载与公路桥梁活载的不同之处不仅在于它在总载荷中所占的比重大，还在于它独特的有轨线路、车辆结构、编组形式和比公路行车高得多的车速。尤其是近几十年来铁路车速不断提高，使这一特点更为明显。目前公路线路的车速一般在 40～100 km/h，常速铁路的车速为 100～120 km/h，中速铁路的车速为 120～160 km/h，准高速或快速铁路的车速为 160～200 km/h，高速铁路的车速为 200～400 km/h，特高速铁路的车速则在 400 km/h 以上。这些特点决定了列车过桥动力问题必然成为铁路桥梁设计要面对的重要问题，尤其是在列车不断进行大提速的我国，对车-桥振动的研究具有更重要的现实意义。

当列车通过桥梁结构时，由于机车车辆进桥前就已具有的初始振动、轮轨间的蛇行运动、快速移动载荷对线桥结构所产生的动力作用及线桥结构自身的变形与振动等，使整个车-线-桥结构体系在竖向、横向和纵向3个方向产生振动，并导致一系列动力问题的产生。如因线桥结构的振动、冲击及疲劳影响轨道结构稳定及桥梁使用寿命；因车体振动过剧而影响旅客乘坐舒适性、货物的破损率及车辆运行的安全性等。故自1825年英国修建第一条铁路并在19世纪中下叶欧美发生多起铁路桥梁因车致振动而破坏的事件以来，人们就一直在研究列车通过线桥结构的动力作用问题。对于常见的桥梁结构，由于列车正常行驶过桥时车-线-桥结构体系的纵向振动问题并不突出，故通常只研究该体系的竖向和横向振动问题，纵向则主要研究列车制动等对线桥结构的影响。

车-线-桥结构体系的竖向振动最直接的影响是使结构的变形和应力比静态时增大，由此导致结构强度和行车安全问题。在以往的桥梁设计中，一般只考虑列车动力作用对桥梁强度方面的影响，动载增大效应往往用在静活载基础上乘以一个冲击系数的办法来解决。但在行车速度提高后，在桥梁设计中仅仅考虑动载作用下的强度问题是远远不够的，还必须考虑桥上线路稳定性、桥上列车走行安全性及乘坐舒适度的问题。桥面过大的振动加速度及车线间过大的轮轨力将会造成道砟的塌陷及线路结构的损坏；桥头过大的梁端折角会造成轮重的突然减载，诱发脱轨事故，影响行车安全；车体的振动加速度、振幅及振动频率则影响旅客的乘坐舒适度及货物的破损率。

车-线-桥结构体系的横向振动对行车安全与行车质量的影响也是不容忽视的。首先，体系的横向振动较大会使司机和旅客感到不适，还将造成货物的破损并威胁行车安全。例如在设计轻型墩桥及大跨度桥的场合，由于这类桥梁的横向刚度较小，车-线-桥结构体系的横向振动往往成为设计的控制因素。因此，现代铁路桥梁设计的概念已开始由静态强度设计转向动态刚度设计，并对桥梁线形、刚度及结构细节等提出了更高的要求。

二、列车对桥梁动力作用的影响因素及高速铁路桥梁的特点

由于列车过桥动力问题涉及机车车辆、轨道线路及桥梁结构三大部分，其中每一部分本身都是一个复杂的系统，而且这三者之间互相影响，且其相互关系随列车的行进而发生变化，因而具有时变性。列车过桥动力影响因素大致可以分为以下几个方面：

（1）列车的因素：行车速度越大，振动越大；车的构造及静态动力特性；列车载荷编组形式；车辆各部件的几何及物理偏差。

（2）线路的因素：轨道结构及其静动力特性；线路形状及布置；轨头形状；线桥过渡段的几何及力学特性。

（3）桥梁的因素：桥梁结构的类型，抗变形能力越强即刚度越大的桥梁，动力性能就越好；桥梁结构的材质；桥梁跨度及桥跨布置，跨度较大，跨中竖向刚度下降，挠度增大，不利于列车高速行驶；桥墩高度和刚度，桥墩越高，横向刚度下降，柔度变大，桥梁变形增大，故一般需要对高墩桥梁做车桥耦合分析，检算桥梁特别是横向刚度是否满足；影响桥梁结构静动力特性的其他因素。

高速铁路由于具有高速度、高舒适性、高安全性、高密度连续运营等特点，故对其土建工程提出了极其严格的要求。由于速度大幅提高，高速列车对桥梁结构的动力作用远大于普

通铁路桥梁，桥梁出现较大挠度会直接影响桥上轨道平顺性，造成结构物承受很大冲击力，旅客舒适度受到严重影响，轨道状态不能保持稳定，甚至危及列车运行安全。这些都对桥梁结构的刚度和整体性提出了严格的要求。高速铁路桥梁的特点可概述为：

1. 桥梁所占比例大，高架长桥多

桥梁在高速铁路中所占的比例较大，主要原因是因为在平原、软土以及人口和建筑密集地区，通常采用高架桥通过。高速铁路桥梁技术标准要求高，因而投资也较高，桥梁设计和建造对高速铁路的建设周期和造价都会产生重大的影响。

2. 以中、小跨度为主

由于高速铁路对桥梁刚度要求严格，因此，桥梁不宜采用大跨度，应以中、小跨度为主。

3. 桥梁刚度大，整体性好

为了保证列车高速、舒适、安全行驶，高速铁路桥梁必须具有足够大的竖向和横向刚度以及良好的整体性，以防止桥梁出现较大挠度和振幅。同时，还必须严格控制由混凝土产生的徐变上拱和不均匀温差引起的结构变形，以保证轨道的高平顺性。

4. 限制纵向力作用下结构产生的位移，避免桥上无缝线路出现过大的附加力

由于桥梁结构的温度变化、列车制动、桥梁挠曲会使桥梁在纵向产生一定的位移，引起桥上无缝线路钢轨产生附加应力，过大的附加应力会导致桥上无缝线路失稳，影响行车安全，因此，要求桥梁墩、台具有足够的纵向刚度，以尽量减少钢轨附加应力和梁轨间的相对位移。

5. 改善结构的耐久性，便于检查和维修

高速铁路是极其重要的交通运输设施，桥梁结构物应尽量做到少维修或免维修，因此，设计时需要将改善结构物的耐久性作为设计原则，统一考虑合理的结构布局和构造细节，并在施工中加以严格控制，保证质量。另外，高速铁路运营繁忙，列车速度高，维修时间都放在夜间"天窗"时间进行，一般为 4 h，因此，桥梁结构构造应易于检查和维修。

【实战演练】

撰写高速铁路桥梁特点的研究报告。

任务 4.2　高速铁路桥梁下部结构施工

一、钻孔桩施工工艺

钻孔方法采用旋挖钻、回旋钻或冲击钻成孔，根据本段地质情况使用旋挖钻作为主要成孔方法。钢筋笼集中分节制作，现场吊装接长。混凝土由拌和站集中生产、混凝土运输车运

输、导管法水下灌注。钻孔桩施工流程如图 4.1 所示。

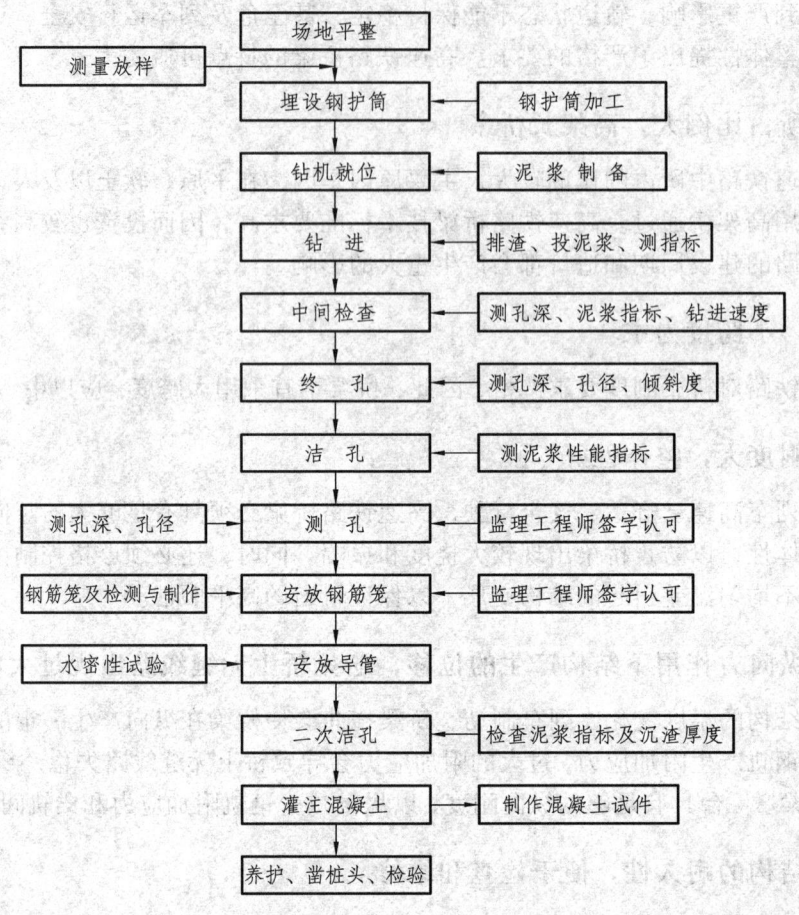

图 4.1 钻孔桩施工流程图

二、钻孔桩施工方法

1. 施工准备

采用机械将施工场地整平压实，测量放线确定桩位，人工埋设钢护筒。使用旋挖钻和回旋钻时护筒内径比桩径大 20 cm，使用冲击钻时护筒内径比桩径大 40 cm，护筒顶面高出施工水位或地下水位 2.0 m，在旱地或筑岛时高出施工地面 0.5 m。护筒埋置深度须符合下列规定：黏性土不小于 1 m，砂类土不小于 2 m，当表层土松软时将护筒埋置到较坚硬密实的土层中至少 0.5 m；岸滩上埋设护筒，在护筒四周回填黏土并分层夯实；护筒顶面中心与设计桩位偏差不大于 5 cm，倾斜度不大于 1%。

2. 护壁泥浆

选用膨润土、CMC、PHP、纯碱等配制优质泥浆。根据地层情况及时调整泥浆性能，泥浆性能指标如下：泥浆重度：一般地层 1.1～1.3，坚硬大漂石、卵石夹粗砂 1.4～1.6。黏度：

一般地层 16~22 s（条件黏度），松散易坍地层 19~28 s。含砂率：新制泥浆不大于 4%。胶体率：不小于 95%。pH 值大于 6.5。采用泥浆分离器实现钻渣分离，确保泥浆和成孔质量，并加快成桩速度。

3. 旋挖钻成孔

钻孔施工主要采用旋挖钻钻孔方式、湿法成孔施工。结合具体工程的地质情况，若钻孔桩数量多、工期紧，则采用旋挖斗钻头成孔。钻孔前各项准备工作完成经检查满足要求后钻机就位。将钻头中心与钻孔中心对准，并放入孔内，调整钻机垂直度参数，使钻杆垂直，同时稍微提升钻具，确保钻头环刀在孔内自由浮动。钻进过程中，操作人员随时观察钻杆是否垂直，并通过深度计数器控制钻孔深度。当旋挖斗钻头顺时针旋转钻进时，底板的切削板和筒体翻板的后边对齐。钻屑进入筒体，装满一斗后，钻头逆时针旋转，底板由定位块定位并封死底部的开口，之后，提升钻头到地面卸土。开始钻进时采用低速钻进，主卷扬机钢丝绳承担不低于钻杆、钻具重量之和的 20%，以保证孔位不产生偏差。钻进护筒以下 3 m 可以采用高速钻进，钻进速度与压力有关，采用钻头与钻杆自重摩擦加压，150 MPa 压力下，进尺速度为 20 cm/min；200 MPa 压力下，进尺速度为 30 cm/min；260 MPa 压力下，进尺速度为 50 cm/min。泥浆采用膨润土、火碱以及纤维素混合而制，在泥浆池中用搅浆机将泥浆搅拌好后，泵入孔内，旋挖钻均匀缓慢钻进，这样既钻进又起到泥浆护壁的作用。钻进时掌握好进尺速度，随时注意观察孔内情况，及时补加泥浆保持液面高度。泥浆制备应注意两个方面：一是泥浆的指标问题，其密度一般应控制在 1.05~1.2，黏度控制在 17~20 s，砂率控制在 4% 以内。常用的泥浆材料，一般使用优质膨润土加烧碱、聚丙烯酰胺或纤维素等配置；二是补浆的速度，泥浆补充一般采用泵送方式，其速度以保证液面始终在护筒面以上为标准，否则有可能造成塌孔，影响成孔质量。用捞砂钻头将沉淀物清出孔位。要求沉渣厚度不大于 20 cm。在灌注水下混凝土前，用高压风（高压水）吹底翻渣，进一步减少桩底沉渣厚度。钻孔前先用水准仪确定护筒高程，并以此作为基点，按设计要求的孔底高程计算孔深，以钻具长度确定孔深，孔深偏差不短于设计深度，超钻深度不大于 50 cm；孔径用孔径仪测量，若出现缩径现象应进行扫孔，符合要求后方可进行下道工序。钻孔桩钻孔允许误差如表 4.1 所示。

表 4.1 钻孔桩钻孔允许误差

序号	项目	允许偏差/mm
1	孔径	不小于设计孔径
2	孔深	不小于设计孔深
3	孔位中心偏心	群桩不大于 100
		单排桩不大于 50
4	倾斜度	不大于 1% 孔深
5	浇筑混凝土前桩底沉渣厚度	不大于 200

4. 回旋钻成孔

钻机就位前，对钻孔各项工作再次进行检查，确保各项工作正常。钻机就位后，将钻杆中心准确对准孔位中心，保证底座和顶端平稳，钻进中不产生位移或沉陷。开始钻孔时应稍提钻具，以正循环方式在护筒内造浆（制浆前应先把黏土块打碎，使其在搅拌中易于成浆，提高泥浆质量），并开动泥浆泵进行循环，待泥浆均匀后开始钻进。若无法形成较理想的泥浆时，加入膨润土或优质黏土进行搅拌造浆，待泥浆性能符合要求后方可钻进。钻具下入孔内，钻头应距孔底钻渣面20~50 cm，并开动砂石（泥浆）泵，使冲洗液循环2~3 min，然后开动钻机。钻进过程采用反循环钻进，慢慢将钻头放至孔底。轻压慢转数分钟后，逐渐增加转速并增大钻压，适当控制钻速，特别是钻孔深度达到护筒埋置以下后，钻速适当减慢以防塌孔。正常钻进时，应合理调整和掌握钻进参数，不得随意提动孔内钻具。操作时应精力集中，掌握升降机钢丝绳的松紧度，减少钻杆水龙头晃动。在砂砾层钻进时，易引起钻具跳动、蹩车、蹩泵、钻孔偏斜等现象，故操作时应特别注意，控制给进，加大泵量，降低转速。加接钻杆时，应先将钻具稍提离孔底，待冲洗液循环3~5 min后再加接钻杆。钻进过程中要及时填写钻孔施工记录，交接班时应详细交代本班钻进情况及下一班需注意的事项。另外须随时注意护筒口泥浆面高度，发现有漏浆情况出现时，须及时报告，查明原因，并及时补水入护筒。

为了使泥浆得到充分利用，应充分发挥应泥浆循环系统钢护筒的作用。钢护筒埋设结束后，在护筒顶向下约1 m处开一圆孔，用300 mm的钢管将各桩的护筒串联起来，用作泥浆池和沉淀箱，泥浆经钻头吸入钻杆后，沿钻杆内腔水龙头，经泥浆浆渣分离系统后，流回至其他的护筒内，再经连通的钢护筒逐级沉淀，最后流回原孔内，形成一个完整的循环系统。所有多余泥浆通过DX-250型泥浆净化器处理，钻渣和废浆外运至指定位置，以免造成环境污染。钻进中控制水头高度，并经常测定泥浆性能，保持一定的重度、黏度和含砂率，否则应进行更换或补浆。根据铁路施工要求，泥浆重度一般不超过1.2，当沉淀池中的沉渣较多时，应及时外运，以保证泥浆性能符合要求和泥浆循环系统畅通。钻孔前先用水准仪确定护筒高程，并以此作为基点，按设计要求的孔底高程计算孔深，以钻具长度确定孔深，孔深偏差不短于设计深度，超钻深度不大于50 cm；孔径用孔径仪测量，若出现缩颈现象应进行扫孔。

5. 清 孔

钻孔达到要求深度后采用灌注桩孔径检测系统进行检查，各项指标符合要求后立即进行清孔。旋转钻机清孔采用泥浆置换法，冲击钻机清孔采用掏渣筒。清孔须达到符合设计及规范要求，即孔内排出或抽出的泥浆手摸无2~3 mm颗粒，泥浆重度不大于1.1，含砂率小于2%，黏度17~20 s；浇筑水下混凝土前孔底沉渣厚度，柱桩不大于5 cm，摩擦桩不大于20 cm。严禁采用加深钻孔深度的方法代替清孔。在清孔排渣时注意保持孔内水头，防止坍塌。浇筑水下混凝土前，检查沉渣厚度，进行二次清孔，必要时用高压风冲射孔底沉淀物，立即浇筑水下混凝土，保证孔底沉渣厚度不大于设计要求。

6. 验孔、钢筋笼制作、安装

采用验孔设备检查孔深、孔径、倾斜度及孔底沉渣厚度，达到要求监理工程师签证后方可进入下道工序。钢筋笼主筋接头采用双面搭接焊，每一截面上接头数量不超过50%，加强箍筋与主筋连接全部焊接。钢筋笼的材料、加工、接头和安装须符合要求。钢筋骨架的保护层厚度须符合设计要求，采用圆形C30水泥砂浆垫块，垫块按竖向每隔2 m设一道，每一道沿圆周布置6个。使用汽车吊吊装、安装钢筋笼，并在孔口牢固定位，以免在灌注混凝土过程中出现浮笼现象。

7. 安装导管、泥浆清理

试拼、检验、安放导管。利用导管二次清孔，检查孔底沉渣厚度，要在误差范围之内。为保护环境，钻孔桩施工中产生的废弃泥浆，经泥浆分离器处理后，运往指定的废弃泥浆堆放场地，并做妥善处理。

三、承台施工工艺

承台施工流程如图4.2所示。

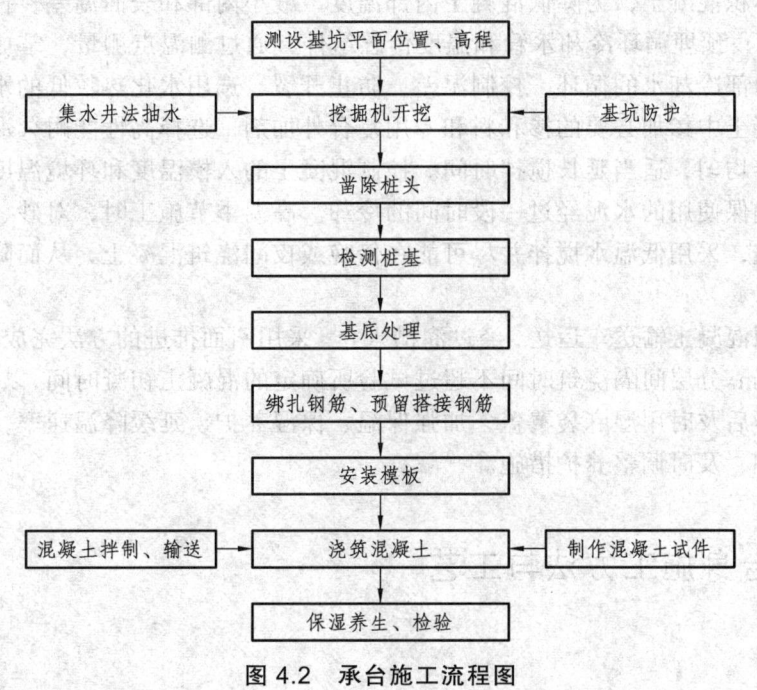

图4.2 承台施工流程图

四、承台施工方法

1. 基坑开挖

采用机械放坡开挖，人工配合清理，并备用大功率水泵在基坑开挖时抽水；对于在既有建筑物、铁路、公路旁的承台，基坑开挖时根据情况采用钢板桩、木板等进行基坑防护，保证安全。

2. 承台钢筋混凝土施工

人工用风镐凿除桩头，使基桩顶部露出新鲜混凝土面，桩基埋入承台长度及桩顶主筋锚入承台长度须满足设计要求。桩基检测合格后，承台用砂浆抹面或浇筑混凝土垫层，立模绑扎钢筋。

将承台的主筋与伸入承台的桩基钢筋连接，底面每隔 50 cm 于主筋底交错位置垫一混凝土垫块，侧面每隔 80 cm 于主筋外侧交错位置安装特制的塑料垫块，以保证浇筑混凝土时钢筋保护层厚度。同时按照设计施作综合接地，保证预埋设施符合设计要求。侧模采用大块钢模，模板安装前后，在模板上均匀涂刷脱模剂。

混凝土从拌和站由混凝土运输车运到浇筑现场，溜槽入模或使用混凝土泵车，分层浇筑，插入式振动棒振捣密实，振捣时防止触碰模板与钢筋。混凝土终凝后及时洒水养护。待混凝土达到拆模强度后，拆模并洒水养护。经质量验收合格后，即可按设计要求回填基坑。

3. 承台大体积混凝土施工

承台为大体积混凝土，为降低混凝土内部温度，减小内部和表面温差，控制混凝土内外温差小于 20 ℃；预埋循环冷却水管和温度传感组件，通过测温点测量，掌握内部各测点温度变化，加快内部冷却水的循环，控制温差，防止开裂。选用水化热较低的水泥、优质的砂石料，并在混凝土中掺加必要的掺和料和专用复合外加剂，选择高性能耐久混凝土配合比，计量准确，搅拌均匀，适当延长搅拌时间。控制混凝土的入模温度和环境温度。不能使用新出窑的水泥，确保使用的水泥经过一段时间的冷却。高温季节施工时，对砂、石料和水泥等原材料进行遮盖，采用低温水搅拌并尽可能在傍晚或夜间浇筑混凝土，从而降低混凝土的拌和温度。

混凝土采用混凝土输送车运送，经过溜槽入仓。采用斜面推进的方法完成混凝土的浇筑，分层厚度≤30 cm。分层间隔浇筑时间不超过试验所确定的混凝土初凝时间，以防出现施工缝。混凝土浇筑完毕后及时用湿麻袋覆盖，加强保温、保湿养护，延缓降温速率，加强施工中的温度监测和管理，及时调整养护措施。

五、墩台身施工方法与工艺

1. 实体墩

本段桥墩均采用流线型实体桥墩，采用特制钢模板拼装，一次整体浇筑成型，混凝土通过泵送入模，墩身模板和钢筋采用汽车吊垂直吊装作业。

2. 模　　板

模板采用大块整体钢模，由专业厂家生产制造，选用 6 mm 厚钢板作为面板，框架采用∠75 角钢，加筋肋采用 I120 型槽钢。模板表面平整，尺寸偏差符合设计要求，具有足够的强度、刚度、稳定性，且拆装方便，接缝严密不漏浆。

3. 模板及支架安装

模板采用吊车配合人工安装，确保轴线、高程符合设计要求后加固，保证模板在浇筑混凝土时受力后不变形、不移位。模内干净无杂物，拼合平整严密。支架的立面、平面安装牢固，并能抵挡振动时偶然撞击。支架立柱在两个互相垂直的方向加以固定，支架支承部分安置在可靠的地基上。模板检查合格后，刷脱模剂，实体墩施工流程如图4.3所示。

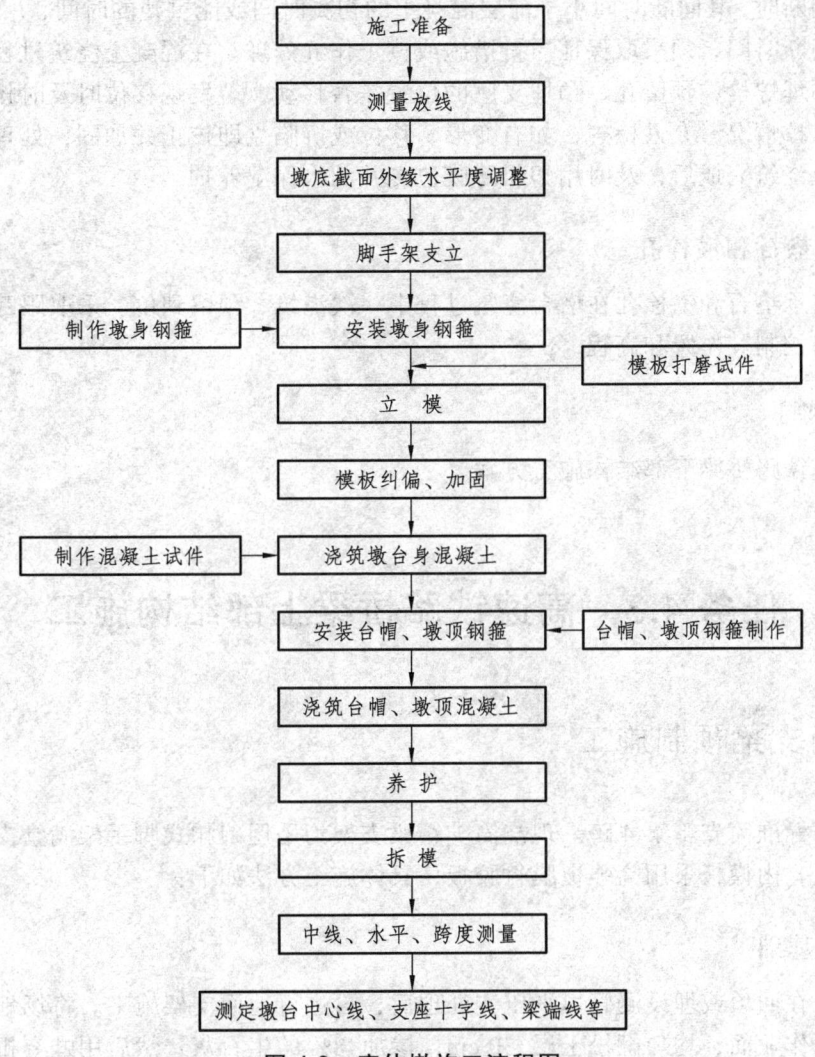

图4.3 实体墩施工流程图

4. 钢筋施工

运到现场的钢筋须有出厂合格证，表面洁净。使用前将表面杂物清除干净。钢筋平直，无局部弯折。各种钢筋下料尺寸符合设计及规范要求。钢筋集中制作、现场人工绑扎，按照设计施作综合接地。墩台身钢筋与承台或基础锚固筋按规范和设计要求焊接牢固，形成一体；基底预埋钢筋须位置准确，满足钢筋保护层的要求；钢筋骨架绑扎适量的垫块，以保持钢筋在模板中的准确位置和保护层厚度。

5. 混凝土浇筑

混凝土采用自动计量集中拌和站拌和，混凝土输送车运输，泵送入模，漏斗配合减速串筒入模。浇筑前对支架、模板、钢筋和预埋件进行检查，并将模板内的杂物、积水和钢筋上的污垢清理干净；模板缝隙填塞严密，脱模剂涂刷均匀。浇筑时检查混凝土的和易性和坍落度。混凝土分层浇筑厚度不超过 30 cm，用插入式振动器振捣密实。混凝土的浇筑连续进行，如因故必须间断时，其间断时间小于前层混凝土的初凝时间或能重塑的时间，并经试验确定，若超过允许间断时间，须采取保证质量措施或按工作缝处理。在混凝土浇筑过程中，随时观察所设置的预埋螺栓、预留孔、预埋支座的位置是否移动，若发现移位时及时校正。注意模板、支架等支撑情况，专人检查，如有变形、移位或沉陷立即校正并加固，处理后方可继续浇筑。混凝土浇筑完成后，及时用塑料薄膜包裹并洒水保湿养护。

6. 支承垫石和锚栓孔

墩台的支承垫石和锚栓孔在墩台浇筑过程中一次浇筑、预留到位。采取跟踪测量和精确定位措施严格控制其位置和高程。

【实战演练】

撰写高速铁路桥梁下部结构施工方案。

任务 4.3　高速铁路桥梁上部结构施工

一、简支梁预制施工

有现浇非标准简支箱梁 4 跨。现浇简支箱梁支架均采用碗扣式脚手架满堂支立，外模采用定型钢模板，内模板采用高强覆膜竹胶板，具体施工方法如下：

1. 支架基础

部分沟塘在回填或埋设涵管填平压实处理后，再进行地面支架施工。将场地清平，然后以每一跨为一作业面，均匀翻松土层 30 cm，掺加 8% 的生石灰，然后用蛙夯机打夯密实，压实度达到 95% 以上，特别注意墩身附近基坑回填处。同时将地面作成 1.5% 的横坡以利于排水。在桥外侧设一纵向排水沟。这样保证地面排水顺畅，不存积水。然后在做好的土层上铺设一层 10 cm 厚的碎石，用蛙夯机打夯后，在其上抹一层 3 cm 厚的 C15 水泥砂浆，并做好养生工作，上置 15 cm×15 cm 方木作为支架底支承。

2. 搭设支架

支架采用 WDJ 碗扣式多功能脚手架。支架底座选用 60 cm 高度可调的 TZ-60 底座，支架立杆顶选用 60 cm 高度可调的 U 形 TC-60 托撑以满足桥跨的纵坡和横坡变化。该 U 形托撑允许箱梁底板与支架间有微量位移。现浇箱梁支架采用横、纵、竖向步距为 1 m。根据纵、横向步距，在支架基础上铺设 15 cm×15 cm 的方木，以分布集中载荷，在方木上放置支架底座，根据基础实测高程与梁底高程调整底座卡扣高度，且保证其在同一水平面上。然后搭设立杆、横杆,最后立杆顶部安装 TC-60 可调顶托,在顶托上纵向安放 15 cm×15 cm 方木,并在大方木上横向钉放 10 cm×10 cm 小方木,间距为 30 cm。采用砂袋法对支架进行等载预压。

3. 铺设底模及侧模

底模及侧模均采用定型钢模板,将板块之间的拼缝设置在 10 cm×10 cm 横方木上,并先用手电钻钻眼后钉入铁钉与方木连接牢固,底模铺好后,精调高程,并在模板观测点间横、纵带线调整底模平整度。检查合格后,铺钉侧模、翼板、肋带框架及模板,并精调翼板高程。铺设底板前将支座安好,墩顶处用木楔调整底模高程。模板铺好后清扫杂物并用水枪冲洗干净。模板拼接时保证纵(横)缝在一条直线上,增强混凝土表面美观性。

内模采用加工场内制作成节段龙骨,吊装后整体组拼成型方法。面板采用 15 mm 厚竹胶板,肋带采用 6 cm×8 cm 方木直接与面板相连。肋带顺桥向间距 40 mm,内支撑采用方木与钢管相结合支撑方式。内膜底部不封闭,采用开口抹面工艺。

4. 绑扎、安装底板、腹板钢筋及预应力钢束

箱梁外模检查合格后,绑扎底板、腹板及横梁钢筋。主筋接头采用点焊或绑扎接长。接长时按规范要求将主筋接头错开布置。同时在钢筋上绑扎好同标号的混凝土弧形垫块。绑扎钢筋的同时安装预应力钢束,波纹管在接头处用胶布缠裹严密并按要求定位;内模的底支承垫块以 150 cm 间距梅花状布置。

5. 安装芯模、绑扎顶板钢筋及预应力筋管道

将节段内模吊入箱内后,人工组拼成整体。在内模顶部设一 35 cm 宽的顺桥向活动顶板,以备浇筑混凝土下料,当底板混凝土浇好后,盖好地板。在箱内尽量避免锯、刨作业,如确有需要时,可在底部用丝袋等铺设,而后将锯末等杂物取出,以防落在外模底板上。调正,安好内模后,绑扎顶板钢筋。

6. 混凝土浇筑

混凝土浇筑采用拌和站集中拌制,运输车送至现场,用气泵输送混凝土。浇筑前,备足同一规格的水泥、砂石料等。每跨箱梁混凝土采用一次浇筑完成。现场检测混凝土坍落度符合要求方可浇筑,浇筑时顺序,按先底板,再腹板,最后顶板及翼板顺序进行。根据腹板配筋及钢筋疏密程度采用 ZN50 和 ZN25 型插入式振捣器,振动时,严防碰撞模板。在施工过程中专门组织两班人看模,随时观察内、外模是否有跑模、漏浆迹象,及时发现及时处理。混凝土浇筑过程中采用斜向分层逐渐推进浇筑,顺桥向浇筑长度不超过 4 m,腹板浇满后,横向一次阶段成型,避免浇筑时工作长度太长,第一层与第二层之间出现施工缝样的波纹以及引起的颜色不一。在顶板钢筋上布设高程控制点,浇筑顶面混凝土过程中进行高程观测,并横向挂线,用 4 m 长靠尺刮平,在混凝土初凝前不少于 3 次抹光,以消除裂纹。

混凝土施工时注意预埋伸缩缝、泄水管、通信管道等预埋件。在混凝土施工过程中,按先、中、后顺序制取不少于 3 组的标养和同体养护试件,以便确定拆模时间和评定混凝土的强度。混凝土的养护采用覆盖土工布并洒水养护,使混凝土表面始终处于湿润状态,养护时间不少于 7 d。

7. 拆模、卸落支架

待混凝土强度达到要求后拆除支架及底模。底模拆除时用绳子系下，以免损伤模板边棱。拆架时从跨中向支点按全孔多点、对称、缓慢、均匀的原则进行。

二、连续梁悬臂施工

悬臂浇筑法的主要施工设备——挂篮，是一个能够沿轨道行走的活动作业台车，它支承在已完成的悬臂梁段上，用以进行下一梁段的施工。待新灌梁段施加预应力及管道压浆后，挂篮前移，进行下一个梁段的施工，如此逐段循环直至完成全部梁段。

1. 连续箱梁 0 号段施工

（1）现浇段托架与模板。

现浇段托架采用万能杆件拼装搭设，托架间距定为 60 cm，并对局部进行加密。托架顶安装托座，其上铺设方木作为纵横分配梁、底模、侧模采用钢模板。托架搭设后堆放砂袋进行等载预压，根据预压变形量对底模高程做一次调整。

（2）安装临时支墩。

在搭设托架时预留临时支墩位置，临时支墩采用钢支墩，每墩两侧各设置 4 根，用吊车支立于承台上，在承台与箱梁底板间设置 4 组预应力筋。

（3）安装桥梁支座，施工临时支座。

先将桥梁支座吊于墩顶，安上锚栓，检查支座位置无误后用环氧砂浆灌注锚栓孔，然后在支座两侧设置临时支座，临时支座宽 70 cm，顶面高出永久支座 5 mm，用 C50 混凝土浇筑，分上下两层，中间夹 5 cm 厚 M50 硫黄砂浆，顺桥向靠外侧分别设置两排 ϕ32 螺纹钢筋，上、下端分别锚固于梁体与墩身内，见临时支座布置图 4.4。

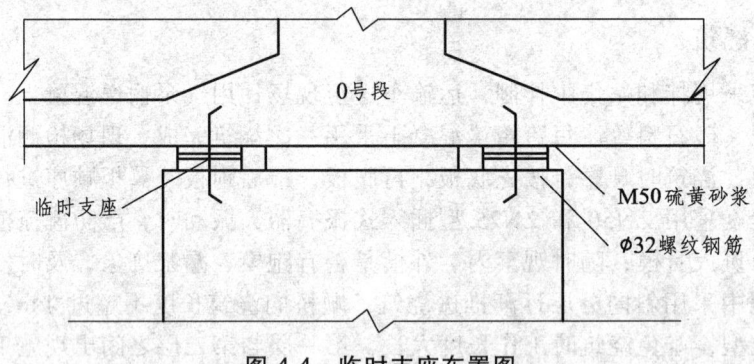

图 4.4 临时支座布置图

（4）0 号段施工。

0 号段钢筋在桥下制作成半成品，然后吊装到位一次绑扎成型，并安装好波纹管道、锚垫板及内模板等，检查无误后方可进行混凝土灌注。0 号段混凝土一次浇筑，混凝土灌注时采用泵送法，先底板再腹板，后顶板。当混凝土强度及弹性模量达到设计指标后，对称张拉预应力筋并进行压浆。

2. 挂篮悬臂灌注梁段施工

0号段预应力施工后，安装菱形挂篮，并按最大浇筑段梁重采用堆砂袋（或土袋）法预压，实测挂篮变形量并与理论计算量对比，作为线性控制依据之一。预压结束后人工绑扎底、腹板钢筋，安装竖向及底板部位预应力管道，支立端模及内模就位，绑扎顶板钢筋，安装顶板预应力管道，采用混凝土泵车对称浇筑梁段混凝土，当混凝土达到设计强度后对称张拉预应力筋并压浆，移动挂篮移位于下一梁段。重复以上工序，如此循环推进，直至完成悬浇梁段施工，采用吊架法施工中跨合龙段。

（1）挂篮选型、制作。

悬灌梁段采用自平衡式菱形挂篮施工，它由菱形桁架、提吊系统、模板系统、走行锚固系统组成。根据箱梁设计、加工菱形挂篮、走行系统件和桁架，共加工制作24套挂篮。

（2）挂篮安装。

0号段预应力施工完后，对称安装两侧菱形挂篮。其安装步骤为：铺设轨道调平垫梁及后锚下扁担梁→安装轨道梁并与箱梁竖向预应力筋锚固好→对称安装菱形桁架及横联→安装吊带→对称安装底模→安装侧模→挂篮调整。

（3）挂篮预压。

用堆砂袋或土袋法预压，预压载荷取最大悬灌段重量，加载前、加载中、卸载后分别观测底模前后端高程变化情况，并与理论计算值比较，作为线性控制参数之一。

（4）挂篮底模、侧模高程、位置控制。

挂篮安好后，检查模板中线位置，若有偏差可移动挂篮桁架调整；浇筑梁段混凝土前再次测量底模高程，通过微调吊带调整底模高程；立模高程需根据实际挂篮重量及挂篮桁架和吊带的弹性变形值确定。

（5）绑扎钢筋、安装波纹管道。

人工先绑扎底板、腹板钢筋，安装底板纵向预应力管道和竖向预应力筋，待内模前移到位后绑扎顶板钢筋，安装顶板预应力管道及相关预埋件。纵向预应力管道采用高强塑料波纹管，顶板横向采用金属波纹管，管道定位采用钢筋网片。

（6）混凝土浇筑。

高性能耐久性混凝土，由搅拌站按照配合比拌制，采用两台混凝土泵车同时浇筑混凝土，两端施工载荷偏差控制在设计值之内。浇筑混凝土时每次从前段开始向已浇段方向进行，先底板、再腹板，最后顶板，用振动棒按照要求将混凝土捣固密实，视施工环境采取洒水或覆盖保温进行养护。

3. 合龙段施工

桥梁悬灌合龙段施工是保证梁体质量的关键所在，这期间梁体的内力、变位均会发生很大的变化。同时，控制好合龙段的施工，对于控制桥梁的线形也具有重大的意义。合龙段施工前将各"T"构上挂篮退至相应位置，改用吊架施工。吊架内模、外模、底模均可采用相应的挂篮模板，用吊杆吊于两端的梁段上，吊架长度可根据合龙段的长度来确定。主梁合龙的顺序按先边跨后中跨的顺序进行。

（1）合龙段施工工艺。

安装吊架模板→绑扎钢筋、安装预应力管道→安装筋性骨架并立即张拉临时束,边跨时将直线段与悬臂端间锁定,中跨时将两"T"构悬臂端间锁定→"T"构悬臂端压配重→浇筑合龙段混凝土(选择一天中温度最低的时间进行)同时逐级解除配重→混凝土养生至设计张拉强度→按设计要求张拉预应力束→解除吊架拆除模板→按设计要求解除锁定→张拉剩余合龙束并压浆。

（2）合龙段的配重。

合龙段的配重施工是保证在合龙施工过程中合龙段两端的梁段不产生相对移位,在加配重前先把施工过程中产生梁顶重量的变化计算好,在施工中保证重量不变,施工顺序为:

① "T"构两端的挂篮向墩中心移动,在移动过程中保证挂篮的对称移动,以防在移动过程中使梁体根部产生较大的不平衡弯矩;或同时对称在原地拆除挂篮。

② 按照两端平衡的原则,根据各工况配重。

③ 在合龙锁定后,所有的重量变化,都要坚持测量观测,掌握梁体高程变化的情况,有了变化,及时找出原因,同时采取增加或减少配重的方式弥补。

（3）合龙段的锁定支撑。

① 采用刚性支撑和张拉临时合龙束锁定方案,使合龙段两端形成可以承受一定弯矩和剪力的刚结点,防止由于温度等各种因素影响在合龙前就产生变形。对刚性支撑的断面面积和支撑位置及临时束的张拉严格按设计要求实施。

② 刚性支撑锁定时间根据连续观测结果确定,原则上是各合龙段在规定的时间,即梁体相对变形最小和温度变化幅度最小的时间区间内,全桥对称、均衡同步锁定,以免合龙段造成结构、温度变形发生突变。为了减少锁定时间,在锁定之前,完成合龙临时束张拉的准备工作(如千斤顶安放就位等)。待刚性支撑焊完之后,要求及时张拉完按设计要求的全部合龙临时束。

4. 预应力筋张拉

（1）安装好预应力束及锚具后进行预应力的张拉,张拉前进行孔道摩阻力试验,确定其损失值,设定预应力超张拉值。

（2）成立专门的张拉班组进行张拉。

（3）每节段的预应力筋钢绞线张拉要在浇筑混凝土达到设计要求强度后,开始进行。

（4）张拉前先把锚具夹片装好,夹片要求打紧。

（5）张拉设备及机具应与锚具配套使用,在使用前进行检查,配套标定千斤顶、压力表,压力表的精度不低于 1.5 级。校正有效期为一个月且不超过 200 次张拉作业,拆修更换配件的张拉千斤顶必须重新校正。

（6）工具锚夹片清洗干净以免钢绞线在张拉时滑丝,并在夹片与锚环孔之间涂上一层黄油,以便夹片拆卸。

（7）预应力筋张拉方式采取二端张拉方式。在同一结构体要求对称同时张拉。

（8）预应力张拉程序: $0 \rightarrow 0.1\sigma_k$（初张拉）$\rightarrow \sigma_k$（持荷 5 min）$\rightarrow$ 补拉 σ_k（测伸长量）$\rightarrow$ 锚固。

（9）钢绞线张拉控制应力:在千斤顶和油表检校后,利用所给的数据与方程,计算出施工中应力分级的油表读数值。

（10）张拉原则：对称同时张拉，先张拉腹板纵向束，再张拉顶板纵向束，后张拉底板纵向，再张拉竖向精轧螺纹钢，最后张拉顶板横向。

（11）在预应力张拉前，按照钢束编号计算张拉伸长值，在张拉操作中遵照执行。一般的现场记录要表现出应力与油表的读数和伸长值，现场的异常情况等。

5. 孔道真空压浆

真空压浆的优点：真空灌浆在真空吸力作用下，可以把浆体与管道壁之间的气泡吸走，以提高密实度，保证压浆的质量；另外，在一端吸力与另一端压力作用下，保证压浆工作的顺利。

（1）采用灌浆泵和普通砂浆搅拌机，水泥采用与梁体施工同型号的水泥，水灰比控制在 0.35 以内，做好浆体配比试验，并提供报告。浆体搅拌按配比进行。

（2）灌浆前先检查灌浆孔与泌水管孔是否畅通与密封。

（3）灌浆从孔道张拉端锚垫板灌浆口注入，另一端的张拉锚垫板灌浆口抽真空。

（4）真空灌浆工作原理：在孔道的一端采用真空泵对孔道进行抽真空使之产生负压（$-0.06 \sim -0.1$ MPa），在孔道的另一端用灌浆泵进行灌浆，直至充满整条孔道，然后灌浆泵再给孔道施加 ≤ 0.7 MPa 的正压力，从而获得更加饱满、密实的灌浆效果。

（5）真空灌浆砂浆封锚。

（6）混凝土封锚。

① 外露多余的钢绞线用手提砂轮机切割，离夹片外口至少保留 30 mm 以上。

② 绑扎局部构造钢筋并支模，浇筑混凝土封裹。

（7）预应力施工质量控制措施。

① 钢绞线下料时，严禁采用电弧氧焊切割，在钢绞线附近电焊时，不得使钢绞线受热影响。

② 波纹管壁如有破裂，及时用粘胶带仔细封裹，其搭接宽度不小于胶带宽度的 1/2。如破损严重，立即更换。电焊时严禁焊液集中落在波纹管上。

③ 波纹管控制点的安装，垂直方向与水平方向误差应控制在 ±10 mm。

④ 预埋件应垂直于波纹管孔道中心线。

⑤ 预应力筋的张拉伸长值偏差控制在 ±6% 以内。

⑥ 锚固时夹片外口齐平，夹片间缝隙均匀，锚具内缩值 ≤ 6 mm。

⑦ 孔道真空灌浆用水泥浆的水灰比严格控制在 0.35 以内，灌浆时冒出浓浆后方可封闭。

⑧ 浆体强度不少于设计要求，泌水率不超过 2%。

⑨ 每束钢绞线断丝或滑丝：不得大于 1 丝且每个张拉断面断丝之和不超过该断面钢丝总数的 0.5%。

三、桥面系施工

桥面系按架梁区段分单元施工。由于受到无砟轨道工期和运架梁作业空间的制约，在保证架梁工效的情况下，对桥面系遮板、电缆槽、排水管、防撞墙及外侧防水层、电化立柱基础，利用运架梁间隙，紧跟架梁进行流水作业。一个方向架梁完成后，开始施工防撞墙内侧的防水层、保护层和伸缩缝（采用创新型无砟轨道时，防撞墙内侧的防水层、保护层后做);无砟轨道完成后开始安装声屏障;四电铺设电缆后,安装电缆槽盖板。为确保质量稳定,有砟轨道桥梁的挡砟墙内侧防水层、混凝土保护层宜在梁场集中施工,运架梁时应做好保护。

【实战演练】

撰写高速铁路桥梁悬臂浇筑施工方案。

任务 4.4　某高速铁路箱梁预制施工案例

一、箱梁结构形式

(1)截面类型为单箱单室等高度简支箱梁,梁端顶板、底板及腹板局部向内侧加厚。
(2)桥面宽度:防撞墙内侧净宽 9.4 m,桥上人行道栏杆内侧净宽 13.2 m,桥梁宽 13.4 m,桥梁建筑总宽 13.8 m。
(3)梁长为 32.6 m,计算跨度为 31.5 m,梁高为 3.05 m,横桥方向支座中心距为 4.5 m。

二、现场制梁场址选择及布置

1. 选择原则

(1)桥群集中地段设置梁场,一般选择在桥群中心附近。
(2)临时工程量尽量小。在能满足施工的情况下,尽量减少征地范围,做好施工组织计划,减少存梁场地。
(3)征地拆迁量尽量少。制梁场选址在满足制梁工期和存梁的前提下,少占耕地,减少拆迁量。
(4)交通应方便。尽量与已有公路或施工道路相连,利于大型设备和大量材料的运输。
(5)运梁距离较短。箱梁运输和架设是施工组织的一个关键工序,较短的运距可确保箱梁运输安全和提高架梁的施工进度。

2. 梁场布置原则

(1)梁场布置紧凑合理,总体规划不仅要按制梁施工流程进行设计,还要兼顾运架设备的安装和拆除。
(2)根据制梁施工工艺要求和移梁、运梁工序,合理布置生产区、存梁区、运梁便线、材料存放区,结合制梁数量设置制梁台座、存梁台位数量和拌和站位置及砂石料存放场地大小。
(3)梁场布置要使场内交通、供水、供电、供气、防火、防洪涝、环保、文明施工尽量合理。

具体布置形式如图 4.5 所示。

中铁一局郑西客运专线临潼制梁场场地平面布置图

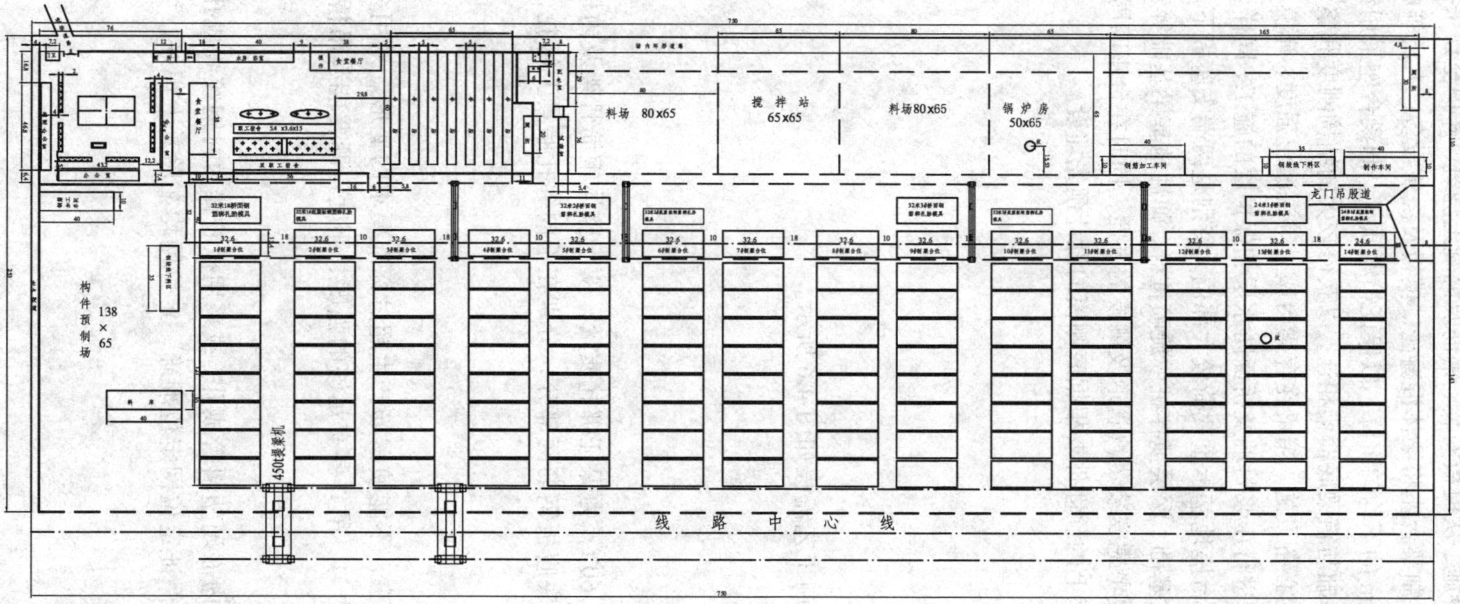

说明：

1. 本图尺寸均以m计。
2. 本梁场布置时按五个区考虑，即生活办公区、混凝土拌和区、生产区、横移存梁区及箱梁发运区。
3. 为满足箱梁混凝土灌注，在混凝土拌和区设 HZS120 搅拌站 2 座。在靠近此区设中心试验室 1 个。在生产区布置整体箱梁预制台位 14 个，其中 32 m 箱梁预制台位 13 个，制梁台位编号为 1# 至 13#，32 m 兼 24 m 制梁台位 1 个，制梁台位编号为 14#。设计生产能力 60 孔，存梁能力 112 跨。为便于箱梁钢筋整体吊装，在生产区还设有 4 台 40 t 40 m 跨的龙门吊机。设 4 t 锅炉 3 座。为满足箱梁架设，每个制梁台位均对应设 8 个箱梁存梁台位，即共有 112 个箱梁存梁台位。整个梁场最大存梁量为 126 孔梁。在箱梁发运区设 2 台定点起吊的 450 t 门吊。
4. 梁场占 290 亩地。架桥机拼装、试验场地利用装梁区进行。
5. 本梁场供应渭河特大桥 715 孔箱梁，梁场 2006 年 5 月开始建场，2008 年 2 月 15 日完成预制任务。

设 计		郑西客运专线箱梁预制制梁场平面布置图	比例	
复 核			图号	
审 核			日期	

图 4.5　梁场布置图

3. 台座及基础加固

制梁台座是预制箱梁的重要设施,从模板安装、钢筋及混凝土浇筑、养护至预张拉、初张拉的施工工序均在制梁台座上完成。制梁台座将梁体混凝土、模板及浇筑设备、人员等施工载荷传递于地基,要求不能产生大于 2 mm 的不均匀沉降,以保证箱梁质量。制梁台座采用钢筋混凝土扩大基础,顶面采用整体式条形基础与箱梁底横梁相连,以获得较大的结构刚度和整体性。存梁台座是箱梁预制和架设间隔期中的必备设施。箱梁在存梁台座上等混凝土强度、弹模、龄期达到技术条件要求时进行终张拉,随后进行压浆封端及桥面防水层和保护层的施工,同样要求不产生大于 2 mm 的不均匀沉降。制存梁台座地基承重载荷较大部位,特别是两端支座板下,沉降要求高,故制存梁台座两端均采用扩大基础、深层搅拌桩或旋喷桩群、弹性地基梁基础等对地基进行处理。底模下的基座高度设计时要考虑安装蒸汽管道及侧模的方便,同时在台座四周设计完善、有效的排水系统。台座基础及基座上的预埋件要根据底侧模的设计预先埋设。

三、箱梁预制工艺

(一)工艺流程

后张法预应力混凝土箱梁预制工艺流程如图 4.6 所示。

(二)主要预制步骤

1. 钢筋绑扎及安装

箱梁钢筋数量大,每片梁约 60 t,为保证绑扎质量,便于整体钢筋骨架及内模的安装,将全部钢筋分成桥梁面板钢筋和底腹板钢筋两部分,分别在不同绑扎胎具上绑扎,分次整体吊装入模。

(1)绑扎胎具。

(2)吊具设计。

吊具起吊要保证钢筋骨架平稳,不能使钢筋产生超过标准要求的变形。采用多点起吊,吊点间距不大于 2.5 m,且分布均匀。吊具要有足够的强度、刚度,既要能起吊桥面板钢筋,又能起吊底腹板钢筋。

(3)预应力孔道成型定位。

箱梁预应力孔道采用波纹管内嵌硬塑料管成孔(或采用橡胶棒内衬钢绞线成孔)。波纹管接长时,接缝处用胶布密封。为保证定位网定位准确,定位网均在胎具上焊好,绑扎时与主筋及箍筋焊接牢固。

2. 模板安装及拆除

(1)模板安装。

① 底模安装。底模分节加工而成。安装时,必须保证底模中线与台座中线重合,并在底模上作好中线标记。

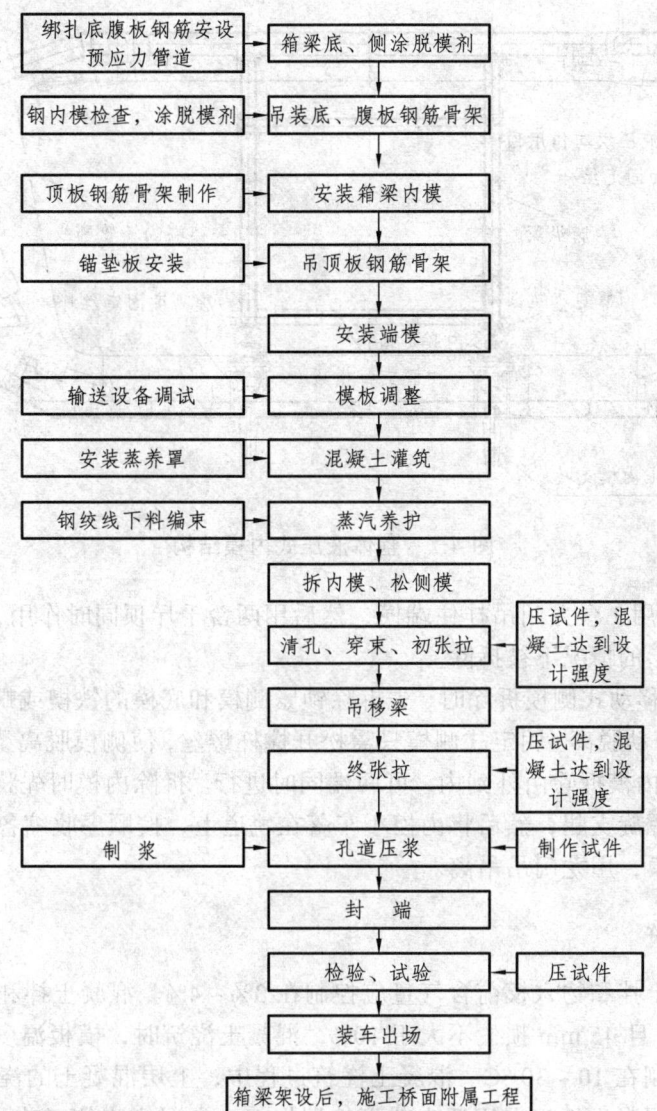

图4.6 后张法预应力混凝土箱梁预制工艺流程图

② 侧模安装。侧模在配套底模上安装就位并分侧焊成一个整体，将焊缝磨平，使侧模形成一个无缝平面，侧模下缘与底模必须密贴，且用铁楔子或螺栓锁紧。

③ 内模安装。内模顶部留有灌筑孔，用于吊装内模和灌筑梁底混凝土；先在拼装台上分节拼装，然后逐节联结成一个整体，用专用吊具及两台龙门吊整体吊装就位。32 m双线预应力箱梁的箱室内部净空富余，内模采用了整体性好、刚度大的整体式液压内模，摈弃了传统的拼装式内模。液压式内模采用液压收缩不分段的整体抽拔方式。其方案是设立内模纵梁，把整个内模按顶板和侧模铰接为三大块或多块，利用液压顶伸缩完成内模支模和拆模，利用整体内模床来支撑内模。整体液压式内模结构如图4.7所示。

（2）模板拆除。

梁体混凝土强度达设计强度60%时松开内模及外模。

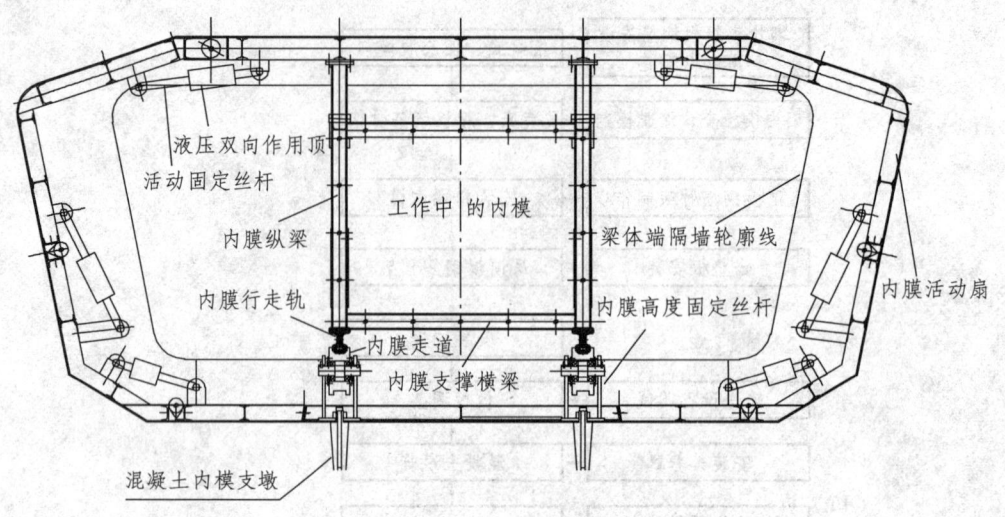

图 4.7 整体液压式内模结构

① 端模拆除。用 1 台龙门吊挂住端模，然后用两台千斤顶同时作用，使端模均匀受力，在不使模板翘曲变形的情况下被拆除。

② 侧模拆除。移动式侧模拆除时，先拆除锁紧侧模和底模的铁楔或螺栓，调节支撑丝杆（或千斤顶），侧模自动脱离。固定式侧模只需松开撑杆螺丝，使侧模脱离梁体 4～5 mm 即可。

③ 内模拆除。内模拆除由外到内，可两端同时进行。拆除内模时先将内模轨道铺好，顶升油缸，松开内模螺旋支腿，然后将内模小车落在轨道上，按顺序收缩各型油缸使内模各部蜷缩，逐段推出内模，用龙门吊吊离。

3. 混凝土浇筑

预制箱梁混凝土拌和物入模前含气量应控制在 3%～4%。混凝土拌和物的坍落度控制在 16～20 cm 范围内，且 45 min 损失不大于 10%，混凝土浇筑时，模板温度控制在 5～35 ℃，混凝土入模温度控制在 10～30 ℃。混凝土浇筑过程中，上层混凝土的浇筑应在下层混凝土初凝前浇筑完成。混凝土振捣采用插入式振捣器振捣。混凝土浇筑工艺：采用两台 60 m^3/h 混凝土输送泵，两台工作半径 18 m 的布料机，浇筑时间不超过 6 h。浇筑采用从一端开始，逐步推进的方式，每层混凝土厚度不超过 30 cm，两台布料机分别从两端及两侧同时向中间浇筑。在下料过程中必须有专人负责观察下料厚度及振捣情况，特别注意箱梁两端钢筋密集处混凝土振捣是否密实。混凝土浇筑顺序：首先从底腹板倒角处开始浇筑，振捣时采用插入式振动器内外同时振捣，使混凝土向底板流动，保证倒角处及腹板下底板混凝土的密实。再分层浇筑腹板区域，每层厚度不超过 30 cm。然后，打开内模顶板上的天窗，通过天窗浇筑底板混凝土。

4. 混凝土养护

一般采用自然养护。养护时，箱梁顶板及底板顶面采用覆盖洒水养护，其他部位在脱模后立即喷洒养护剂进行养护。蒸汽养护时，采用自动温控仪，根据温控仪显示的数据及时调整篷内各部位的温度以使篷内温度、混凝土表面温度、混凝土心部温度控制在规定要求以内，

1 h 的升降温速度以心部、表面、环境三者温差来控制。蒸养时要注意保持篷内湿度，洒水时不能将水管对着某一点长时间冲水，应将水加压变成雾状或用喷水壶洒水，且勤洒、薄洒，洒水范围为桥面、箱内底板。洒水间隔时间为 30~45 min/次。

5. 预应力张拉、压浆、封锚

（1）预应力施工。

施加预应力一般按预张拉、初张拉和终张拉 3 个阶段进行。当气温较高，梁体混凝土早期强度发展较快时，也可将预张拉、初张拉合二为一同时进行。预张拉、初张拉在制梁台座上进行。当混凝土强度达到设计强度的 60% 后，拆除端模，松开内模，进行预张拉。当混凝土强度达设计强度的 80% 后进行初张拉，初张拉完成后梁体方可吊出台位。当梁体混凝土强度及弹性模量达到设计值且混凝土龄期大于 10 d 时，进行终张拉。预施应力采用双控，以油表读数为主，以预应力筋伸长值作为校核。张拉完成后，可能出现的滑丝不易被发现，因此，在割丝前一定要检查钢绞线是否有滑丝，确定没有滑丝方可割丝，割丝采用砂轮切割机。

（2）管道压浆施工。

预应力管道压浆采用真空辅助压浆工艺。压浆设备采用连续式注浆泵，同一管道压浆连续进行，一次完成。压浆过程中管道真空度稳定在 −0.06~−0.10 MPa，浆体注满管道后，必须确认出浆浓度与进浆浓度一致时，才可封闭保压，在 0.50~0.60 MPa 下持压 2 min，压浆最大压力不超过 0.60 MPa。

（3）封锚施工。

封锚采用 C50 无收缩混凝土，抗压强度不低于设计要求。浇筑封锚混凝土前，先将锚垫板及锚环表面的灰浆清除干净，并对锚环、锚垫板进行防水处理。为了保证与梁体混凝土接合良好，将锚穴混凝土表面凿毛，并安装钢筋网片。封锚混凝土浇筑完成后，在锚穴外部涂防水涂料。

四、预制箱梁质量控制

后张法预应力箱梁质量控制点：原材料、大体积混凝土浇筑和养护、预应力的质量控制、梁体外形尺寸控制、梁体静载试验。

（1）进场材料应具有制造厂家合格证、说明书或检验报告单，且必须按规定复验合格后方可使用。

（2）大体积混凝土浇筑及养护，采用薄层连续浇筑以加快散热，控制混凝土浇筑速度，保证混凝土硬化前后密实均匀。采用自动温控系统控制养护温度，实施多点控制，严格控制混凝土升、降温速度及梁体内外温差。梁体在自然养护期间，外露表面应及时喷洒养护剂及洒水养护，防止混凝土表面产生收缩裂纹。在箱梁达到要求强度后，及时进行预张拉工序，防止混凝土出现早期开裂。

（3）预应力的质量控制。严格控制张拉时混凝土强度、弹性模量和龄期。在终张拉前进行孔道摩阻的测试，根据实测孔道摩阻，由设计单位调整张拉值。坚持"以应力控制为主，伸长量作为校核"的双控标准。张拉作业时应保证千斤顶、锚具和预留孔道中线同心,张拉时严禁滑断丝。

（4）梁体外形尺寸控制。混凝土浇筑前应对模板安装及加固进行严格检查,还应对箱梁拆模、初张拉、终张拉、入库等重要环节进行梁长、梁跨、上拱度等追踪测量,运用数理统计方法,找出梁长、梁跨、上拱度等关键点的发展规律及调整底模的反拱和预留压缩量。

【实战演练】

编制某高速铁路箱梁施工作业指导书。

【小知识】

郑西客运专线

郑州至西安铁路客运专线全长 484.518 km（其中正线长 456.639 km）,桥梁和隧道长度占全长的 59.75%；最大年输送能力 8 340 万人次；设计行车速度：线下为 350 km/h、线上为 200 km/h；按双线建设,全线占地 28 903 亩；沿线共设车站 13 个（新建 10 个）,其中河南段新建新荥阳、新巩义、洛阳南、新渑池、新三门峡、新灵宝 6 站；陕西有新华山、新渭南、新临潼、西安北、咸阳西、（新）杨凌、五丈原、（新）宝鸡；建设工期 4 年,郑西客运专线于 2005 年 9 月 25 日正式开工,于 2009 年 6 月 28 日全线铺通。于 2009 年 8 月 1 日开始联调联试,10 月 1 日投入试运营,12 月 28 日正式投入运营；主要工程数量：土石方 4 529 万 m^3、级配碎石 295 万 m^3；概算总投资（动态）546.68 亿元。其中,渭南渭河特大桥全长 79.6 km,三跨渭河。为充分利用桥梁下部空间、节约用地,新渭南站站房设置于铁路桥梁下方。车站两端咽喉区分别位于大桥变宽度连续桥梁上,是世界上第一座高速通过的高架桥客运专线车站。

学习情境 5　高速铁路隧道施工

情境导入

高速铁路隧道与普通铁路隧道最大的区别就是当列车以高速通过隧道时,产生的空气动力学效应对行车、旅客舒适度、列车性能和洞口环境的不利影响十分明显。因此,应从如何缓解和消减旅客列车进入隧道时诱发的空气动力学效应的影响出发,确定隧道净空有效面积、断面形式、洞口形式等主要技术标准,并选择合理的施工方法。

学习目标

【知识目标】　了解高速铁路隧道的特点,熟悉新型洞口形式,掌握高速铁路隧道施工方法。
【能力目标】　能编制隧道施工作业指导书。

任务 5.1　列车进入隧道诱发的空气动力学效应

当列车进入隧道时,原来占据着空间的空气被排开。空气的黏性以及隧道壁面和列车表面的摩阻作用使得被排开的空气不能像在隧道外那样及时、顺畅地沿列车两侧和上部形成绕流。于是,列车前方的空气受到压缩,列车后方则形成一定的负压。这就产生一个压力波动过程。这种压力波动又以声速传播至隧道口,形成反射波,回传、叠加,产生一系列复杂的空气动力学效应。如瞬变压力、微气压波、行车阻力、列车风、空气动力载荷等。

一、通过隧道时的列车表面压力

列车在隧道中运行时,引起隧道内空气压力急剧波动,因此列车表面上各处的压力也呈快速大幅度变动状况,完全不同于在明线上的表面压力分布。试验研究表明:压力幅值的变动与列车速度、列车长度、堵塞系数(列车横截面面积与隧道横截面面积的比值)、头型系数以及列车侧面和隧道侧面的摩擦系数等因素有关,其中以堵塞系数和列车速度最为重要。国外有的研究报告指出单列车进入隧道的压力变化大约与列车速度的平方成正比,与堵塞系数的 1.3 ± 0.25 次方成正比。两列车在隧道内高速会车时车体所受到的压力变化载荷更为严重,此时压力波与堵塞系数的 2.16 ± 0.06 次方成正比,并且两列车进入隧道之间的时差对压力变化有极大的影响,当形成波形叠加时将引起很高的压力幅值和变化率,此时车体表面的瞬时压力可在正负数千帕之间变化。图 5.1 所示是一列速度为 200 km/h 的列车和一列速度为 250 km/h 的列车在长 2 065 m 的隧道中产生的压力波的实测情况，可以看出压力波动达到近 5 kPa。

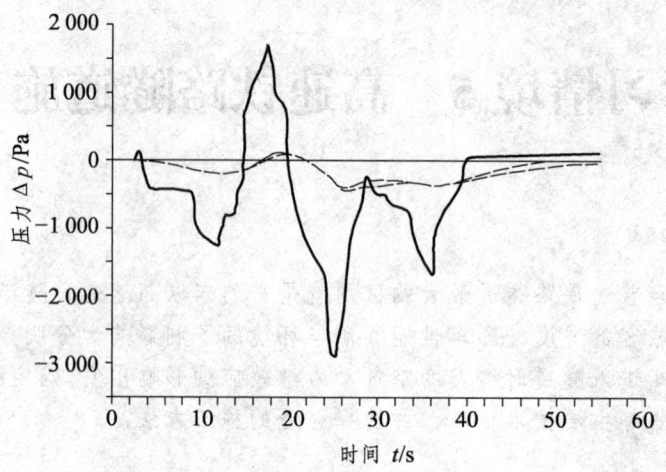

图 5.1　隧道中的会车压力波

二、隧道微气压波

（一）微气压波产生的边界条件及对环境的影响

1. 微气压波的形成

微气压波是指高速列车进入隧道时产生的压缩波，并以音速在隧道中传播，该压缩波在到达隧道出口的瞬间，形成冲击压力波从隧道出口向周围区域辐射（见图 5.2）。结果使得隧道出口处周围产生突发性爆破声，并使隧道出口附近的建筑物门窗发出声响。日本山阳新干线通车时（1975 年），首先出现该新型环境问题，沿线距隧道出口约 500 m 处的居民对此提出抱怨和投诉。因而，微气压波与噪声、振动一并成为主要环境问题受到有关部门的重视。

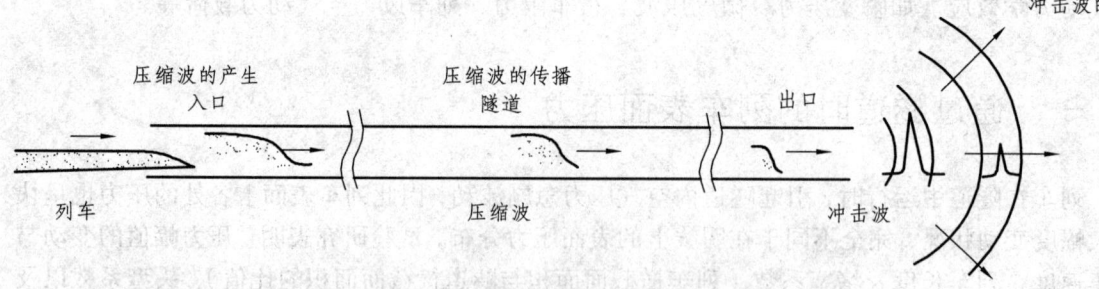

图 5.2　隧道出口微气压波形成示意图

微气压波的发展分 3 个阶段：
（1）列车进入隧道时产生压缩波。
（2）压缩波沿着隧道传播。
（3）微气压波从隧道出口向外辐射。

2. 影响微气压波的因素

（1）列车速度。

压缩波波面压力随列车速度提高而升高，其升高值近似与列车速度的平方成正比，压力升高所需时间与列车速度成反比。因此，压缩波波面的梯度近似与列车速度的三次方成正比。

（2）列车与隧道截面之比。

微气压波随列车截面面积与隧道截面面积的比减小而减小，并随列车头型系数（长细比值）的增加而降低。

（3）隧道内部条件。

隧道内的轨道结构和是否存在侧洞会影响微气压波的形成。在板式道床的长隧道中，由于压缩波的非线性效应占优势，以及平滑的隧道壁和板式道床的压力波能量耗散较小，使得波面压力梯度陡峭。在道砟道床的长隧道中，由于道砟空隙吸收部分压力波，而使其传播过程中波面压力梯度降低。因而使用类似道砟等多孔性材料是解决微气压波的有效方法之一。

（4）隧道出口。

隧道出口处周围的环境影响微气压波的大小。

（二）微气压波防治措施

1. 隧道入口缓冲棚

隧道入口缓冲棚可降低隧道入口处的压缩波波前的压力梯度，以降低隧道出口端的微气压波。该措施是新干线采用的主要措施，自1977年在山阳新干线的Bingo隧道（8.99 km）入口处两侧设置了第一座缓冲棚开始，目前已有100余座隧道入口安装缓冲棚，缓冲棚长度越长，降低隧道出口端的微气压波效果越好，新干线最长的缓冲棚长度为49 m。图5.3所示为缓冲棚长度对降低微气压波的效果，图5.4所示为安装在Ohirayama隧道入口的缓冲棚。

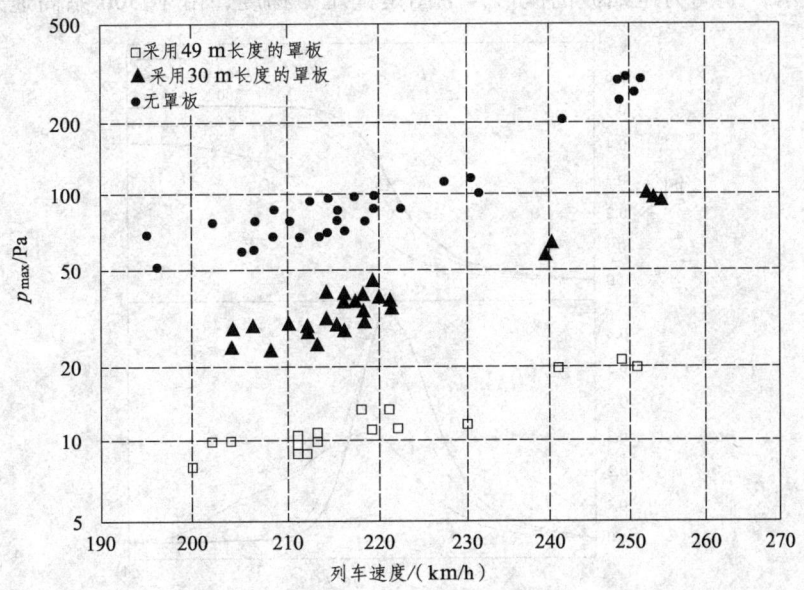

图5.3 隧道入口缓冲棚对微气压波的影响

图 5.4 安装在 Ohirayama 隧道入口的缓冲棚

2. 隧道中的斜洞

当压缩波通过较长的斜洞时,也将降低压缩波波前的压力梯度,以降低隧道出口端的微气压波。斜洞的截面面积与隧道的截面面积之比越大,降低隧道出口端的微气压波效果越好。此方法在上越新干线的两座长隧道中被采用。

3. 连接隧道的带缝隙缓冲棚

该方法与上述原理一样,在两座隧道间连接的缓冲棚两侧设有缝隙,压缩波通过缝隙释放,达到降低隧道出口处的微气压波效果。此方法在上越新干线中曾经被使用。

4. 降低列车的截面面积和提高列车的头型系数

列车进入隧道产生的压缩波波前压力梯度随列车截面面积的减少而降低,随列车头型系数的提高而减小。日本新干线 500 系高速列车设计时,通过数值模拟计算,优化设计了其头部形状,不仅满足高速列车空气动力学性能要求,也考虑到微气压波效应问题。

图 5.5 所示,上图为压缩波的波形,下图是其压力梯度,由于 500 系高速列车的最大截

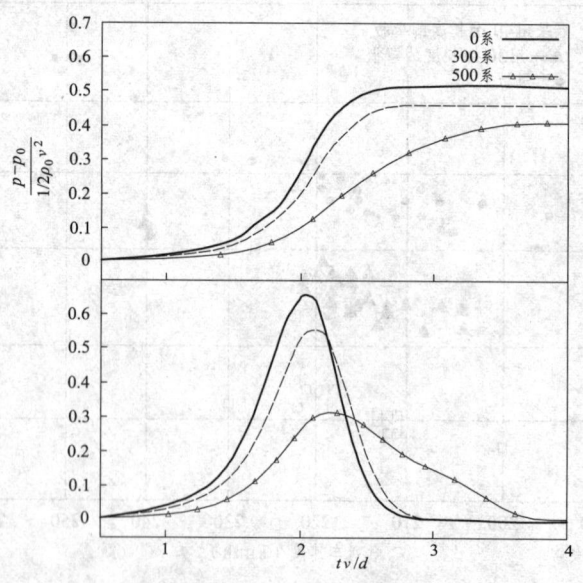

图 5.5 由实际列车的头部形状产生的压缩波

面面积最小,压缩波的最终压力上升最低。此外,头型系数最大的 500 系高速列车使得最大压力梯度最小,说明 500 系高速列车的头部形状对于降低冲击压力波非常有效。

三、列车风

当列车高速行驶时,在线路附近产生空气运动,这就是列车风。当列车以 200 km/h 的速度行驶时,根据测量,在轨面以上 0.814 m,距列车 1.75 m 处空气运动速度将达到 17 m/s,这是人站立不动能够承受的风速,当列车以更高的速度通过车站时,列车风将给铁路工作人员和旅客带来危害,所以高速铁路车站正线不设站台或在站台上设置防护栏。

高速列车通过隧道时,在隧道中所引起的纵向气流速度约与列车速度成正比。在隧道中列车风将使得道旁的工人失去平衡以及将固定不牢的设备等吹落在隧道中,这都是一些潜在的危险。国外有些铁路规定在列车速度高于 160 km/h 时不允许铁路员工进入隧道。列车速度稍低时,也不让员工在隧道中行走和工作,必须要在避车洞内等待列车通过。

四、气动阻力

作用于列车的空气动力学的力和力矩如图 5.6 所示,其中空气阻力关系到节能、实现高速运行,升力、横向力、纵向力、转动力矩关系到列车安全,都是高速列车特别关注的问题。

(1)空气阻力:列车的运行阻力包括空气阻力和机械阻力,空气阻力和速度的平方成正比,机械阻力则和速度成正比。

空气阻力可以简略地用下面公式表示:

$$R = C_x \left(\frac{\rho}{2}\right) v^2 A$$

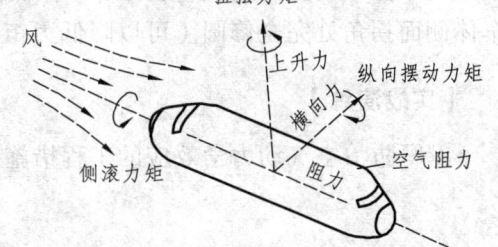

图 5.6 作用于列车的空气动力学的力及力矩

式中　R——空气阻力;
　　　C_x——空气阻力系数;
　　　ρ——空气密度;
　　　v——列车速度;
　　　A——列车横截面面积。

随着列车速度的提高,空气阻力在运行阻力中所占的比例急剧增加。一列在平直线路上以 250 km/h 的速度平稳运行的高速列车的空气阻力,占列车总阻力的 80%~90% 以上。列车空气阻力主要由以下 3 个部分构成,即:头部及尾部压力差所引起的阻力,称为"压差阻力";由于空气黏性而引起的作用于车体表面的剪切应力所造成的阻力,称为"摩擦阻力";干扰车辆光滑表面的突出物(如手柄、门窗、转向架、车辆之间的连接风挡、车辆底架及车顶设备等)所引起的阻力,称为"干扰阻力"。研究结果还表明车辆底面离地面越近空气阻力越小。

在隧道中列车的阻力高出明线一倍以上,甚至可高出许多倍。隧道中空气阻力的大小很大程度上取决于隧道的横截面面积和长度,以及隧道的其他特性和列车特性。

减少高速列车的空气阻力对于实现高速运行和节能都有重要意义。世界上发展高速铁路的国家都对车体外形进行最优化选择,最大可能地降低空气阻力。

（2）气动升力：前面我们已就高速列车的表面压力波做了简单介绍。把局部压力高于周围空气压力称为正,把局部压力低于周围空气压力称为负,则车辆作为一个整体来看,是经受正的（向上的）还是负的（向下的）升力,取决于车辆所有截面的表面上压力累加的结果是正还是负值。

升力与列车速度的平方成正比。高速列车的升力不可忽视。正升力将使轮轨的接触压力减小,为此将对列车的牵引和动力学性能产生重要影响。

（3）气动侧向力：列车运行中遇到环境的横向风时,车辆将受到侧向力和力矩作用。侧向力（阻力）可简略用下式表示：

$$D = \frac{1}{2}\rho v^2 C_D A$$

式中　D——侧向阻力；
　　　ρ——空气密度；
　　　C_D——侧向阻力系数（与车辆形状等因素有关）,由风洞试验得到；
　　　A——车体侧面投影面积；
　　　v——风速。

当风载荷达到一定程度时,侧向力及其侧滚力矩、摆头力矩的作用将影响车辆的倾覆安全性。

试验研究结果表明,车辆受侧向风的气动阻力特性,不仅与车辆形状也与桥梁等的路基形状有关。就车辆形状而言,车顶越有棱角,其阻力越大。通过风洞的试验研究,现在认为最佳的车体横断面的形状应当是：车体侧面平坦而渐缩（可以降低升力）、顶部稍圆和车顶及车体侧面拐角处完全修圆（可以降低力矩）。

【实战演练】

撰写防治空气动力学效应的工程措施研究报告。

任务 5.2　空气动力学效应研究方法

列车在隧道中高速运行时所诱发的空气动力效应是客运专线隧道设计中的关键问题。通过现场量测、室内模型试验以及数值计算等方法,对上述现象和问题进行研究和分析,是高速铁路隧道设计和运营技术决策的依据。

一、现场量测

现场量测是研究隧道空气动力学问题最直接的手段,它还可对数值计算和室内模型试验方法和结论的正确性进行检验。

为此,我国于 2005 年在遂渝铁路上进行了行驶高速列车隧道空气动力学效应的现场实地试验(见图 5.7)。

图 5.7　高速铁路隧道空气动力效应现场试验

试验是在下列条件下进行的:
(1)松林堡隧道全长 1 320 m,隧道进出口均设置缓冲结构。
(2)荆竹岭隧道全长 4 366 m,隧道进出口均未设置缓冲结构。
(3)列车选定长白山号动车组、提速 25 t 普通旅客列车、双层集装箱货车等车型。
(4)列车通过隧道的速度:长白山号动车组为 200 km/h、提速 25 t 普通旅客列车为 160 km/h、双层集装箱货车为 120 km/h。

试验主要有以下几方面的内容:
(1)瞬变压力——引起旅客乘车舒适度降低,对隧道内养护维修人员产生危害。
(2)空气动力载荷——对衬砌及隧道内的设备产生影响。
(3)列车风——影响隧道内养护维修人员的作业及安全。
(4)隧道口微压波——引起爆破噪声,影响隧道口附近的环境和建筑物的安全。
(5)车致振动载荷——引起隧道衬砌发生振动响应并产生附加动力载荷。

二、室内模型试验

室内模型试验是在西南交通大学土木学院建立的高速列车空气动力学实验装置上进行的(见图 5.8)。

整个实验系统由模型发射和数据采集两部分组成。高速列车模型发射系统以压缩空气为动力,模拟列车进出隧道过程,并配有高灵敏度的压力和噪声传感器。

模型发射系统由以压缩空气为动力的空气炮、电控系统、列车模型、隧道模型及列车模型回收系统组成,可将列车模型以较高速度射入隧道模型。模型列车采用钢丝绳作为导轨,速度可达到 100 m/s。具体测试时,首先将各配套设备安装到位,模型列车沿钢丝绳导轨"高速射出",配备在隧道段的传感器可记录列车进出隧道的压力和噪声。

图 5.8 高速铁路隧道空气动力学效应模型试验

列车模型用铸型尼龙材料加工,其面积为 24 cm^2,长 30 cm。模型隧道采用聚乙烯管材,其面积分别为 120 cm^2 和 186 cm^2,阻塞比分别为 0.2 和 0.13。对应于实际列车截面积为 10.3 m^2,隧道净空有效面积为 52 cm^2 和 80 cm^2 的情况。

数据采集系统对列车进入隧道的数据,如压力、噪声等参数进行采集,记录速度可达到 10 000 次/s。数据采集系统包括一个箱式采集系统、三块数据采保卡、信号解调器和噪声传感器。对测试结果的分析表明,箱式采集系统的电噪声较小,能够满足精度要求。

三、数值计算方法

数值模拟计算是研究隧道空气动力学问题的基本手段。用于设计的一些参数都需要通过数值计算予以验证,特别是在没有现场测试和室内试验数据的条件下,数值模拟计算可能是唯一的确定参数的方法。

由于隧道在长度方向的尺度远较横断面尺寸大,分析列车通过隧道诱发的被动过程时,采用单维计算程序较为现实。但单维计算程序能否反映空气压力分布的实际情况还应进行论证。

可以认为,列车进入隧道诱发的空气压力波在传入隧道 5~8 倍洞径长度后,即以平面波的形式传播,压力波平面与隧道轴线相垂直。

我国遂渝铁路隧道现场实测表明:同一断面上不同点空气压力的差异仅在隧道洞口段较为明显。在距洞口 47 m 的断面上,不同点空气压力的变化情况已可视为等同。

现场数据证实,压力在同横断面上的分布是均匀的。单维计算能够反映压力变化过程的实际情况。计算分析中,采用如下假定:

(1)把隧道内空气流动简化为一维、可压缩、非定常的湍流流动。
(2)空气与列车表面、隧道壁面存在摩擦和传热。
(3)隧道断面沿隧道长度方向的变化率是较小的。
(4)隧道内空气是完全气体。

遂渝铁路提速试验结果表明：采用单维程序计算瞬变压力能取得与实测数据和变化规律十分吻合的结果。

【实战演练】

列举空气动力学效应研究方法的适用情况。

任务 5.3 隧道洞口形式及景观设计

一、概　述

按照《高速铁路设计规范》的要求，隧道洞口设计需考虑生态和环保的有关要求。但铁路隧道门的结构形式几十年来基本无多大变化，仍然以端墙式、翼墙式等洞门为主，因此在修建隧道时，往往要修筑一段路堑进洞，必要时还要加筑洞口挡、翼墙等挡土结构以保持边仰坡的稳定（见图 5.9）。这样做就不可避免地造成对洞口周围山体植被和稳定的破坏。随着人们环保意识的提高和隧道施工技术的进步，不开挖边仰坡的、凸出式的、无洞门的洞口结构形式有了发展，采用这些结构形式最大限度地减少了施工对洞口山体的扰动和破坏（暗挖进洞），对保持洞口山体稳定和保护环境具有重要的意义。当然，在某些围岩比较差的情况下，洞口段用暗挖法施工费用可能很高，而采取明挖回填法修筑明洞，最后恢复植被的选择更为合理（特别是对于南方气候适宜、植被恢复很快的地区）。切削式洞门因洞口开挖量小、混凝土工程量少等特点，而且适合于暗挖进洞和明挖进洞两种工法，体现了当前社会发展要求的环保和生态的理念，成为新型洞口的主导形式。因此，本章把重点放在隧道切削式洞口结构的设计上，如图 5.10 所示。

图 5.9　传统的隧道洞门

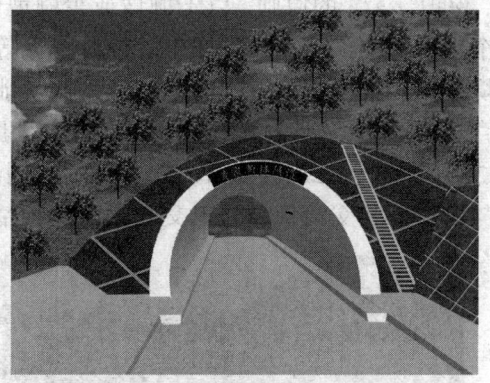

图 5.10　新型切削式隧道洞门

国内近几年陆续出现了一些新型洞口形式，如合武线黄家新楼隧道、卢家大山 2 号隧道等，特别是高速公路隧道建设中，设计和建成了不少结构新颖、有利于环境和生态保护的新型洞门。国外很多隧道洞门具有很高的艺术性，它与周围环境完美地结合在一起，通常采用突出于山体的斜切式洞口，不破坏边仰坡，与周围环境融合较好，形成一道独特的风景。随着社会的发展，人们对洞口建筑的要求已不仅仅停留在结构的功能上，而是对美学和环境的要求越来越重视，力求达到建筑学、园林学、环境美学和力学的完美统一。

在当前对环境保护和结构美观要求越来越高的情况下，特别是随着高速铁路的修建，洞口设计既要满足结构安全稳定、环保美观的要求，又要满足减缓微气压波影响的要求，斜切式洞口结构就成为主导的洞口形式。

近年来，随着经济的发展和社会的进步，人们对环境景观日益重视，环境景观的设计得到了蓬勃的发展。在各种土木结构物的设计和建设中，人们对结构物景观方面的要求也越来越高，结构物的景观设计已成为各种结构物设计的重要内容之一。目前，无论是在道路、桥梁的设计中，还是在城市、风景区的规划中，都引进了景观设计的概念，而且不乏成功的例子。

隧道洞口作为在铁路和公路中频繁出现的土木结构物，与自然环境紧密相连，除了发挥其结构功能外，还应该对周围的总体环境有一种符号和象征的意义，也应该起到整座隧道标志的作用。因此，景观设计应该成为高速铁路隧道洞口设计的重要内容之一。

二、洞口形式和设计方法

（一）铁路隧道新型洞口形式

我国传统的铁路隧道洞门有端墙式、柱式、翼墙式、耳墙式、台阶式等结构形式，其组成始终未脱离端墙、翼墙等挡土结构。其设计也只是从力学和安全角度出发，按照标准图模式，为适应地形变化做些小修改，在洞门结构形式上创新较少。同时，目前常见的墙式洞口施工过程中，开挖进洞均需不同程度地对洞口边坡和仰坡进行刷坡处理。过多的刷坡破坏了原有地貌及植被，有时甚至危及洞口土体的稳定。施工期间大面积地刷坡改变了洞口周边的生态环境，必然不能满足当前生态和环境保护等方面的要求。

相对于传统的铁路隧道洞门，高速铁路隧道洞口结构的设计应本着"简洁大方、美观实用、保护环境"的原则，以不刷坡或少刷坡施作的突出于山体的切削式洞口为主要建筑形式。除个别需要的工点（靠近城市、旅游景区等）外，一般不做更多的建筑修饰，体现自然美的环境意识。根据切削方式的不同及一些功能上的要求，铁路隧道洞口新型洞门的基本类型包括直切、正切、倒切、弧形挡墙加切削等几种，如图 5.11 所示为弧形挡墙加切削式洞门、图 5.12 所示为正切式洞门、图 5.13 所示为倒切式洞门、图 5.14 所示为直切式洞门，又根据洞门与山体的相交关系分为正交和斜交两种情况，详见表 5.1。

图 5.11　弧形挡墙加切削式洞门

图 5.12　正切式洞门

图 5.13 倒切式洞门

图 5.14 直切式洞门

表 5.1 新型洞门的基本类型

基本类型	正 交		斜 交
	侧 面	平 面	
直 切			
正 切			
倒 切			
弧形挡墙			

在基本形式的基础上，洞身延出式（凸出式）的切削形式又可分为平面切削和曲面切削两种，如表 5.2 所示。

表 5.2 洞身延出式的切削形式

基本类型	平面切削	曲面切削
直 切		
正 切		
倒 切		

倒切渐变切削形式主要是指倒切突出山体的洞口段像喇叭口那样扩大，它按扩大的形式又可分为直线形和曲线形两种。按放大开始位置的不同分为渐变 I 型和渐变 II 型。渐变 I 型洞口从与山体相交位置开始扩大，渐变 II 型是洞身先延伸出山体一定长度，洞口再逐渐扩大，如表 5.3 所示。

表 5.3　倒切渐变切削形式

基本类型	渐变Ⅰ型	渐变Ⅱ型
直线形		
曲线形		

隧道洞口的排水设计主要有加檐形、喇叭口形两种形式，取消了原来传统式洞口的天沟和洞门墙顶水沟。

加檐形排水设计如表 5.4 所示，一种是在洞口最外面加一定厚度的直檐。一种是在洞口最外面加一定厚度的斜檐。斜檐又分为斜檐Ⅰ型和斜檐Ⅱ型两种形式。

表 5.4　加檐形排水设计

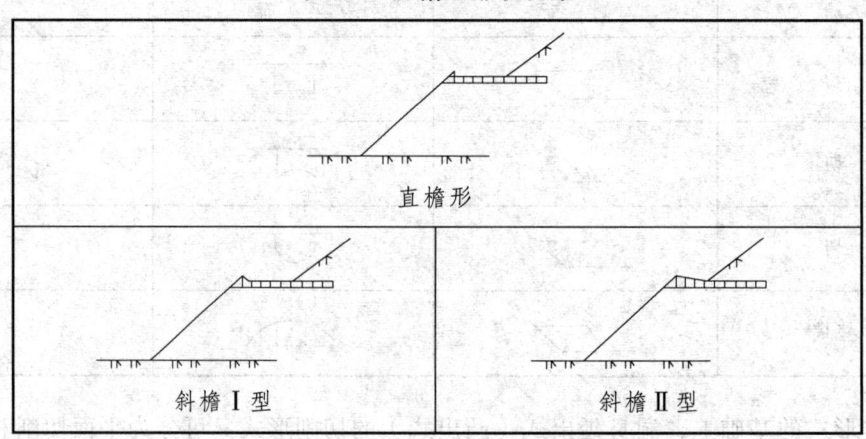

喇叭口形排水设计用于正切直线渐变和正切曲线渐变Ⅰ型和Ⅱ型，如表 5.5 所示。

表 5.5　喇叭口形排水设计

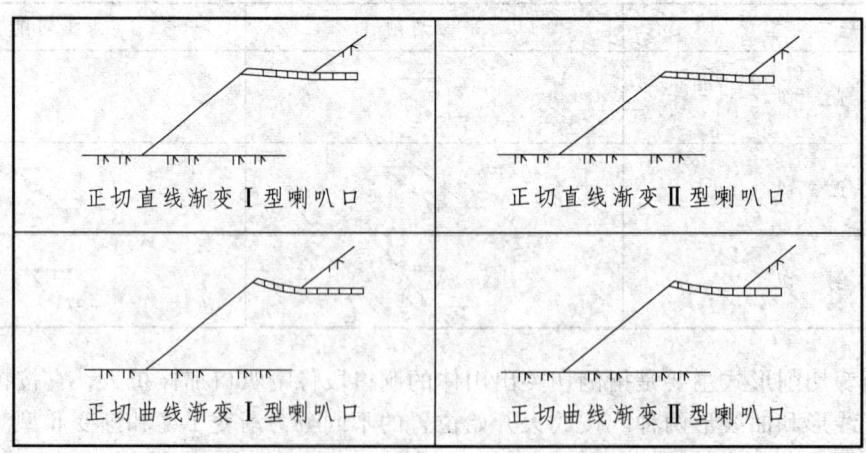

除了洞门结构的基本类型和防排水设计外，洞门的铭牌设置原则也应该引起重视。铁路

隧道的铭牌和号标记载着隧道的名称、编号、长度和工程的竣工时间，是整个隧道洞口最后画龙点睛之处。隧道的铭牌应根据洞口的尺寸来确定其尺寸，以达到铭牌与洞门的和谐统一。铭牌安放的位置可以在隧道洞口坡面上，也可以作成碑或洞口小品立于洞口的一侧，还可以因地制宜刻于洞口附近的岩壁上或直接镶嵌于洞口衬砌上。总之，在保证铭牌坚固耐久的条件下，应尽可能做到美观和协调。隧道标志设计尺寸应是统一的。对于切削式洞门标志最好镶嵌于洞口段衬砌内侧。

针对具体隧道，洞门形式应根据洞口段的地形、地质、水文条件及洞外有关工程，同时考虑水文、历史因素进行选择。上述新型洞门的适用条件建议如下：

（1）直切式适用于洞口山体坡度较陡或距离城市较近或有风景要求的隧道。

（2）倒切式适用于洞口岩层稳定、整体性好、洞口山体坡度很陡或峭壁岩体处的隧道。

（3）正切式适用于洞口山体坡度较缓或距离城市较近或有风景要求或桥隧相连地段的隧道。

如果洞口山体坡度很缓且洞口外有路堑边坡时，可以考虑采用弧形挡墙式，使弧形挡墙与路堑边坡有机连接。

不同的洞门形式可以采用不同的排水形式。直切、正切式隧道洞门采用加檐形或喇叭口形排水形式；倒切式隧道洞门最好采用喇叭口形排水形式；弧形挡墙式隧道洞门采用加檐形排水形式。

计算机虚拟技术的发展，方便了方案的比选。新型洞门可以采用计算机静动态效果图，在隧道洞口三维地形模型的基础上，进行隧道洞口段的建筑设计。设计中要注意洞口与地形、地貌的紧密结合及与隧道周边自然环境的完美协调，进行方案的比选。

（二）洞口建筑设计实用方法

目前隧道洞口建筑设计方法还处于研究阶段，没有也不可能有统一的模式，但从实用角度出发，隧道洞口的建筑设计，一般可以按以下步骤和方法进行：

（1）在选定的洞口位置，用地表测绘或数码相机进行多方位的摄影，作为洞口背景和洞口形式合成的景观模拟基础资料。

（2）在室内对照片进行画像处理，包括地形、地貌、植被、坡体形状等。

（3）洞口类型及形式的定性选择。目前，洞口的形式主要有贴壁式和突出式两大类，应首先在这两大类中取舍，当洞口的基本形式确定后，再对其进行细部建筑的研究。

（4）从隧道洞口数据库中，选择合适的洞口类型和形式，进行建筑样本的比较研究。

（5）研究之前，应确定洞口建筑的评价方法、评价体系和评价指标。

（6）把初步选定的几个比较方案，在一定层次人员中，如司机、乘务人员、大学生、专业人员、领导层人员等，对各组的建筑样本，按照评价指标进行评价。

（7）根据评价结果，确定设计方案，进行包括景观、细部结构和建筑设计。设计方法主要是经验性的，通过类似工程的对比决定与周边环境条件协调的洞口结构。

上述设计方法的关键是洞口景观数据库的建立和完善，应该尽可能地将国内外已经得到较好评价的洞口建筑实例收集起来，作为进一步研究洞口建筑设计的参考样本。从建筑设计的个性化角度看，这些样本只能作为参考。真正符合实际的建筑设计，还要依靠工程师和建筑师的共同创造。目前已经建立的洞口建筑设计数据库，大约有近200多个样本，可以作为设计中的重要参考依据。

数据库中的主要内容是隧道洞口信息表。

隧道洞口信息表中选用的字段有序号、所在国家、用途、线形、洞口形式、切削形式、其他形式、洞口图形等8个，包含基本信息、设计信息和相关信息3类，体现隧道的基本情况、洞口图片的主要设计要素及相关设计要素的情况。

数据库为洞口景观理论研究提供了大量生动、现实的隧道洞口样本，是隧道洞口理论研究中经验学派的研究基础，也为隧道洞口评价提供了大量的样本。

另外，数据库对日常设计工作提供了现实的指导作用，数据库的实际应用主要表现在查询方面。按照限定的条件等都可以进行查询，筛选出具有指导意义的洞口设计方案。从查询的图片中，可分析出满足特定条件的一类洞口设计的设计规律和与环境的协调程度，甚至包括不足之处，从而指导新的洞口建筑设计。

三、洞口景观设计

景观设计是一种能够表达当前科学、技术和人类意识活动的形式语言。景观是一个综合的整体，它是在一定的经济条件下实现的，必须满足社会的功能，也要符合自然的规律，遵循生态原则，同时它还属于艺术的范畴，缺少了其中任何一方面，设计就存在缺陷。

景观设计应突出工程与自然的和谐，第一条原则就是要尊重自然，尊重自然的山、自然的地形地貌、自然的水。此外，景观设计还应遵循以下基本原则：

（一）适用性

建筑景观的设计主要是以使用者的需求为对象来考虑的，各种设施、设备、配置及动线均须符合人性化的要求，并综合考虑各项因素的影响，这样才能做出更合适的设计，以发挥所设计的结构物及其景观的最大功效。

（二）经济性

在设计上要做到对费用、空间和时间的合理利用，达到"省本多利"的目的。

1. 费用上

（1）合理花费。

（2）尽可能地使用当地现有的材料，或对不同品质、不同价格的建筑材料多加比较、衡量。

（3）力求使设计简单化。

（4）对建筑景观设计分步骤、有次序地进行，减少建设初期的一次性投资，以时间换取金钱。

2. 空间上

（1）合理利用空间，使空间利用率达到最大的效果。

（2）运用空间经济方法：选择节省空间的材料；设施的布置简明有力，达到每种设施均有其独到的功能与目的，不显多余；利用借景（将远近景物引入景观设计的空间中，有效地增加景观的特色并拓展空间；好的景色加以借引，不好的景色则遮蔽之），使有限的空间扩展到无限；利用错觉使空间感觉大一些；寻求被浪费或未被注意的额外空间，充分发挥景观设计扩大空间感觉的效能。

3. 时间上

缩短成景时间，可以节约造价，并使施工和维护管理的时间减少。

（三）美观性

景观设计的美包括视觉、嗅觉、听觉、味觉等多方面，但目前多偏重于视觉上的美观。景观设计应在注重设计的社会性、群众性及经济实用性之后再论及美。景观设计的美实际上是指自然美加以人工化的人工模拟的自然美，因而可以由美的种类、美的表现方式及美的造型组合法则来表达。

1. 美的种类

（1）柔美：优雅可爱的组合。

（2）刚美：有个性力量的组合，使人看到后内心激动。

2. 美的表现方式

（1）形象美。

（2）意境美：意境美是意义与境界的表达，为一种内涵美，它需要所见者依经验、情感、灵性、修养去感觉和体会，它表现出的特色，因人、因时、因地的感受不同而不同。意境美不易表达，须有感触始能创作出意境美。

3. 美的造型组合法则

（1）美是抽象的，各人感受不同。

（2）遵循调和、对比、均衡、比例、韵律等法则。

（3）组合方式应统一中求变化，表现出设计的独特风格。

隧道洞口景观设计主要应考虑自然景观要素与人工景观要素相结合。

自然景观要素主要包括地形和地貌两个因素。地形因素是洞门景观要素必须考虑的内容之一。植被有无、植被组成发育程度、秃山岩石形态等是隧道洞口景观设计要考虑的地貌因素。

人工景观要素主要包括：

（1）当地地理、历史、文化（建筑符号）。

（2）隧道洞门造型——几何图形、体的选择和组合。

（3）相关工程——洞口相连工程（如桥隧相连、路隧相连），洞口设风机及辅助用房，双线水平之间有开阔地带可造园，双线高低、前后、错落等。

（4）装饰材料（材质）——条纹、色彩、光线（照明）等。

（5）铭牌形式——墙顶嵌入式、侧墙嵌入式、洞身侧壁镶嵌式、洞口架立式、洞口山体刻字、洞口建筑雕刻小品（孤石）。

在进行人工景观设计（造景）的同时，要注意与自然景观的和谐一致（借景），主张天人合一；各种人工景观（相邻工程）之间也应考虑相互之间的协调关系；除此之外，硬质景观（隧道洞门结构）与软质景观（洞口及周边的装饰、绿化、植被等）的协调一致也是不容忽视的。以上"三协调"要综合地加以分析，同时考虑费用与需求之间的关系，才能做出合理科学的方案选择。

【实战演练】

绘图列举高速铁路隧道的洞门形式。

任务 5.4 高速铁路隧道施工方法

一、概　述

高速铁路隧道施工的最大特点是开挖断面面积大，因而施工难度大为增加。

大断面隧道的施工方法要根据断面形状、隧道长度、工期、地质、周围环境等条件综合确定。

选择施工方法时要注意以下几点：

（1）地形、地质的特殊性，如洞口段、浅埋段、易变形地段的地质状况等。

（2）是否有限制条件，如对地表沉降的限制、地基承载力不足等。

（3）必要时要与辅助工法配合。

（4）要尽量采用能避免围岩松弛的施工方法，如在泥岩或黄土中采用机械开挖。

（5）应尽量使支护及早封闭，避免多次扰动围岩，控制初期支护位移、变形。

（6）施工组织的统一协调，在同一隧道中尽量减少工法的频繁变换。

（7）尽量采用机械化施工，提高作业效率，加快施工速度。

高速铁路隧道施工方法的选择，关键在于要和隧道的地质条件相匹配，这就要求提供给高速铁路隧道设计的地质资料要齐全完整、真实可靠。要求隧道地质勘查要查明隧道通过地段的地形、地貌、地层、岩性和地质构造；岩质隧道应着重查明岩层层理、片理、节理等软弱结构面的产状、密度及组合形式，断层、褶曲的性质、产状、宽度及破碎程度；土质隧道应着重查明土的地层年代、成因类型、结构特征、物质成分、料径大小、密实度及潮湿程度；查明不良地质、特殊岩土的分布及对隧道的影响，特别是对洞口及边仰坡的影响。据此选择合适的施工方法。

从目前的施工技术水平出发，适合大断面隧道的开挖方法主要有以下几类：台阶法、中隔壁法、交叉中隔壁法、双侧壁导坑法等。

二、施工方法

（一）台阶法

各国高速铁路隧道施工实践证明，台阶法已成为大断面隧道施工的主流施工方法。我国台湾台北—高雄高速铁路隧道（隧道净空有效面积为 90 m^2，开挖断面积为 130～150 m^2），大部分也是采用台阶法修建的。德国科隆—法兰克福高速铁路上的隧道工程，虽然地质条件比较差，但多数隧道仍采用台阶法施工。

所谓台阶法就是为了控制围岩变形而采用的纵向分部开挖法。它将结构断面分成两步或多步开挖，具有上下两个工作面或多台阶时有多个工作面开挖。其优点是灵活多变、适用性强。视围岩条件及机械配套情况派生出的各种台阶法，可根据工程实际、围岩条件及机械条件选择适合的方式。

1. 导坑超前扩挖台阶法

台阶法有许多变化方案，如导坑超前扩挖法。这是一种在开挖主洞之前，先用钻爆法快速掘进一个超前导坑，进行地质调查、排水以及围岩改良等作业，而后再次用钻爆法进行扩挖的一种施工方法。即先由爆破法开挖一个小导坑形成临空面，再使用钻爆法开挖。

导坑超前是为了提高开挖工作面的自稳性，以及为地质预报、排水等目的。导坑超前的距离，从发挥机械效率出发，可取 10～30 m，当大量涌水时可延长到 100 m。

导坑超前扩挖法的施工顺序，可按照图 5.15 中的①～⑥各分部顺序进行。整个隧道断面的爆破分为导坑爆破和扩大爆破。

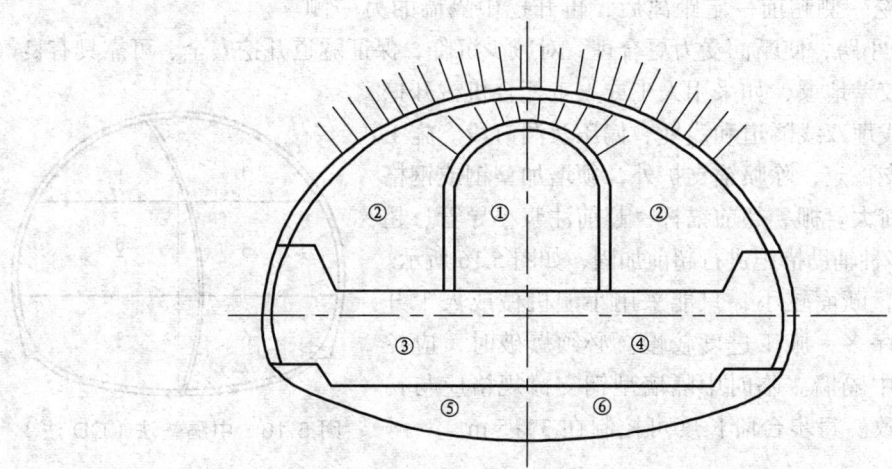

图 5.15 导坑超前扩挖法施工示意

导坑超前扩挖法的特点是：① 开挖工作面稳定性高，辅助工法规模小；② 有涌水的场合，导坑可以作为排水坑道；③ 可从导坑进行围岩补强。其缺点是：① 导坑和扩挖交互掘进，施工干扰大；② 导坑需要通风；③ 导坑支护要废除。

2. 多层台阶法

当隧道断面较高时，可以用多层台阶法开挖。台阶长度一般不超过 1.5 倍洞径。多层台阶法通常用在单层台阶上半断面掘进的导坑尺寸较大、开挖面难以自稳的情况。由于在低强度的围岩中，整个开挖断面要分为三部开挖，故开挖造成的应力重分布的次数较多，而且台阶多，断面闭合的时间也加长。所以，在选择这种方法时，先要进行充分研究，在采用稳定开挖面的辅助工法（开挖面超前锚杆与喷射混凝土、小型管棚、改良围岩等）分两步开挖仍很困难时才采用。在地表有建筑物等情况，预计地表、洞内下沉（位移）超过允许限值时，应同时采用临时仰拱控制变形的发展。

3. 短台阶和超短台阶法

大断面隧道施工中也经常采用短台阶法和超短台阶法等。

短台阶法的长度约在 15 m。这种方法由于上、下半断面的开挖面较接近，两个开挖面作业有干扰，而且存在上半断面出碴打乱开挖循环平衡的问题。上半断面的出碴可用斜坡道、皮带输送机、装载转运机等组合起来使用。

超短台阶法的台阶长度为 5~8 m，适用于膨胀性围岩和土质围岩需及早封闭断面的情况。在以全断面开挖法为主要方法的硬质围岩中，由于一部分地质条件变化而需要采用分部开挖时，也可用此法。超短台阶法施工时的上、下半断面的开挖面是同时掘进的，出碴也是同时进行的。

（二）中隔壁法（CD 法）

它是将隧道断面左右一分为二，施工时应沿一侧自上而下分为二或三部进行，每开挖一部均应及时施作锚喷支护、安设钢架、施作中隔壁，底部应设临时仰拱，中隔壁墙依次分部联结而成，当先开挖一侧超前一定距离后，再开挖中隔墙的另一侧。

CD 法变大跨为小跨，使断面受力更合理，对减少沉降、保证隧道开挖安全、可靠具有良好效果。该法适用于较差地层，如采用人工或人工配合机械开挖的Ⅳ~Ⅴ级围岩的浅埋双线隧道和浅埋、偏压及洞口段。施工过程中，为保证初支稳定，除喷锚支护外，须增加型钢或钢格栅支撑，并采用超前大管棚、超前锚杆、超前注浆小导管、超前预注浆等一种或多种辅助措施进行超前加固，如图 5.16 所示。

由于地层软弱，断面较小，只能采用小型机械或人工开挖及运输作业，工序多，施工进度较慢。必须爆破时，应控制药量，避免损坏中隔墙。临时中隔墙型钢支撑规格应与初期支护所采用的一致。每步台阶长度可控制在 3~5 m。

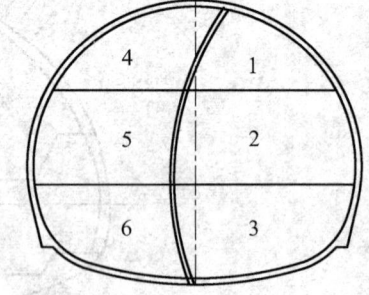

图 5.16 中隔壁法（CD 法）

（三）交叉中隔壁法（CRD 法）

CRD 法的特点是各分部增设临时仰拱和两侧交叉开挖，每部封闭成环，且封闭时间短，以抑制围岩变形，达到围岩沉降可控，初期支护安全稳定的目的。该法除喷锚支护及增设足够强度和刚度的型钢或钢格栅支撑外，还应采用多种辅助措施进行超前加固，如图 5.17 所示。

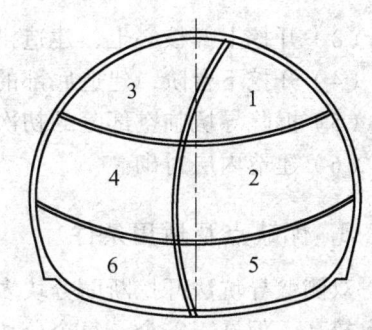

采用交叉中隔壁法施工，除应满足中隔壁法的施工要求外，还应满足以下要求：

（1）设置临时仰拱，步步成环。

（2）自上而下，交叉进行。

图 5.17 交叉中隔壁法（CRD 法）

（3）中隔壁及交叉临时支护，在灌注二次衬砌时，应逐段拆除。

当采用中隔壁法（CD 法）仍然无法保持围岩稳定和隧道施工安全时，可采用交叉中隔壁法（CRD 法）开挖。交叉中隔壁法（CRD 法）适用于断层破碎带、碎石土、卵石土、圆砾土、湿陷性黄土、全风化的花岗岩地层的 Ⅴ～Ⅵ 级围岩及较差围岩中的浅埋、偏压及洞口段等。

（四）双侧壁导坑法

双侧壁导坑法又称眼镜工法（见图 5.18），采用先开挖隧道两侧导坑，及时施作导坑四周初期支护，必要时施作边墙衬砌，然后再根据地质条件、断面大小，对剩余部分采用二台阶或三台阶开挖的方法，其实质是将大跨度的隧道变为 3 个小跨度的隧道进行开挖。

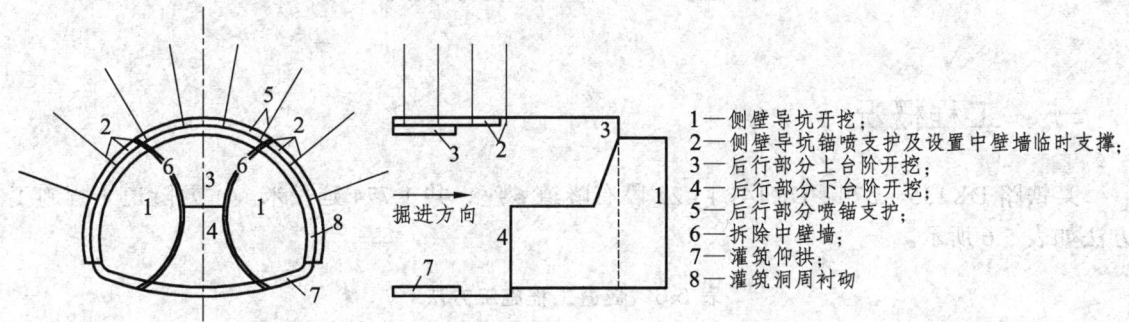

图 5.18 双侧壁导坑法

1. 开挖面分部形式

一般将断面分成 4 块：左、右侧壁导坑 1、上台阶 3、下台阶 4。导坑尺寸拟定的原则同前，但宽度不宜超过断面最大跨度的 1/3。左、右侧导坑应错开开挖，以避免在同一断面上同时开挖而不利于围岩稳定，错开的距离应根据开挖一侧导坑所引起的围岩应力重分布的影响不致波及另一侧已成导坑的原则确定。亦可工程类比，一般取为 7～10 m。

2. 施工作业顺序

（1）开挖一侧导坑，并及时地将其初次支护闭合。

（2）相隔适当距离后开挖另一侧导坑，并建造初次支护。

(3)开挖上部核心土,建造拱部初次支护,拱脚支承在两侧壁导坑的初次支护上。
(4)开挖下台阶,建造底部的初次支护,使初次支护全断面闭合。
(5)拆除导坑临空部分的初次支护。
(6)建造内层衬砌。

3. 优缺点及适用条件

双侧壁导坑法开挖断面分块多,扰动大,初次支护全断面闭合的时间长,施工进度较慢,成本较高。但施工安全,每个分块都是在开挖后立即各自闭合的,所以在施工中间变形几乎不发展。尤其在控制地表下沉方面,优于其他施工方法。现场实测表明,双侧壁导坑法所引起的地表沉陷仅为短台阶法的1/2。

此外,由于两侧导坑先行,能提前排放隧道拱部和中部土体中的部分地下水,为后续施工创造条件。因此城市浅埋、软弱、大跨隧道和山岭软弱破碎、地下水发育的大跨隧道可优先选用双侧壁导坑法。

在Ⅴ~Ⅵ级围岩的浅埋、偏压及洞口段,也可采用此法施工。

【实战演练】

进行某高速铁路隧道施工方案比选。

任务5.5 工程案例

一、工程概况

某铁路DK135+570~DK141+422段有隧道6座,共1 774延长米。主要隧道工程施工方法如表5.6所示。

表5.6 隧道工程施工方法

隧道名称	围岩级别					
	明挖	Ⅴ/m	Ⅳ/m	Ⅲ/m	Ⅱ/m	总长/m
卢家大山一号隧道 DK135+570~ DK136+119	56 明挖法	180 CRD法 33 双侧壁导坑法 147	—	313 台阶法	—	549
卢家大山二号隧道 DK136+157~ DK136+365	16 明挖法	79 双侧壁导坑法	38 CD法施工	75 台阶法	0	208

续表

隧道名称	围岩级别					总长/m
	明挖	Ⅴ/m	Ⅳ/m	Ⅲ/m	Ⅱ/m	
钟油坊隧道 DK137+113～ DK137+659	—	—	89 CD法施工	457 全断面法	0 —	546
小咀子隧道 DK139+235～ DK139+436	19 明挖法	— —	80 CD法	102 全断面法	— —	201
狼牙石隧道 DK139+993～ DK140+065	16 明挖法	— —	56 CD法	— —	— —	72
黄家新楼隧道 DK141+224～ DK141+422	19 明挖法 —	85 双侧壁导坑法 双侧壁导坑法 CRD法	40 CD法 —	54 台阶法 全断面法	— — 全断面法	198
合 计						1 774

下面主要以卢家大山一号、二号隧道为例,介绍高速铁路隧道施工工艺。

二、Ⅴ级围岩地段施工(CRD法及双侧壁导坑法)

(一)双侧壁导坑法施工

1. 施工工艺流程

施工示意图如图 5.19 所示,施工工艺流程图如图 5.20 所示。

(1)利用洞口导向措施或上循环已架钢架施作隧道超前支护。

① 人工风镐开挖(必要时弱爆破)1 部,喷 8 cm 厚混凝土封闭掌子面;

② 施作 1 部导坑周边的初期支护和临时支护,即初喷 4 cm 厚混凝土,架立钢架和临时钢架及横撑,并设锁脚锚杆、布置钢筋网;

③ 钻设洞身锚杆后复喷混凝土至设计厚度。

(2)人工风镐开挖(必要时弱爆破)2 部。

① 喷 8 cm 厚混凝土封闭掌子面;

② 导坑周边部分初喷 4 cm 厚混凝土;

③ 接长钢架,并设锁脚锚杆、施作临时钢架、布置钢筋网;

④ 钻设径向锚杆后复喷混凝土至设计厚度。

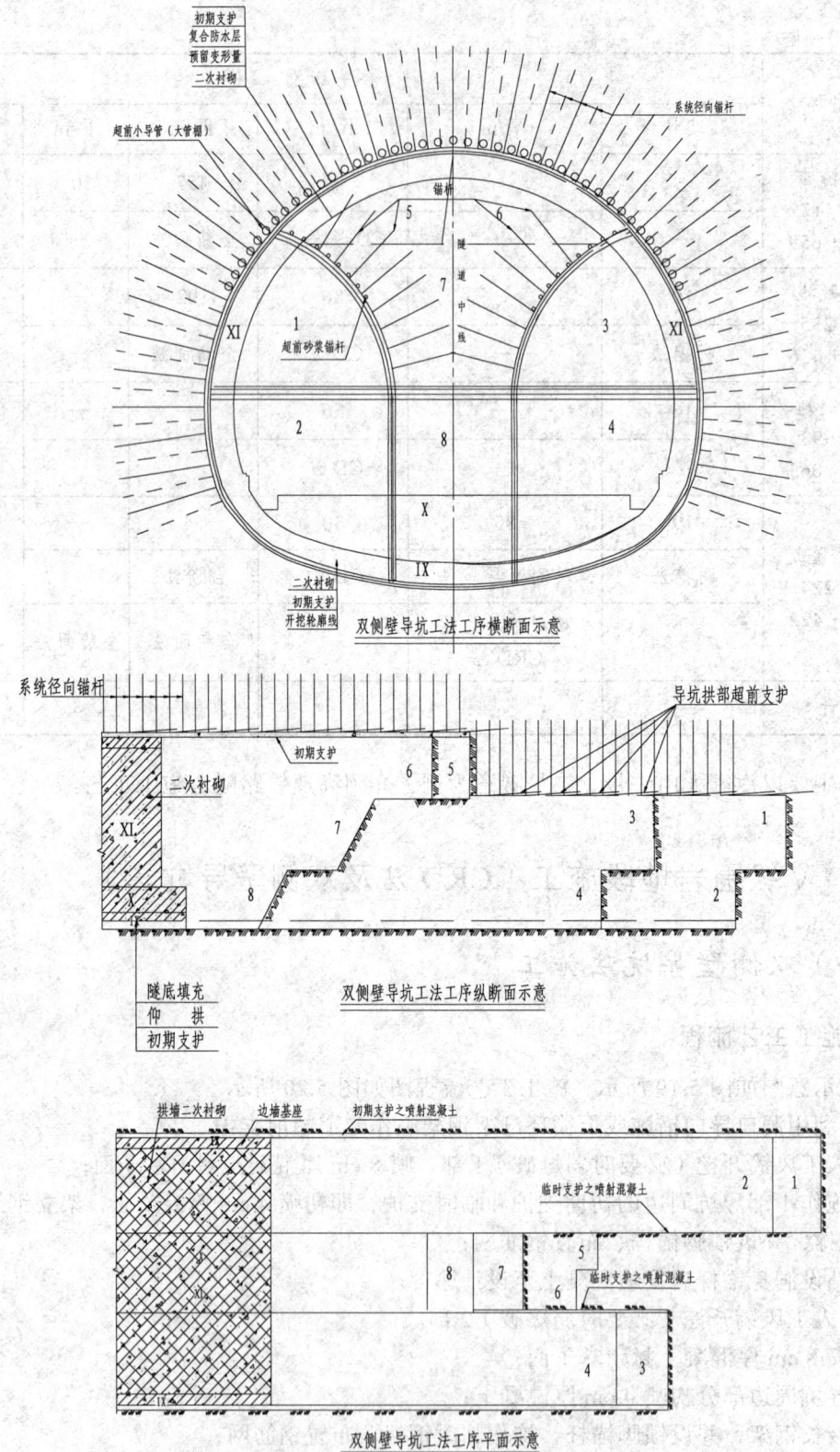

图 5.19 双侧壁导坑法施工示意图

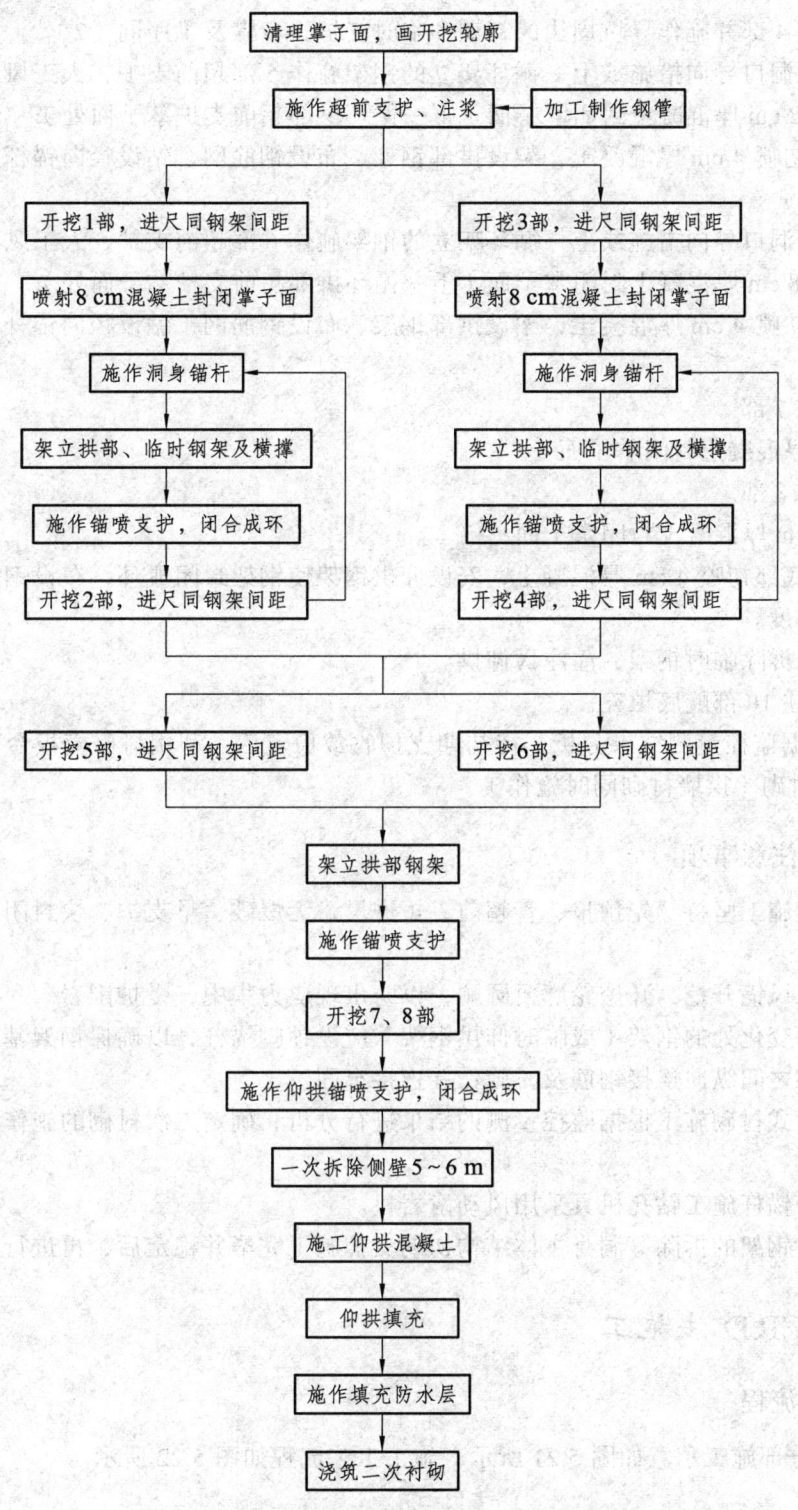

图 5.20　双侧壁导坑法施工工艺流程图

（3）实作 3 部隧道周壁超前支护，开挖 3 部并施作导坑周边的初期支护和临时支护，步骤及工序同（1）。

（4）开挖 4 部并施作导坑周边的初期和临时支护，步骤及工序同（2）。

（5）利用洞口导向措施或上一循环架立的钢架施作 5 部超前支护，人工风镐开挖 5 部。

① 初喷 8 cm 厚混凝土封闭掌子面（下一循环拱部超前支护掌子面处）；

② 拱部初喷 4 cm 厚混凝土，架设拱部钢架、布设钢筋网，钻设径向锚杆后复喷混凝土至设计厚度。

（6）利用洞口导向措施或上一循环架立的钢架施作 6 部超前支护，人工风镐开挖 6 部。

① 初喷 8 cm 厚混凝土封闭掌子面（下一循环拱部超前支护掌子面处）；

② 拱部初喷 4 cm 厚混凝土，架设拱部钢架、布设钢筋网，钻设径向锚杆后复喷混凝土至设计厚度。

（7）开挖 7 部。

喷 8 cm 厚混凝土封闭掌子面。

（8）开挖 8 部。

① 喷 8 cm 厚混凝土封闭掌子面；

② 导坑底部初喷 4 cm 厚混凝土，安设仰拱钢架使钢架封闭成环，布设钢筋网，复喷混凝土至设计厚度。

（9）逐步拆除临时钢架，灌注 IX 仰拱。

（10）灌注 10 部隧底填充。

（11）根据监控量测结果分析，待初期支护收敛稳定后，利用衬砌模板台车一次性灌筑 11 部全断面衬砌（拱墙衬砌同时施作）。

2. 施工注意事项

（1）隧道施工坚持"先预报、管超前、短进尺、无爆破、早支护、快封闭、勤量测"的原则。

（2）人工风镐开挖，开挖轮廓要圆顺，以防出现应力集中，爱护围岩。

（3）工序变化处的钢架（或临时仰拱钢架）应设锁脚锚杆，以确保钢架基础稳定。

（4）钢架之间纵向连接钢筋及时施作并连接牢固。

（5）复合式衬砌施工根据监控量测的结果进行分析，确定二次衬砌的施作时机及调整支护参数。

（6）洞身锚杆施工钻孔机具采用风动凿岩机。

（7）临时钢架的拆除等洞身主体结构初期支护施工完毕并稳定后，再进行。

（二）CRD 法施工

1. 工艺流程

CRD 法分部施工示意如图 5.21 所示，施工工艺流程如图 5.22 所示。

2. 施工工序

（1）利用上一循环架立的钢架施作隧道拱部超前小导管、超前锚杆支护及导坑侧壁超前小导管、超前锚杆支护。

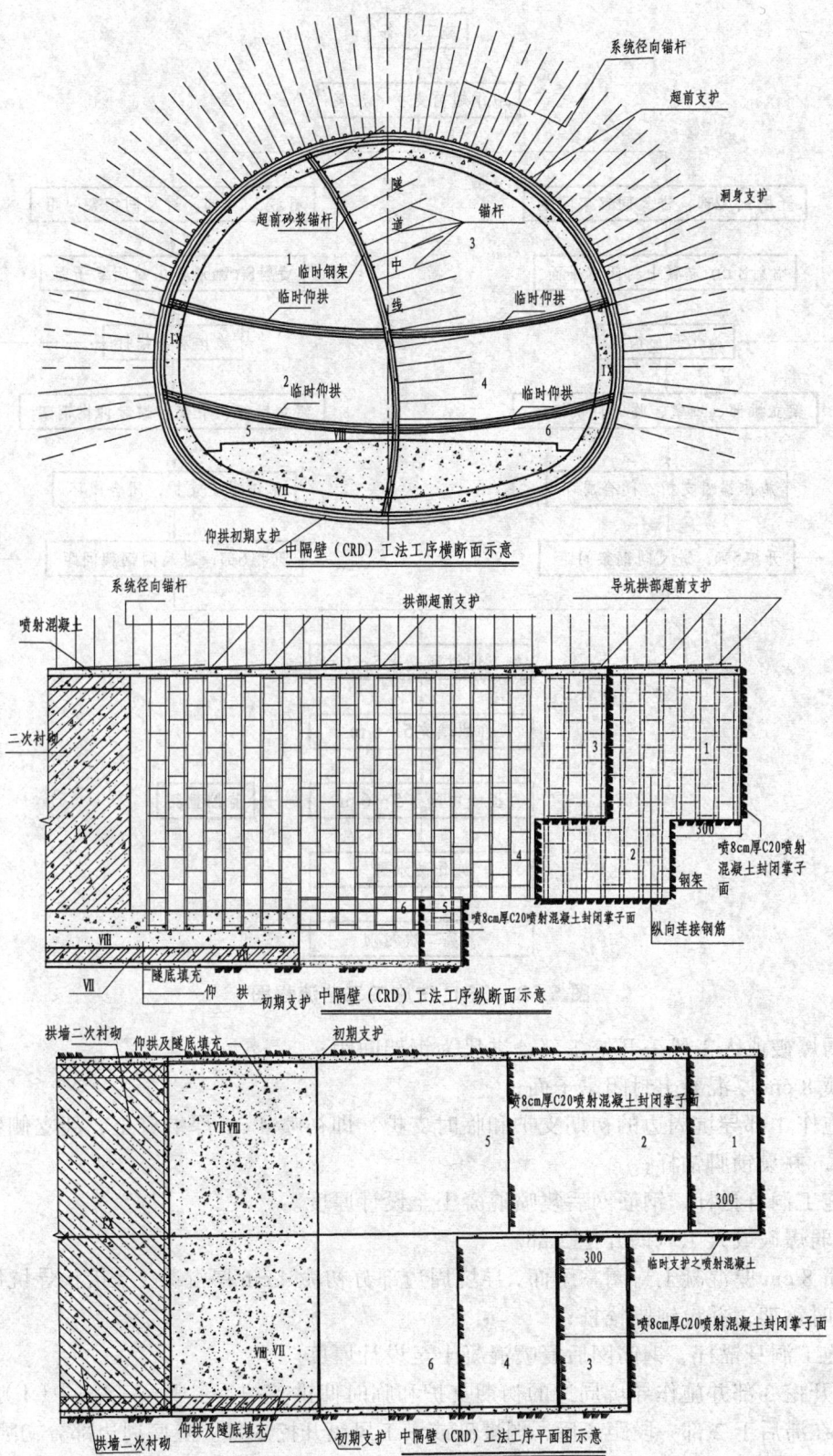

图 5.21 CRD 法分部施工示意图

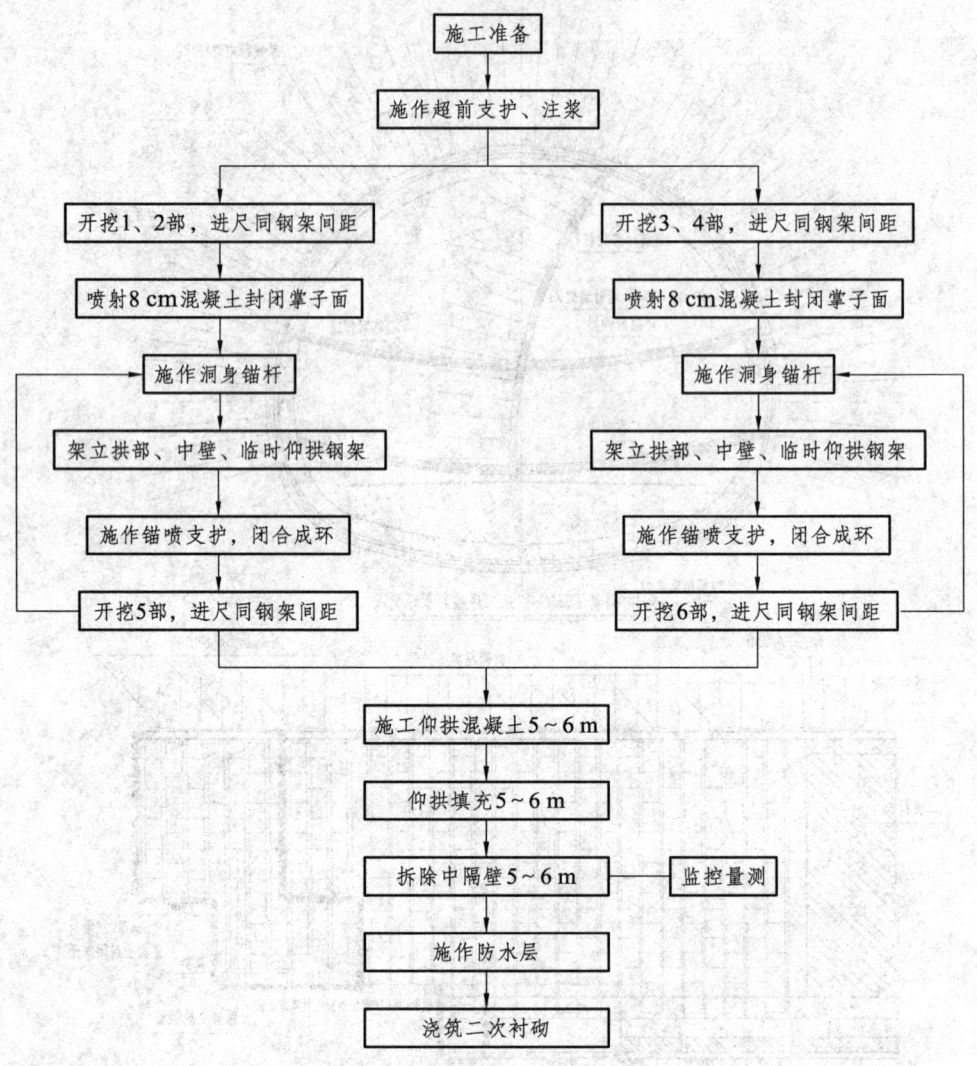

图 5.22 CRD 法施工工艺流程图

① 弱爆破或人工风镐开挖 1 部,进尺为钢架间距;
② 喷 8 cm 厚混凝土封闭掌子面;
③ 施作 1 部导坑周边的初期支护和临时支护,即初喷 4 cm 厚混凝土,架立侧壁钢架和临时钢架,并设锁脚锚杆;
④ 施工洞身锚杆、钢筋网后复喷混凝土至设计厚度。
(2)弱爆破或人工风镐开挖 2 部。
① 喷 8 cm 厚混凝土封闭掌子面,导坑周边部分初喷 4 cm 厚混凝土,接长导坑周边钢架和施作临时钢架,并设锁脚锚杆;
② 施工洞身锚杆、钢筋网后复喷混凝土至设计厚度。
(3)开挖 3 部并施作导坑周边的初期支护和临时仰拱支护,步骤及工序同(1)。
(4)在滞后于 2 部一段距离后,弱爆破或人工风镐开挖 5 部。隧底周边部分初喷 4 cm 厚混凝土。接长周边钢架和施作仰拱钢架,施工洞身锚杆、钢筋网后复喷混凝土至设计厚度。

（5）在滞后于4部一段距离后，弱爆破或人工风镐开挖6部。
① 隧底周边部分初喷4 cm厚混凝土；
② 接长周边钢架和施作仰拱钢架，施工洞身锚杆、钢筋网后复喷混凝土至设计厚度。
（6）根据监控量测结果分析，拆除中隔壁底部临时钢架，灌筑Ⅶ部仰拱。
（7）浇筑该段内Ⅷ部隧底填充，并接长中隔壁临时钢架，使钢架底支撑于仰拱填充顶面。
（8）根据监控量测结果分析，待初期支护收敛稳定后，逐步拆除多余的临时钢架。利用衬砌模板台车一次性灌筑Ⅸ部二次衬砌（拱墙衬砌同时施作）。

三、Ⅳ级围岩地段施工（三台阶临时仰拱法及CD法）

（一）CD法施工

1. 工艺流程

CD法分部施工示意如图5.23所示，CD法施工工艺流程如图5.24所示。

2. 施工工序

（1）利用上一循环架立的钢架施作隧道拱部超前小导管、超前锚杆支护及导坑侧壁超前小导管、超前锚杆支护；弱爆破或人工风镐开挖1部，进尺同钢架间距；喷8 cm厚混凝土封闭掌子面；施作1部导坑周边的初期支护和临时支护，即初喷4 cm厚混凝土，架立侧壁钢架和临时钢架，并设锁脚锚杆；施工洞身锚杆、钢筋网后复喷混凝土至设计厚度。
（2）弱爆破或人工风镐开挖2部。
① 喷8 cm厚混凝土封闭掌子面，导坑周边部分初喷4 cm厚混凝土；
② 接长导坑周边钢架和施作临时钢架，并设锁脚锚杆；
③ 施工洞身锚杆、钢筋网后复喷混凝土至设计厚度。
（3）在滞后于2部一段距离后，弱爆破或人工风镐开挖3部。
① 隧底周边部分初喷4 cm厚混凝土；
② 接长周边钢架和施作仰拱初期支护，施工洞身锚杆、钢筋网后复喷混凝土至设计厚度。
（4）开挖4部并施作导坑周边的初期支护和临时仰拱支护，步骤及工序同（1）。
（5）开挖5部并施作导坑周边的初期支护和临时仰拱支护，步骤及工序同（2）。
（6）在滞后于5部一段距离后，弱爆破或人工风镐开挖6部。
① 隧底周边部分初喷4 cm厚混凝土；
② 接长周边钢架和施作仰拱初期支护；
③ 施工洞身锚杆、钢筋网后复喷混凝土至设计厚度。
（7）拆除开挖尾部靠近二次衬砌仰拱6~8 m范围内临时中隔壁临时钢架Ⅷ，灌筑Ⅶ仰拱。
（8）浇筑该段内Ⅷ部隧底填充，并接长中隔壁临时钢架，使钢架底支撑于仰拱填充顶面。
（9）根据监控量测结果分析，待初期支护收敛后，逐步拆除多余的临时钢架。
（10）利用衬砌模板台车一次性灌筑Ⅸ部二次衬砌（拱墙衬砌同时施作）。

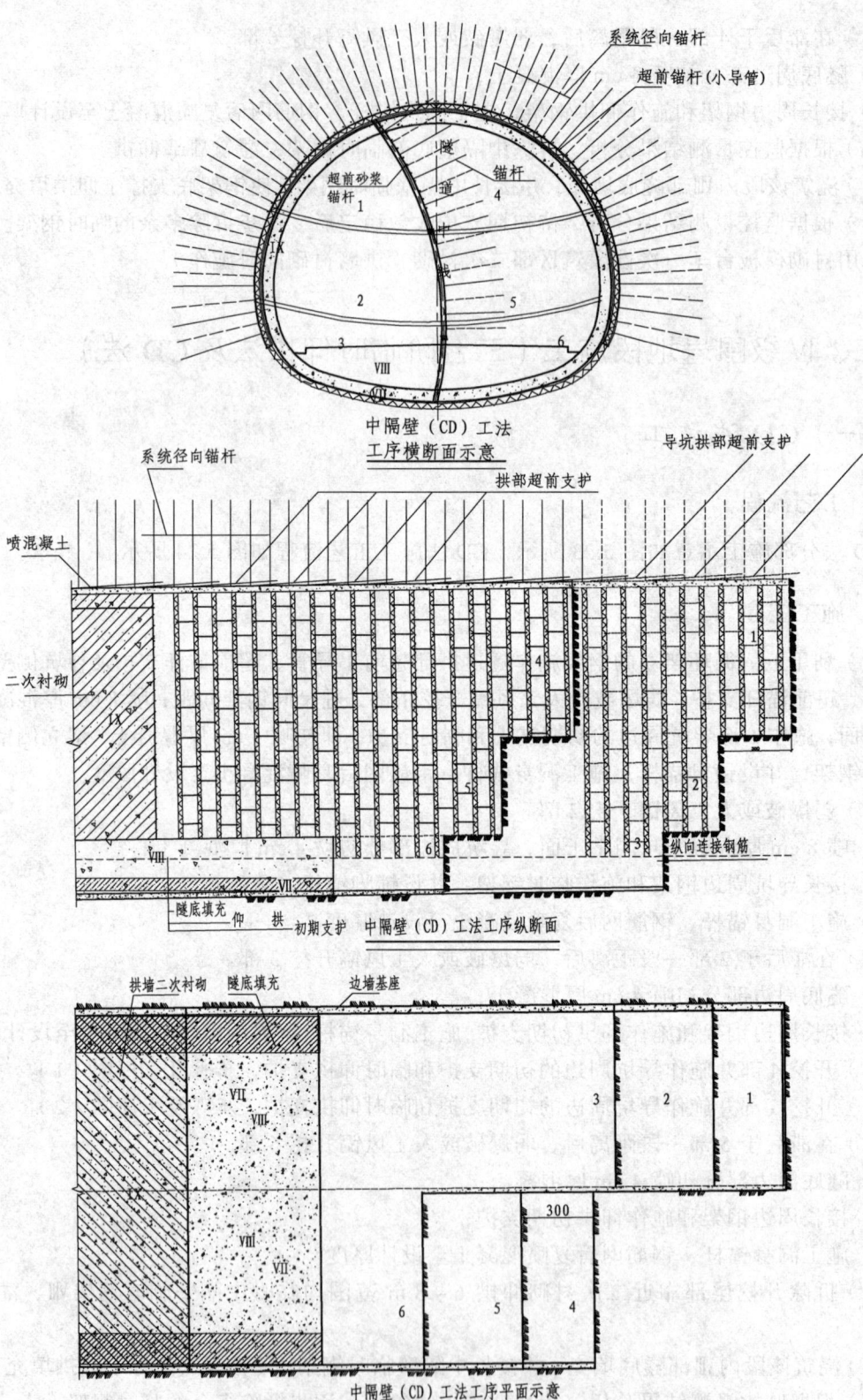

图 5.23 CD 法分部施工示意图

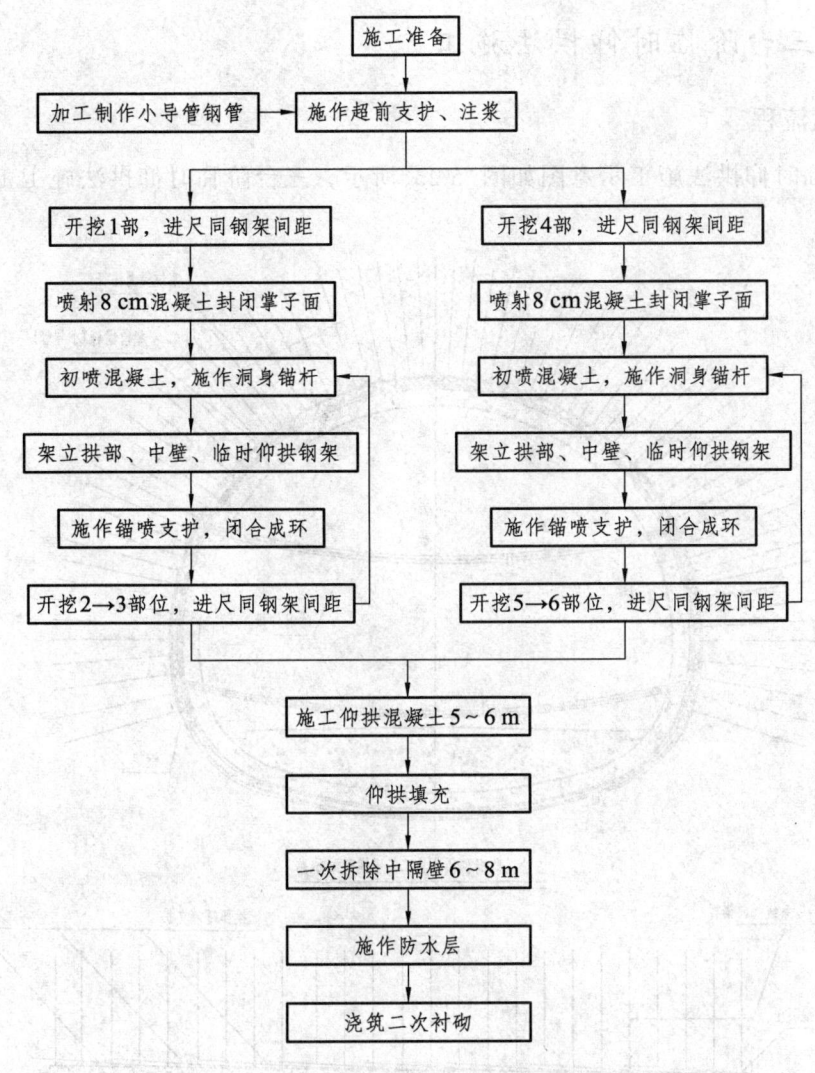

图 5.24 CD 法施工工艺流程图

3. 施工遵循的原则

（1）隧道施工坚持"先预报、管超前、短进尺、控爆破、早支护、快封闭、勤量测"的原则。

（2）人工风镐开挖，必要时辅以小炮开挖，严格控制装药量，以爱护围岩，开挖轮廓要圆顺，防止出现应力集中。

（3）工序变化处的钢架（或临时仰拱钢架）应设锁脚锚杆，以确保钢架基础稳定。

（4）钢架之间纵向连接钢筋及时施作并连接牢固。

（5）复合式衬砌施工根据监控量测的结果进行分析，确定二次衬砌的施作时机，及时调整支护参数。

（6）洞身锚杆施工钻孔机具采用风动凿岩机钻孔。

（7）临时钢架的拆除等洞身主体结构初期支护施工完毕并稳定后再进行。

（二）三台阶临时仰拱法施工

1. 工艺流程

三台阶临时仰拱法施工示意图如图 5.25 所示，三台阶临时仰拱法施工工艺流程如图 5.26 所示。

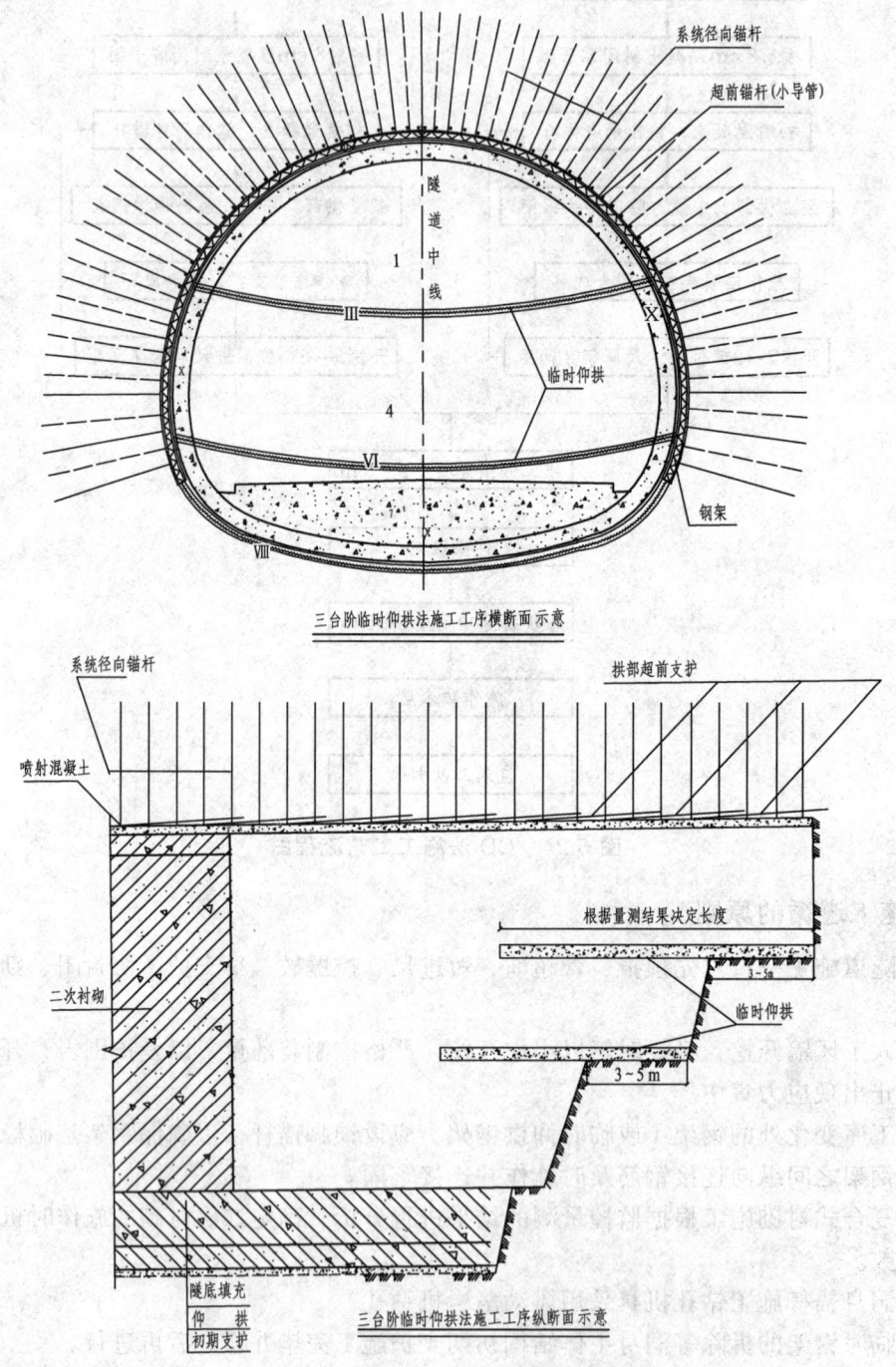

图 5.25　三台阶临时仰拱法施工示意图

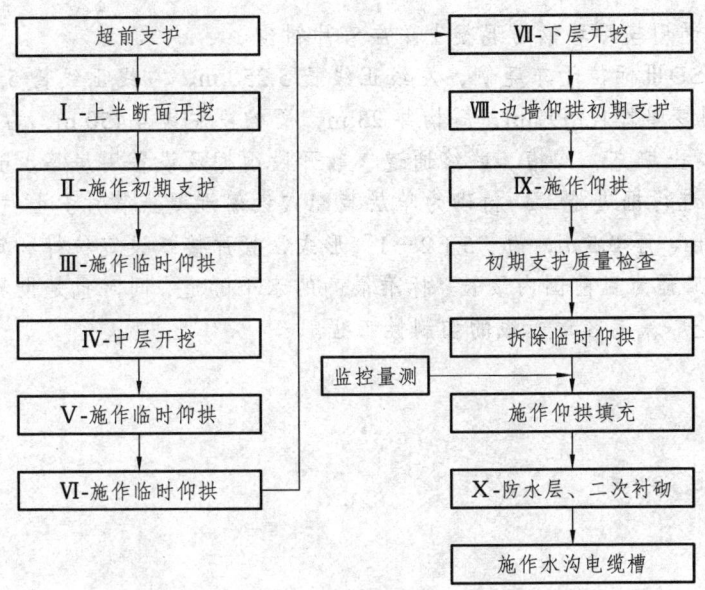

图 5.26 三台阶临时仰拱法施工工艺流程图

2. 施工方法

（1）上部导坑采用弱爆破，中下导及仰拱采用控制爆破开挖，以保护围岩；各部之间的间距 3~5 m。各部开挖后及时封闭掌子面，喷网锚格栅钢架联合支护作业，施作临时仰拱。拱脚、中下导墙角增设锁脚锚杆，初期支护及时成环。采用风动凿岩机钻孔，非电毫秒雷管微差起爆，TK961 湿喷机湿喷作业。仰拱施工长度 3~6 m。各部实行平行作业。

（2）施工中认真进行围岩量测，实行信息化施工，动态化管理，及时反馈信息，调整支护参数，确定临时仰拱拆除时间，确保施工安全。

3. 施工注意事项

（1）中、下导左、右边墙开挖必须交错施工，严禁两侧同时对挖。
（2）3 个台阶平行作业，仰拱施工实行短开挖、早支护、快封闭、勤量测，及时施作钢架支护，闭合成环。
（3）加强洞内施工抽排水，防止边墙失稳。

【实战演练】

编制某高速铁路隧道施工方案。

【小知识】

广深港高铁"万米隧道"

广深港铁路客运专线广州至深圳段位于广东省中南部，是内地连接香港的快速通路，线路长度约 105 km。狮子洋隧道工程为全线控制性工程，分 SDⅡ标和 SDⅢ标两个标，全长 10.8 km，其中盾构段长 9 277 m，工作井长 46 m。盾构段采用 4 台泥水平衡式盾构施工。隧道施工方案为"二个工作井、四台盾构地中对接"。隧道段内径 9.80 m，外径 10.80 m，采用

"7+1"分块式的通用楔形环钢筋混凝土单层管片衬砌。

狮子洋隧道 SDⅢ标位于东莞侧，左线正线长 5.25 km，右线正线长 5.55 km。其中包括引道段 180 m，明挖暗埋段 597 m，盾构井 23 m，盾构段左线 4 450 m，右线 4 750 m。附属工程包括轨下混凝土填充、沟槽、联络通道、敞开段雨棚及设备用房等。隧道采用两台直径 ϕ11.2 m 泥水盾构进行掘进施工，衬砌为单层装配式钢筋混凝土管片。管片外径 10.8 m、内径 9.8 m，环宽 2 m、厚 0.5 m，为"5+2+1"形式，管片接缝设定位榫和定位杆槽。工程总工期 35 个月。该工程为目前国内最长、标准最高的水下隧道，同时也是世界上速度目标值最高的水下隧道，是广深港客运专线的控制性工程。

学习情境 6　高速铁路车站及枢纽

情境导入

高速铁路车站及枢纽是高速铁路运输生产的基层单位，其布置与设计随高速铁路建设模式的不同而各有特色，其建设的主要根据是高速铁路的建设模式和运输组织模式，即高速铁路是采取既有线改造还是新建，线路走向是采取与既有线并行还是远离，是客运专线还是客货混用，是全高速列车运行还是高、中速列车共线运行。综合考虑以上因素，最终确定高速铁路车站及动车段（所、场）和综合维修基地的设置方案。

学习目标

【知识目标】　了解高速铁路车站及枢纽的分布特点，熟悉高速铁路车站与既有站分设的布置方案，掌握高速铁路引入既有枢纽的方式及动车段（所、场）和综合维修基地的设置原则。

【能力目标】　能根据既有线的实际情况进行高速铁路车站布置的可行性分析，可以绘制各种类型车站的布置图，进行引入既有枢纽和动车段（所、场）设置的方案设计。

任务 6.1　高速铁路车站的分布

高速铁路的车站及枢纽是高速铁路运输生产的基层单位，也是城市的窗口，是高速铁路技术的标志。图 6.1~图 6.4 是几座典型的高速铁路车站。

图 6.1　日本山阳新干线小仓新车站

图 6.2　法国地中海线阿维尼翁车站

图 6.3 德国柏林新车站

图 6.4 意大利佛罗伦萨新车站

高速铁路的车站应与城市规划充分协调，重视环境的保护和利用。例如，法国地中海线新建的阿维尼翁车站（见图 6.2）楼房建筑面积占项目面积的 10%，其他用于绿化和美化环境，车站主大厅是尖拱顶结构，朝向车站股道一侧为玻璃墙，给旅客的感觉是处在巨大的贝壳之中。

21 世纪是人们出行频繁的时代，高速铁路的车站及枢纽应该促进各种交通运输方式协调发展，并给旅客的方便出行提供优质的服务。应该使旅客有这样的感觉：进入车站，就进入了一个快速公共运输网；走上列车，就走进了舒适的旅行空间。

高速铁路车站的分布主要取决于城市分布和市场需求情况。国内外高速铁路车站的分布情况见表 6.1。可以看出，除日本高速铁路的站间距离较小外，其他各国高速铁路的站间距离均较大。这主要是由于日本高速铁路沿线的人口密度较大，行车密度也大，而欧洲各国高速铁路沿线的人口密度较小，行车量也相对较小。针对京沪高速铁路沿线人口和城镇分布情况，并考虑运输组织、设计能力、技术条件及工程条件等，其站间距离一般不宜小于 30 km、大于 60 km。

表 6.1 国内外高速铁路车站分布情况表

国家或地区	线路	总长度/km	车站数/个	平均站间距/km	最大站间距/km	最小站间距/km
日本	东海道	515	15	36.8	68.1	15.9
	山阳	554	18	32.6	55.9	10.5
	东北	496.5	18	29.2	49.0	14.5（3.6）
	上越	269.5	9	33.7	41.8	23.6
	北陆	117.4	6	23.5	33.2	17.6
法国	巴黎—里昂	417	4	104		
	里昂—瓦朗斯	121	2	121	121	
	瓦朗斯—马赛	303	3	156		
	大西洋	281	4	70	168	15
	北方线	333	3	111		

续表

国家或地区	线　　路	总长度/km	车站数/个	平均站间距/km	最大站间距/km	最小站间距/km
德　国	汉诺威—维尔茨堡	327	5	82		
	曼海姆—斯图加特	105	2	105	105	
	法兰克福—科隆	219	5	55		
	汉诺威—柏林	264	5	66	130	10
西班牙	马德里—塞维利亚	471	4	157		
韩　国	首尔—釜山	430	6	83.7	126.8	62.9
中国台湾	台北—高雄	345	7	57.5		

　　运输组织模式是决定高速铁路主要技术方案与技术标准的前提和基础。与其他铁路一样，运输组织模式与国情、路情和沿线经济、社会条件等密切相关，具有很强的地域特征，不可能完全照搬国外现成的模式。欧洲、日本、韩国和中国台湾等已有或在建高速铁路的国家和地区，根据各自情况选择了不同的高速铁路运输组织模式，主要包括客运专线型和客货混运型。其中客运专线型又分为纯客运专线型（如日本、韩国和中国台湾等）和高速列车下既有线的兼容型（如法国、德国等）。

　　但无论是哪一类型的运输组织模式，均有一个共同的发展趋势，即考虑既有路网的兼容性，以实现高速列车跨线运行，提高铁路的网络效益。法国高速铁路营业里程为1 568 km，而高速列车通达里程达到了7 000 km；德国新建高速铁路虽然只有900 km，但高速列车的服务范围达到了约5 000 km；欧盟为了实现欧洲一体化，实现高速铁路的跨国运行，正在致力于建设一个统一的欧洲铁路网，采用欧洲统一的信号制式；西班牙既有铁路为宽轨，为了与整个欧洲铁路网的连接方便，在建和计划修建的高速铁路全部采用标准轨距；日本既有铁路是窄轨，而新干线是标准轨距，曾经只能采用独立运行的模式，造成旅客出行的困难，影响了跨线客流，为此，日本对既有线进行了改造，增加一条第三轨或改造为标准轨，实现了新干线与既有线的跨线运行。

　　根据《中长期铁路网规划（2008年调整）》，我国铁路将形成以京沪、京广、京哈、沪甬深及徐兰、杭长、青太及沪汉蓉"四纵四横"等客运专线为主体的铁路客运网络，2020年建成约1.6万 km的客运专线。纵观中国客运网络中的客运专线，都存在大量的跨线客流。例如，京沪高速铁路是我国庞大铁路网络中的一条客运干线，将连接京哈、青太、徐兰、沪汉蓉、沪甬深及杭长等客运专线，同时在以上客运专线形成以前，连接了京秦、京山、石德、胶济、陇海、宁芜、沪杭等25条铁路，有40%的客流为跨线客流。为减少跨线旅客换乘引起旅行时间和费用的额外支出，方便跨线客流，京沪高速铁路必然要开行跨线旅客列车。也就是说，中国的国情和客运专线网路的特点，决定了中国客运专线的运输组织模式必然是本线旅客列车和跨线旅客列车共线运行。因此，京沪高速铁路的运输组织模式为本线旅客列车和跨线旅客列车共线运行。本线旅客列车采用运行速度300 km/h及以上的高速动车组，跨线旅客列车采用运行速度200 km/h及以上的高速动车组。随着我国机车车辆工业的发展，我国客运专线的运输组织模式正逐步向全高速运行模式过渡。

【实战演练】

利用网络资讯，收集国外高速铁路车站的运输组织模式和车站分布情况。

任务6.2　高速铁路与既有站的衔接

京沪高速铁路的运输组织模式为本线旅客列车和跨线旅客列车共线运行，高速铁路的车站与既有站有分设和合设两种方式。车站图形与高速、跨线旅客列车共线运行、车站性质、运营需要、动车段（所）、客车整备所的配置以及地形条件等因素有密切关系，应在满足运营要求前提下结合具体情况确定。

一、高速站与既有站分设的布置图

根据技术作业性质不同，高速铁路的车站可划分为4种类型，即越行站，中间站，始发、终到站以及通过兼始发、终到站。

1. 越行站

图6.5为越行站布置图。越行站由于只办理速度较快的列车越行速度较慢的列车，而不办理旅客乘降作业，故只需设2条待避用到发线。由于不办理客运业务，原则上可不设站台。

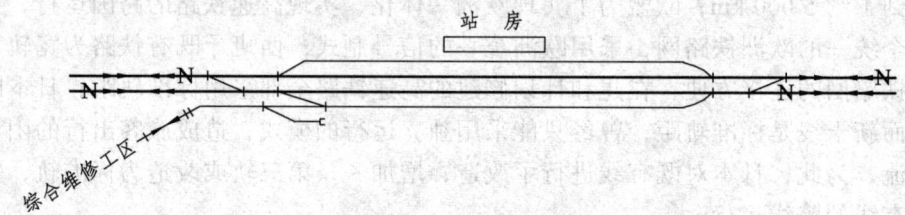

图6.5　高速越行站布置图

越行站在高速线上的布局，应根据高速、跨线旅客列车的比例、列车开行方案、高速线需要的通过能力等因素来决定。

2. 中间站

在高速线上新建的高速中间站办理以下主要业务：

（1）高速、跨线旅客列车停站或不停站通过。
（2）跨线旅客列车待避本线旅客列车。
（3）少量高速旅客列车夜间折返停留。
（4）办理停站的各种旅客列车的客运业务。

中间站的布置图有两种：

（1）对应式。

对应式中间站（见图 6.6）的两个站台夹 4 条线，考虑到办理四交会的可能，故设两条停车待避用到发线。这种布置图的优点是站台不靠近正线，高速列车自正线通过时，不影响站台上旅客的安全，站台安全退避距离不必加宽。如客运量较大而且某个方向需办理 2 列停站待避列车时，可增加 1 条到发线，如图 6.6 中虚线位置。

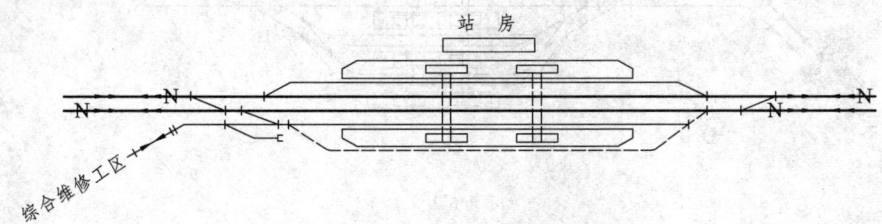

图 6.6　高速对应式中间站布置图

（2）岛式。

岛式中间站的中间站台靠近正线，其缺点是：当有列车在正线停靠占站台时，会影响后续追踪列车通过，降低区间通过能力；另外，由于高速列车通过时受列车风的影响，站台安全退避距离需要加宽以保证旅客的安全，并需设置防护栅栏。

根据上述比较，中间站一般以采用对应式布置图为宜。但当停站的旅客列车较多时，为充分利用站台，也可采用岛式布置图。

为便于高速列车动车组停留折返，有少量动车组停留折返作业的中间站，宜采用图 6.7 所示布置图，折返用到发线应根据折返列车到达时不切正线为原则。

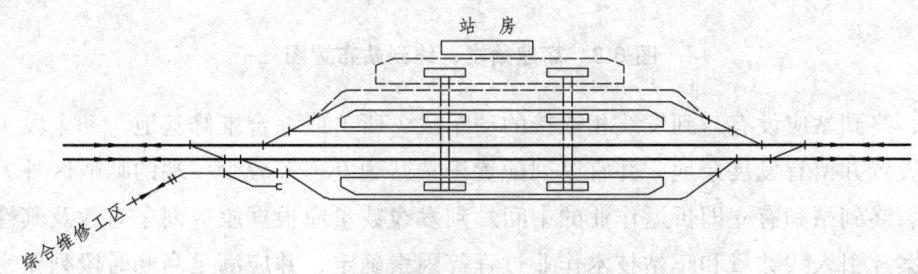

图 6.7　有停留折返作业的中间站布置图

为方便高速铁路设备的维修保养，在高速线的车站上，通常根据工务、电务、供电工区等的分布，设置综合维修工区。这种工区应尽量与车站的到发线衔接，以便维修用车的出入。必要时，可采用跨线桥引入车站。

3．始发、终到站

这类车站设置在高速铁路的起点和终点，位于特大城市的铁路枢纽，主要办理始发、终到高速列车的作业。新建的高速铁路始发、终到站作业有以下几项：

（1）办理高速旅客列车的客运业务。

（2）办理高速旅客列车的始发、终到，动车组的取送和折返作业。

（3）办理动车组的整备、检修作业。

新建的高速始发、终到站布置图如图 6.8（a）所示。若基本上没有不停站通过列车，正线与到发线可设中间站，如图 6.8（b）所示。

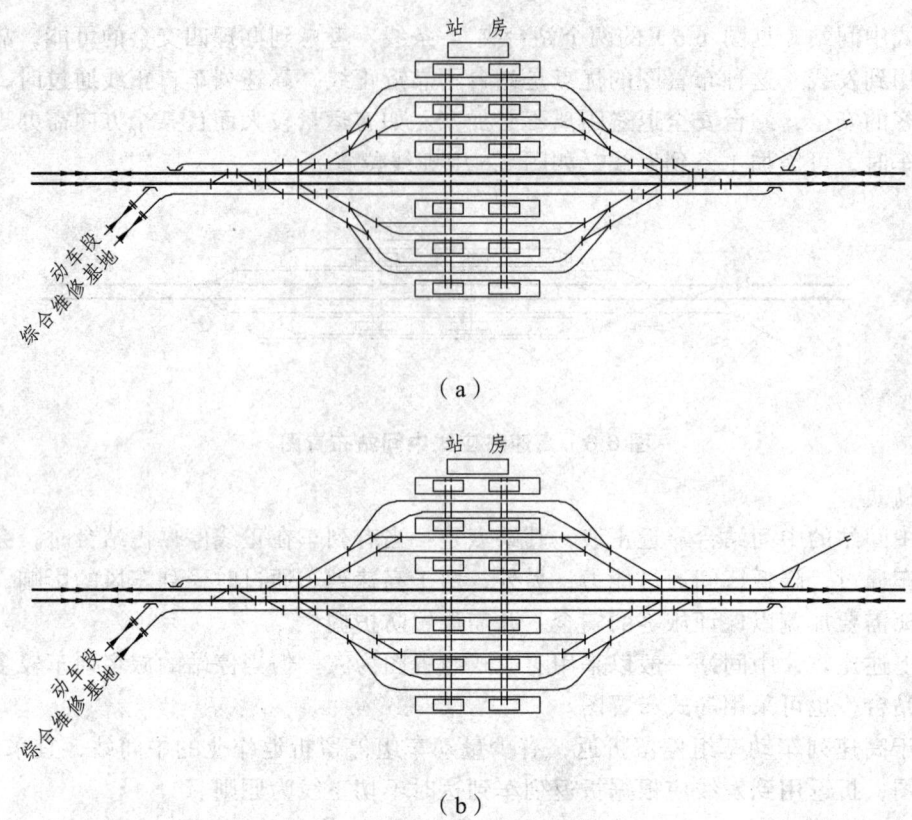

图 6.8 高速始发、终到站布置图

始发、终到站应设有与到发线相衔接的动车段（所）或综合维修基地。动车段（所）宜靠近车站设置并留有发展余地，并宜纵列配置于车站到发列车较少一端的咽喉区外方。

始发、终到站和有立即折返作业的中间站到发线数量应根据旅客列车对数及其性质、列车开行方案、引入线数量和车站技术作业过程等因素确定，并应满足高峰时段列车密集到发的需要。

4. 通过兼始发、终到站

这类车站设在高速铁路沿线大、中城市的铁路枢纽，一般都与普通铁路干支线接轨，以办理通过的高速、跨线旅客列车作业为主，兼办部分始发、终到的高速列车。

新建的通过始发、终到站办理以下作业：

（1）办理高速、跨线旅客列车的客运业务和旅客换车。
（2）办理停站、不停站的高速、跨线旅客列车通过作业。
（3）办理部分始发、终到高速旅客列车的始发、终到作业。
（4）办理高速列车动车组的整备、检修作业。

新建的通过兼始发、终到站布置图与上述始发、终到站或中间站基本相同，可设有动车段（所）或综合维修基地。

二、高速站与既有站客运合设的布置方案

高速铁路的车站与既有站客运合设具有下列优点：
（1）有利于吸引更多的游客乘坐高速列车。既有客运站一般都位于城市中心附近，高速铁路车站与其合并设置，便于旅客列车乘降，节省出行时间。
（2）有利于充分利用既有客运站的站场、站房及其他旅客服务设施，节省工程投资和城市用地。
（3）有利于旅客换乘。高速、跨线列车的旅客可在同一车站直接换乘，无须乘坐市内交通工具，不仅可以减轻城市交通负担，也可以节省旅客换乘时间。

高速铁路车站与既有客运站合设时，应遵循下列一些设计原则：
（1）由于高速线上列车运行采用自动控制和调度集中，高速列车的运行及其接发进路应单独自成系统，普速列车不得进入高速系统；但跨线列车的接发既需在高速系统进行，又需在普速系统进行，因此在高、普列车共站的车站上，为便于运营管理，高、普列车宜分场分线使用。
（2）在跨线列车需上、下高速线运行的车站，高速列车车场与普速列车车场之间应利用渡线或具有立交疏解设备的联络线互相连通，以保证转场作业的顺利进行和列车接发的机动性。在没有跨线列车上、下高速线的车站，因两场无须连通，也可不设这种联络线或渡线。
（3）客运站房共用。为了有利于旅客换乘和高速旅客流线与普速旅客流线互不交叉，高速铁路旅客与普速列车旅客的进、出站通路及其候车室应尽量分开。

高速站与既有站合设有以下几种方案可供选择：

1. 高速列车与普速列车共用车场

图 6.9 所示为高速线在枢纽前方站有既有线合并列入枢纽，利用既有正线进入既有客运站，既有客运车场为高速与普速列车共用股道。这种方案可大大节省高速线引入枢纽的建筑费用，但由于高速与普速系统旅客列车作业交叉干扰，行车指挥与车站作业组织较为复杂。

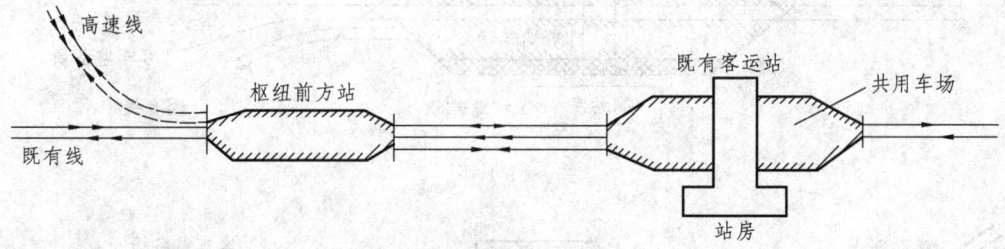

图 6.9　高速列车与普速列车共用车场方案布置图

2. 高速车场与普速车场咽喉互不连通

高速铁路引入枢纽既有客运站，分别设置高速、普速车场，两车场咽喉互不连通，高速线直接引入高速车场，高速列车与普速列车不能直接进入对方车场，高速列车与普速列车运行成为互不干扰、互相独立的两个系统（见图 6.10）。这种方案仅适应跨线旅客列车不上、下高速线的车站。

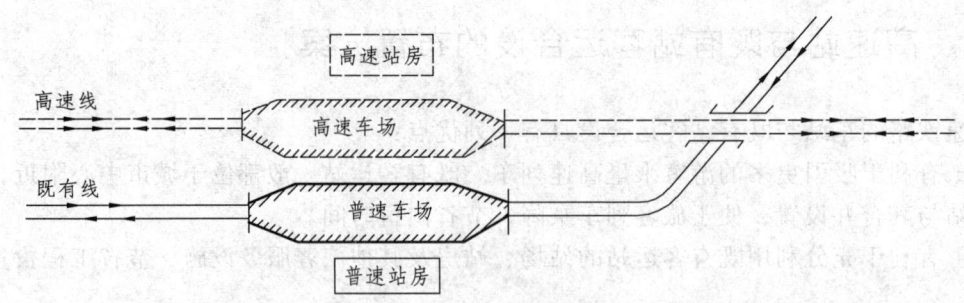

图 6.10 高速车场与普速车场咽喉互不连通方案布置图

3. 高速列车车场与普速列车车场在同一平面并列合设

图 6.11（a）为高速线与既有线并行引入既有尽端式客运站布置图，将靠近既有主站房一侧的既有到发线和站台改建为高速列车车场，供接发高速列车之用；与高速列车车场并列的其他到发线和站台作为普速列车车场，且在外侧适当扩建，供接发普速列车之用。在既有站房对侧，新建副站房，主站房与副站房之间采用高架通廊和地道相连，供旅客进、出站和换乘。两车场的进口咽喉用渡线互相连通。高速列车的动车段以及既有普速列车的客车整备场和机务段都有单独的站段联络线系相衔接，以保证咽喉区必需的平行进路。这种布置方案适合于以办理始发、终到高速列车为主的高速站。

图 6.11（b）为高速线与既有线并行引入既有通过式客运站的分布图。既有线在站房一侧，高速线在站房对侧，高速列车车场与普速列车车场横列，两车场咽喉用渡线互相连通，高速车场向外适当扩建。为便于高速旅客列车的旅客出入站，采用高架通廊和地道相连。这种布置方案适合于以通过高速列车为主的车站。由于两车场横列布置，两端咽喉区高速、跨线列车到发进路交叉较严重。

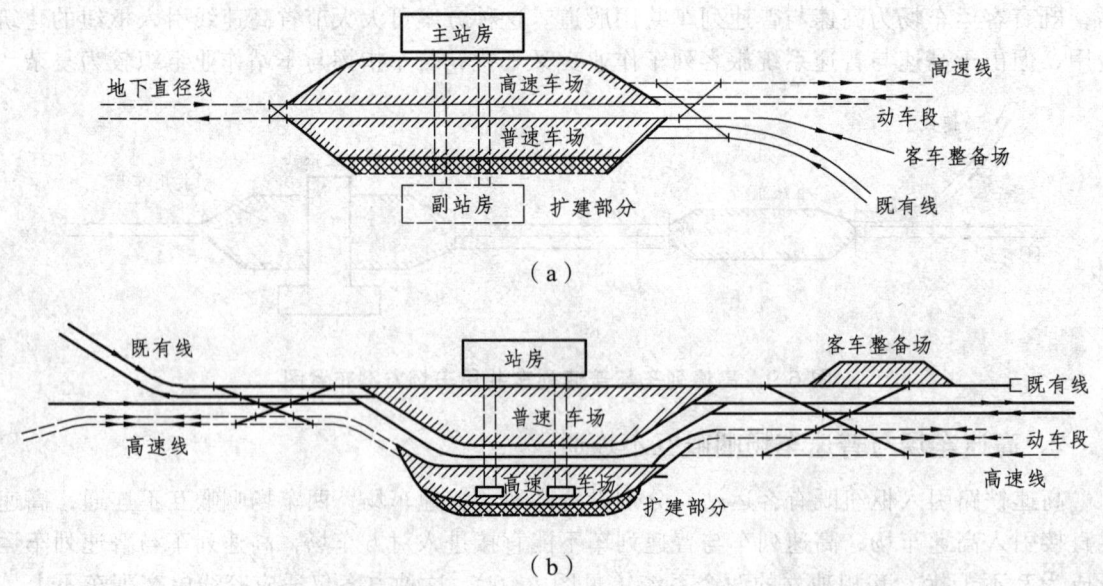

图 6.11 高速列车车场与普速列车车场在同一平面并列合设方案布置图

4. 既有站上方设高架高速列车车场布置方案

高速线高架引入既有站,在其上方设高架高速列车车场,其线路可采用如图6.12所示的平面和横断面布置,车站承担接发高速旅客列车和通过车站不停车通过的跨线旅客列车任务;桥下地面既有站为普速车场,承担接发始发、终到停站通过的普速旅客列车的任务。两车场两端采用进站线路立交疏解设备互相连通,以便于跨线客车上、下高速线。但当没有跨线列车上、下高速线时,两车场之间也可不必连通,以节省工程费用。高速旅客列车的旅客可通过主、副站房的自动扶梯和高架候车室通廊进、出站和换乘。普速旅客列车的旅客可通过高架候车室和地道进、出站。

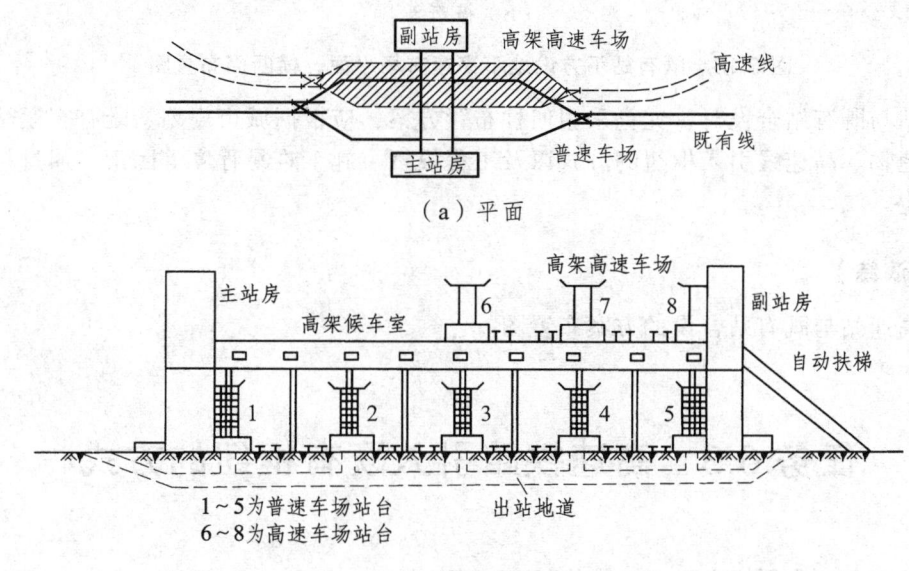

图6.12 既有站上方设高架高速列车车场平面、横断面布置图

5. 既有站下方设地下高速车场布置方案

图6.13所示为高速线从地下引入既有站,在既有站地下新建高速车场,既有站改建为普速车场,其车场的固定用途与图6.12所示方案相同。两车场两端采用进站线路疏解设备相连接,以便跨线列车上、下高速线。高速旅客列车的旅客可沿地道和自动扶梯进出站和换乘,普速旅客列车的旅客可沿高架候车室和地道进、出站。高速线地下设站形式由于其工程造价高、施工困难,因而非特殊困难情况,很少采用。例如,日本东海道新干线的上野车站是日本新干线唯一的地下高速站,由于上野处于东京市区,既有上野站站场范围内没有高架或并行等设站条件,不得不采用下穿方式。

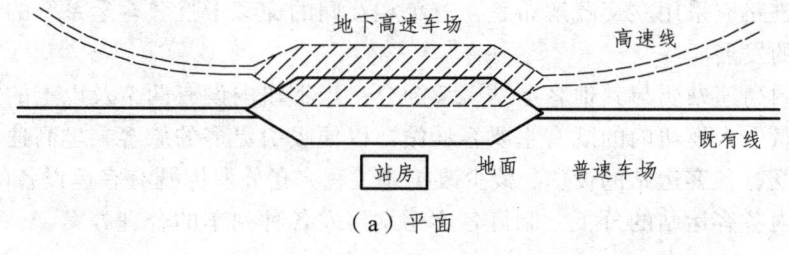

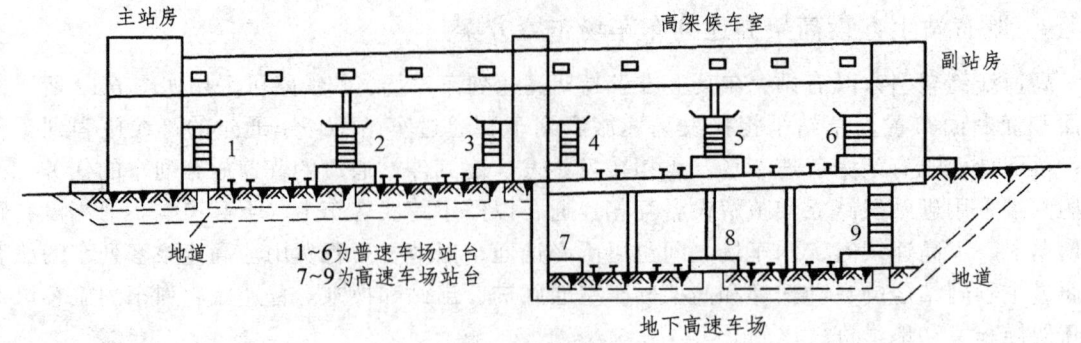

(b) 横断面

图 6.13　既有站下方设地下高速车场平面、横断面布置图

高速站与既有站合设时,究竟采用何种布置方案,应根据城市规划、既有客运站设备、当地地形地物、高速线引入枢纽的方式以及工程投资、施工难易程度等因素,通过技术经济比选后确定。

【实战演练】

绘制高速站与既有站合设的方案布置图。

任务 6.3　高速铁路引入既有枢纽的方式

一、高速铁路引入既有枢纽的要求

高速铁路的起讫点和经由点都位于既有大城市的铁路枢纽,它将对城市规划和枢纽布局产生重大影响。因此,高速铁路引入既有枢纽时应满足以下要求:

(1)高速线的走向要与城市规划密切配合;高速线的走向应尽量顺直通过枢纽,其技术条件应尽量保证高速列车"高进高出",即不降低速度通过枢纽,缩短市内行走时间;但当条件困难时,为减少城市拆迁工程量,也可以适当降低技术标准,高速列车"低进低出"通过枢纽。高速线要尽量与枢纽内既有线并行,以免造成对城市的重新分割;应尽量避免与城市干道交叉;要绕避城市居民密集区,不影响城市景观,避免噪声干扰。

(2)枢纽内客运系统要与货运系统密切配合:高速线的引入应尽量不影响既有货运系统(包括编组站、货运站、工业站等)的总体布局,避免货运系统设备的转移。客运系统的进路与货运系统的进路应采用立交疏解布置,避免相互间的交叉干扰。客运系统的布局应不影响货运系统未来的发展。

(3)枢纽内高速站要与其他客运站密切配合:当枢纽内设有两个及以上的客运站时,首先高速线应尽量引入枢纽内的既有主要客运站,以便吸引更多的旅客乘坐高速列车;其次要保证充分利用既有各客运站的设施,减少改扩建工程,充分发挥既有客运设备的能力;最后,重新调整枢纽内各客运站的分工,制订各客运站接发各种列车的合理方案。

（4）高速线要与近远期新线引入枢纽密切配合：引入枢纽的新线包括普通线和高速线。首先，要保证引入的新线与高速站有方便的通路，高速线与引入新线在枢纽内的进站线路疏解要统一规划；其次，近期高速线与远期高速线在枢纽内客运站的作业分工应互相结合；最后，近、远期客运机务段、动车段及综合维修基地应统筹安排。

二、高速铁路引入既有枢纽的方式

高速铁路引入既有枢纽的方式，按其引入线的平、纵断面的不同，有平面引入、高架引入、地下引入 3 种方式；按其引入客运站类别不同，有引入既有站（合设方案）和引入新建站（分设方案）的两种方式。现按其引入枢纽内的走向和既有线的关系不同分为以下 3 种方式。

1. 并行引入方式

图 6.14 为高速线与既有线并行引入枢纽内主要客运站示意图。高速线 $A'B'$ 与既有线 AB 在枢纽内高架（或同一平面）并行，在主客运站旁设高架（或地面）高速车场，与既有客运站横向并列。对城市不产生重新分割，站房共用，便于旅客换乘，可充分利用既有客运设施和市政公用设施。但高速线穿越市区与城市干道交叉，拆迁工程较大，高速线在枢纽内的技术条件受到一定限制，将会影响高速列车在枢纽内的运行速度。

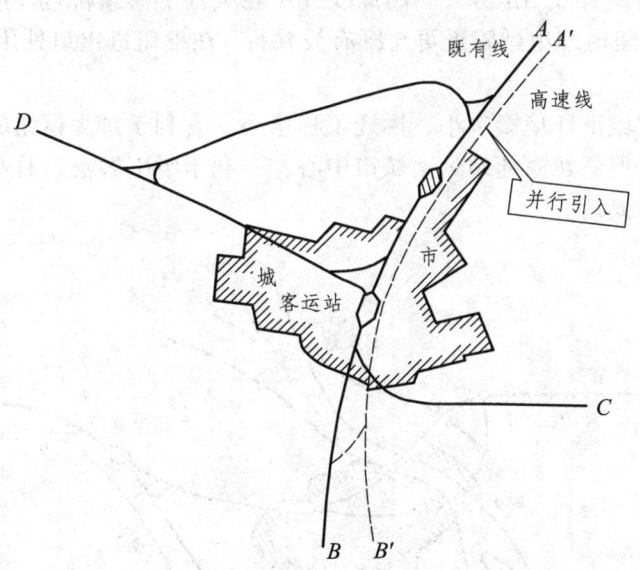

图 6.14　高速线与既有线并行引入枢纽示意图

2. 并线引入方式

图 6.15 所示为高速线在枢纽前方站（中间站或辅助客运站）与既有线合并后，再利用既有正线引入枢纽内主要客运站。

这种引入方式工程量小，节约城市用地，拆迁工程量也小，高速线对城市干扰小。但高速列车在枢纽内的合并区间需减速运行，且由于该区间客、货混跑，通过能力紧张，必须修建四线或多线方能满足需要。

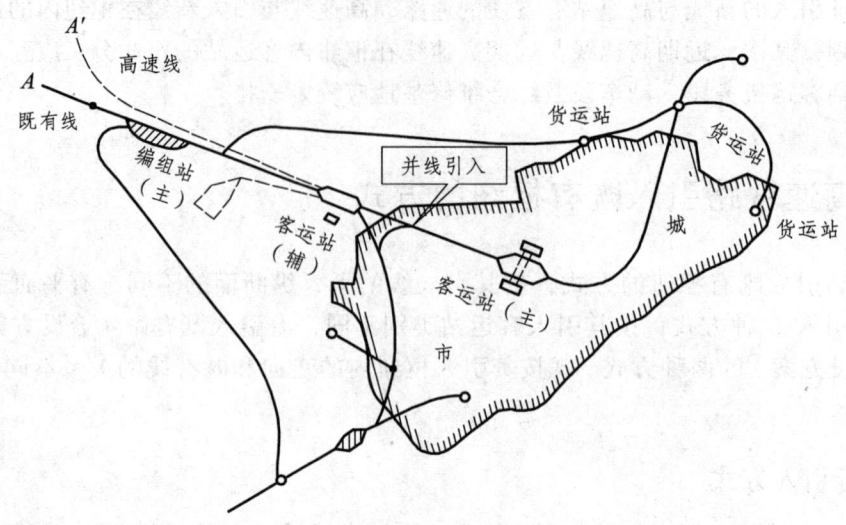

图 6.15　高速线与既有线并线引入枢纽示意图

3. 分线引入方式

图 6.16 所示为高速线在枢纽内走行时离开既有线,引入枢纽内新建的高速站,图中高速线 $A'B'$ 进出枢纽都与既有线 AB 分开。高速线 $A'B'$ 在大江上游新桥过江后,引入城市南侧边缘新建高速站,在枢纽内编组站附近再与既有线并行,在枢纽进出口处用 a、b 联络线与既有线相"衔接"。

这种引入方式对城市环境影响小,拆迁工程量小,有利于扩大枢纽的客运能力,高速线的施工不影响运营。但新建高速站远离城市中心,不利于吸引客流,且与既有主要客运站相隔甚远,不利于旅客换乘。

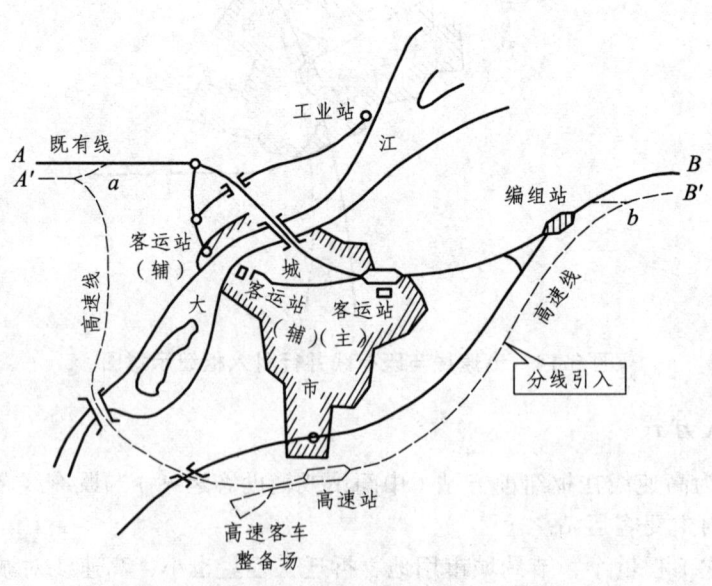

图 6.16　高速线与既有线分线引入枢纽示意图

选择何种引入方式，应根据以上所述的一些原则和要求并根据城市规划和现有枢纽的总布置图等条件，进行多方案比选后予以确定。

【实战演练】

绘制高速铁路引入既有枢纽的方式示意图。

任务 6.4　动车段（所、场）与综合维修基地在车站的设置

一、动车段（所、场）与综合维修基地在车站的设置

1. 动车组检修修程和周期

日本新干线动车组、法国 TGV-A 动车组和德国 ICE3 动车组修程（检修等级）和周期分别见表 6.2 至表 6.4。目前我国动车组尚未确定，综合各国成熟运营经验，京沪高速动车组修程和库停时间可参考表 6.5。

表 6.2　日本新干线动车组检修修程和周期（2003 年）

检修等级	检修周期	停时	内容
日常检查	48 h 以内	1 h（16 辆）	车组不分解，根据其运用状况补充更换易耗品，对受电弓、转向架、行走装置、电气设备、自动门、车内设备等作外观检查
定期检查	30 d 或 30 000 km 以内	4 h（16 辆）	车组不分解，根据其运用状况对受电弓、高压回路、辅助回路、自动门、转向架、车内设备等的状态及性能进行检查，同时作电气部分的绝缘阻抗检查
转向架检修	12 个月或 600 000 km 以内	1 d（8 辆）	车组分解成单元，每单元同时架车更换转向架，对牵引电机动力驱动装置、制动装置等主要部件解体后检查转向架，检查完毕后，在基地试验线路上进行试验
全面检修	3 年或 1 200 000 km 以内	10 d（16 辆）	车组分解成每一单元节，按工序流水作业，车上、车内、车下所有设备下车检修，主要部件换修。高压布线在车上做耐压试验，车体气密检查等。单节车辆连挂后进行全列车的性能试验、基地内运行试验，最后上线试验
运转检查	需要时	运转中	对列车运行中的加减速度、振动等各设备的综合作用及功能做添加检查
ATC 动作检查	按车组使用条件而定	运转所	状态预先检查
ATC 特性检查	3 个月以内	运转所	

表 6.3 TGV-A 动车组检修修程和周期（1990 年）

检修等级	项目	检修周期/km	停时	检修班制
ES	基本检修	3 500	1 h	三班制（3×8 h）
ECF	舒适性检修	10 000	2 h	
VOR	走行部检修	20 000	4 h	
ATS1	其他例行检查 1	60 000	12 h	
ATS2	其他例行检查 2	100 000	20 h	
VL	限制性（局部）检修	150 000	26 h	两班制（2×8 h）
VG	全面检修	300 000	2.5 h	
GVG	重大部件修理	600 000	5 d	
OVERHAULING	大修	2 400 000	13 d	单班制

表 6.4 ICE3 动车组检修修程和周期（2000 年）

类别	检修等级	项目	检修周期（km）	停时
A	L	运行检查	4 000×（1+10%）	1 h
	N	补充检查	20 000×（1+20%）	1.5 h
B	F1	第一检修	100 000×（1+20%）	8 h
	F2	第二检修	400 000×（1+20%）	16 h
	F3	第三检修	800 000×（1+20%）	16 h
	F4	第四检修	1 600 000×（1+20%）	2 d
C	Rev	大修	2 400 000×（1+20%）	9 d（一班）

表 6.5 京沪高速动车组修程和库停时间

修程	定检公里	库停时间
一级修（日检）	30 000	4 h
二级修	120 000	2 d
三级修	600 000	4 d
四级修	1 200 000	7 d
五级修（大修）	3 600 000	30 d

2. 动车段（所、场）的类型

（1）动车段：配属一定数量的动车组，承担动车组的运用整备及存放任务、动车组日常检查、各级修程及临修作业。根据需要设置大修。

（2）动车运用所：派驻动车组，承担动车组的运用整备及存放任务、动车组日常检查及临修作业。根据需要预留发展条件。

（3）动车存车场：承担动车组的存放及运用整备任务。

3. 动车段（所、场）设置的原则和要求

（1）动车段（所、场）的分布及规模应根据高速列车的开行方案、担当的交路经计算后确定其工作量。一般以配属动车组套数、每日始发、终到动车组数及其承担的修程等因素来确定其规模。

（2）动车段（所、场）应设在有较多的始发、终到高速列车的始发终到站、通过站的适当地点，以节省动车组的出入段时间。站、段（所、场）相对位置应有利于行车，并与城市规划密切配合。动车组出入段（所、场）对车站作业干扰应最小，并应适应站型和运输发展的需要。

（3）动车段与车站的相互位置，可横向或纵向布置。纵向布置时，动车组出入段不必折返运行，作业流水性好，可以节省时间。横向布置时，动车组出入段不仅折角，且有正线交叉。

（4）车站与动车段（所、场）间应有专门的回送线相连接，出入段次数较多时宜采用复线，并与高速正线立交疏解。出入段次数较少时，也可采用单线。

4. 动车段（所、场）内设备的布置方式

动车段（所、场）的主要设备有：到发兼停留线（场）、检修库（线）、台车检查设备及动车组清洗设备等。段（所、场）内主要设备的布置形式有两种：

（1）横列式：到发兼停车场与检修库横向排列（见图6.17），具有占地少、作业集中的优点；但检修车需折返运行，增加转线作业费用，且咽喉区有交叉干扰。当停车的动车组数较少（4~10列）时可以采用。

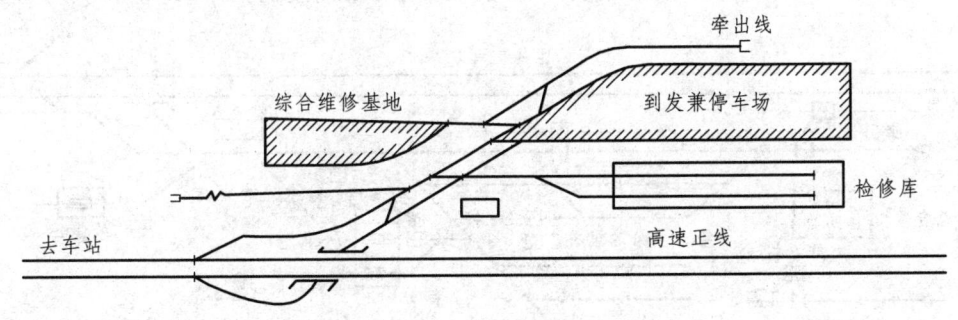

图6.17 横列式动车段设备布置图

（2）纵列式：到发兼停车场与检修库纵向排列（见图6.18），可节省动车组转线作业时间，转线作业与到发作业互不干扰；其缺点是占地较长。当动车组到发列数较多且地形允许时可采用纵列式。

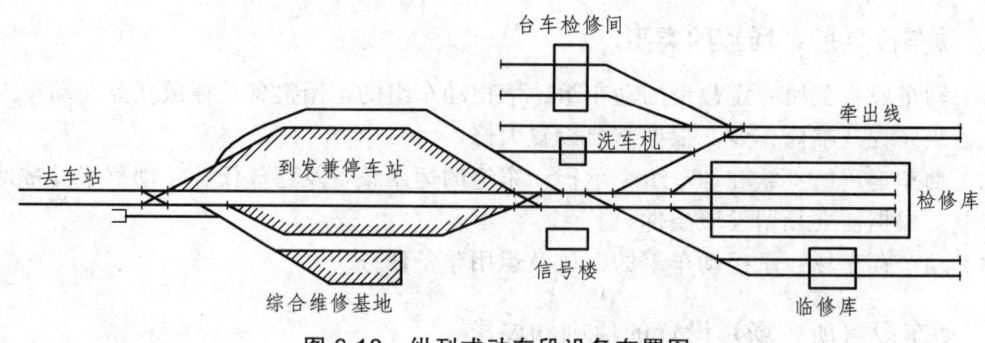

图 6.18 纵列式动车段设备布置图

二、综合维修基地在高速铁路车站的设置

高速铁路的各项固定设备必须经常保持高质量工作状态,以确保列车安全运行。为此,应设有各专业包括工务、电务、供电、房屋给水排水等的维修基地。这些基地通常集中在一起,形成综合维修基地。它可分为设备更新基地和一般基地,前者配备有更新作业所需的保养用车和其他各种维修用的设备;后者配备有维修车中转用的待避线和平时作业车的停留线。

1. 综合维修基地的分布原则

(1)综合维修基地应设在有较多始发、终到高速列车的始发站或通过站。

(2)在同一车站设置综合维修基地、轨电检测中心以及动车段(所)时,应尽可能设在一起,以节省用地。

(3)综合维修基地的分布应根据维修用车的实际作业时间、走行速度以及维修"天窗"时间等确定,一般以间隔 50 km 布点为宜。更新基地与一般基地错开布置。

2. 综合维修基地的布置图

图 6.19 为一更新综合维修基地布置示意图,该基地与高速铁路车站内上、下行渡线附近的正线出叉连接,便于维修用车出入基地,也可与站内到发线接轨。该基地设有下列主要线路:

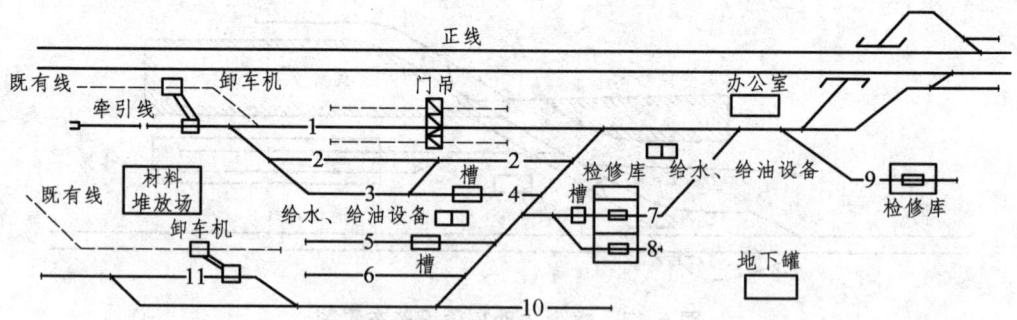

1—材料装卸、长钢轨运送更换车停留线;2—机走线、通路线;3—架线车停留线;4—电气作业停留线;5、6、10—维修机械停留线;7、8、9—检修线;11—道砟装卸线。

图 6.19 综合维修基地(更新基地)设备布置图

（1）维修用车停留线——供轨道检测车、大型综合机械维修车、材料搬运车的停放。
（2）材料装卸、长钢轨运送更换车停留线——供材料和长钢轨装卸用。
（3）道砟装卸线。
（4）电气作业车、架线车停留线。
（5）检修车停留线。
（6）机走通路线等。

【实战演练】

利用网络资讯，收集国外高速铁路动车段（所、场）与综合维修基地的设置情况。

【小知识】

世界上最快的高铁

2014年，中国南车制造的CIT500高速列车的试验速度达到了605 km/h，打破了法国高速列车TGV在2007年4月3日创造的574.8 km/h的世界纪录，是目前世界上最快的火车。

该列车身呈灰色，中间有黑色的条纹及"CRH"的标志，外形如"宝剑出鞘"，为列车的安全性、可靠性等提供研究平台。列车头型的设计灵感来源于中国古代的兵器"剑"，车尾则是"火箭"造型，如此概念设计的头尾结合，实现了头车降低阻力、尾车升力接近于零的最优技术匹配。

CIT500所取得的成就，使得中国在高速铁路领域拥有了更大的国际话语权。

学习情境 7　高速铁路防灾安全监控与环境保护

情境导入

针对高速铁路列车安全、高速运行的需求，必须采用集成系统对危及高速铁路运行安全的风、雨、雪、地震等自然灾害，突发事故及异物侵限灾害等进行监测报警和输出控制，以便开展基础设施的巡检、抢险及维修养护工作，保证高速列车运行安全正点、高效舒适。另外，列车的高速运行也给铁路建设环境保护带来了许多新的内容。

学习目标

【知识目标】　了解高速铁路的防灾安全监控系统组成及各子系统的构成，熟悉高速铁路的主要噪声源及环境保护技术措施，掌握高速铁路施工期环境保护的主要内容。

【能力目标】　能在施工方案组织中制订防止噪声污染、振动污染的工程措施，会分析、预见工程项目对周边环境的生态影响，并能采取对应的措施降低或避免其发生。

任务 7.1　高速铁路防灾安全监控系统

安全是一切交通方式的先决条件，是高效运输和持续发展之本，是铁路运输的生命线。高速铁路上列车高速度、高密度运行，一旦发生事故，后果相当严重。因此，高速铁路对行车安全保障体系提出了更高的要求。

防灾安全监控系统是保证高速铁路安全运行的重要基础设施之一，是综合调度中心不可缺少的一个组成部分，这正是高速铁路与普通铁路的重大区别之一。通过对各类灾害监测的原始信息进行数据处理、分析与判断后，传送至综合调度中心或综合维护与救援调度中心确认和处理。根据灾害的性质和级别，对运行中的列车实施预警，或限速运行，或中止行车，以确保高速列车运行安全。

生态环境是人类赖以生存和发展的基本条件，是决定人类社会、经济能否持续发展的重要因素。环境保护是我国的一项基本国策，它关系到国家和民族的兴衰，关系到现代化建设的成败和国民经济的持续发展。其主要任务是利用环境科学的理论和方法，更好地利用自然资源的同时，深入认识和掌握污染和破坏环境的根源和危害，预防环境质量的恶化，控制环境污染，促进人类与环境协调发展。

高速铁路的环境保护除具有与一般铁路环境保护相同的特点以外，其重点内容有以下几个方面：

（1）治理噪声环境：高速铁路列车速度达 300 km/h 以上，其噪声强度将随速度的提高而上升，例如德国的 ICE 噪声峰值声级为 90 dB（A），法国的 TGV 噪声峰值声级达 94 dB（A）。因此，控制噪声将是高速铁路环保的首要任务。国外测试资料表明：轮轨噪声与集电系统噪声是高速铁路主要的噪声源。因此，降低轮轨噪声和集电系统噪声是控制高速铁路噪声污染的关键所在。

（2）控制振动污染：高速铁路列车运行产生环境振动，这种振动的振级与列车速度成正比，控制振动对环境的污染将是高速铁路建设的一项重要任务。国外建设高速铁路的实践表明：路基的地质条件、线路与结构物的结构、动车组走行的部分结构以及受振点离线路的距离是影响振级大小的主要因素。因此，保持路基稳定加强，加强轨道的弹性设计，采用性能良好的轻型动车组等，将是控制高速铁路振动污染的主要方向。

（3）防止电磁干扰：高速铁路采用电力牵引，可实现大气无污染的零排放。但是，电化区段对城市居民区的环境影响，除上述集电系统的噪声污染外，电磁干扰也随之而来，这不仅使有线、无线通信声音失真，还会使电视画面紊乱而无法收看。产生电磁干扰的主要原因是电力机车受电弓离线率的影响。因此，改进受电弓的结构和受流条件，采用屏蔽电缆或光缆传送电视信号等将成为控制电磁干扰的主要任务。

（4）保护生态环境：高速铁路建设规模大，占用农村和城市用地多，且需经过繁华的城市市区和经济带，对自然环境和生态环境（如水土流失、植被和农田水利的破坏、城市房屋建筑物的拆迁、城市景观、日照、施工的干扰，等等）都将造成很大的影响。因此，研究和采取保护生态环境的措施，在高速铁路建设中具有重要意义。

（5）处理列车垃圾：高速列车以舒适、便利的优越性而吸引众多的旅客。为此，列车生活垃圾的处理，如车厢粪便的收集、废水的排放、"白色污染"的治理等将成为保证高速铁路沿线环境（包括列车车厢和沿线）的重要内容。

为实现上述任务，高速铁路的环保工作要贯彻"全面规划、合理布局、综合利用、化害为利、保护环境、造福人民"的方针，在进行高速铁路可行性研究或初步设计的同时，必须进行环境影响评价，提出环境影响分析专题报告，拟订环境保护的对策和建议，并估算用于环境保护工程的费用，将其列入工程概算，使高速铁路的环保工作落到实处。

防灾安全监控系统一般包括信息采集、信息传输和信息处理三部分，对自然灾害（风、雨、洪水及地震）、轨温及火灾、突发事故、异物侵限及非法侵入等内容进行监测或控制。自然灾害主要指：风、雨、洪水、地震及其他自然灾害；轨温及火灾主要指钢轨温升，大型车站、大型结构物、牵引变电所、通信信号机械室等重要机房室内及周围火灾；突发事故及异物侵入限界指突然发生的影响行车安全的事故及落石、落物、坍方或其他物体侵入限界，使铁路设施受到意外撞击等。另外，运行中的高速列车、牵引供电系统和通信信号等都有自己的安全监测和自控系统，维修、紧急救援子系统也是安全系统中的重要环节，它们共同构成安全保障体系。

一、风监测子系统

高速铁路与普通铁路相比，一方面列车运行速度快，另一方面列车车轴质量轻，因此，风对高速铁路安全的影响是不容忽视的。强横风作用下，接触网可能引起强烈摆动、翻转；作用于车辆的侧向大风将影响列车运行的横向稳定性，可能造成列车倾覆。高速铁路针对风灾害所采取的安全对策是建立风监测子系统（系统还需与气象部门联网以保证数据的合法性和对未来天气的预测需要）。该系统由风向风速计、发送装置、接收分析记录显示装置组成。日本采用的某种风向风速监测子系统构成如图 7.1 所示，风向风速计通过其附带的变换器将模拟电信号转换成数字信号，经由各自的信号发送装置，通过一对电缆发送至分析记录显示装置接收。在风速达到一定值时，自动通知中央控制中心，控制列车减速或停止运行。警报标准根据线路条件、列车抗风性能、周围环境等综合因素考虑。

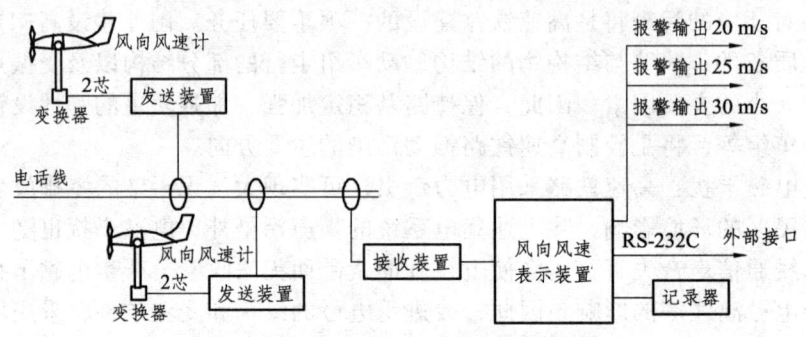

图 7.1　风向风速监测子系统构成图

二、雨量及洪水监测子系统

为了防止洪水灾害对高速铁路带来的灾害，需要建立雨量及洪水监测子系统。该系统根据高速铁路沿线气象、水文、灾害历史以及线路的路基、桥梁等设计状况，有针对性地设置监测终端，有效地制订运营及防洪措施。图 7.2 为雨量及洪水监测子系统结构图，系统由水文气象数据采集终端（风速、风向、气温、气压、雨量、水位、冲刷探测、洪水测量及路堑防撞监视等）、数据处理与预报（中央装置）、数据传输与控制三大部分组成。

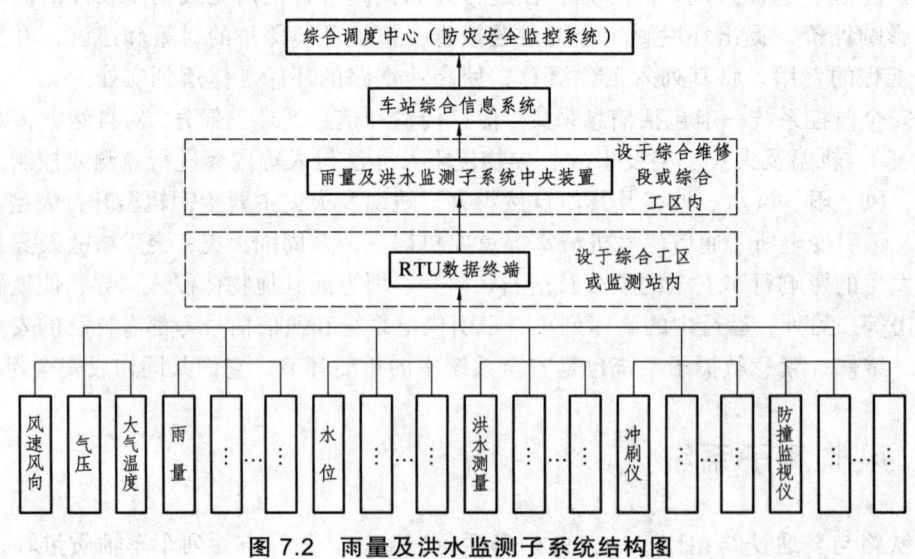

图 7.2　雨量及洪水监测子系统结构图

高速铁路受降雨及洪水的破坏，主要表现在路堤、桥梁破坏以及路堑自然边坡破坏三大方面。路堤破坏类型主要有边坡侵蚀、堤内水位上升、排水不良、周围环境影响；桥梁破坏主要有桥墩台过度冲刷、桥梁撞击、水位过高；路堑自然边坡破坏，很大一部分也是由雨水冲刷造成。因此，应针对上述情况考虑设计相应的探测及数据采集设备。

雨量及洪水监测子系统由数据采集、数据传输、监测终端等设备构成。图 7.3 为日本采用的某一雨量监测子系统构成图。设置在各地点的雨量计通过各自的带阻滤波器连接在一对芯线上，通过各自对应的频率发生器发送信号，接收记录装置分别接收各自频率的信号，分析统计各地点的雨量信息。

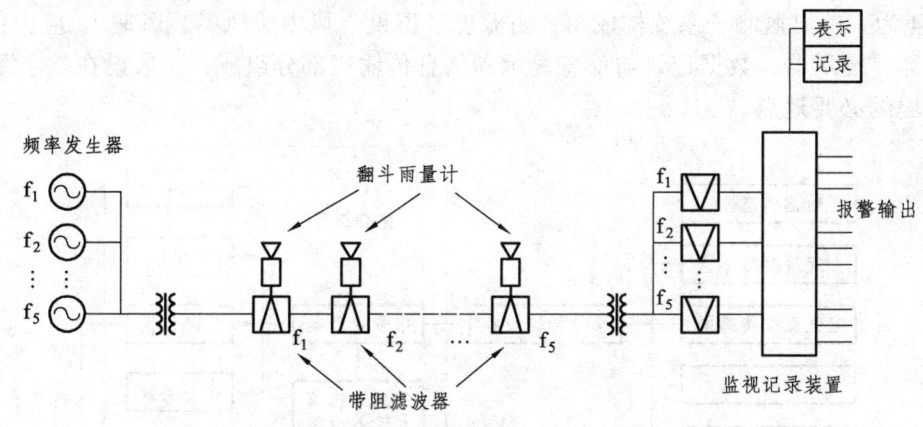

图 7.3　日本雨量监测子系统构成图

三、地震监测子系统

目前用于地震监测预警主要有两类系统：一类是在烈度大于或等于Ⅶ度（相当于地震动峰值加速度为 0.1g）的线路区段的变电所内，设置地震监测设备。监测设备有两种形式：一种是加速警报仪，我国采用警报加速度为 45 gal（1 gal = 0.01 m/s^2），日本采用的警报加速度为 40 gal（0.4 m/s^2）；另有一种是显示用的地震仪，该地震仪能显示监测点的地震加速度波形，可进一步判断发出的警报是否可靠。另一类系统是日本新近开发的地震早期监测预警系统。

四、雪害监测及对策

在年降雪量和积雪深度大的地区，下雪时积雪对高速铁路的主要危害有：
（1）暴风雪形成的雪堆，过高时影响行车安全。
（2）高速列车气动力卷起积雪并凝结在列车车体底部，导致车辆绝缘失效。
（3）列车从降雪地区行至温暖地区，车下积雪或结冰脱落，砸向道床，使道砟飞起，危害车辆设备及附近建筑物和人员。
（4）积雪使道岔扳动失灵，为此应采取相应措施。例如日本在风口地段设置防雪栅或防护林，防止在线路和设施上形成雪堆，同时在适当地点设置防雪崩桩或棚，阻止斜坡发生雪崩；降雪的地方加设防护装置和加热融雪装置；道岔处采用电气温风融雪机；设置雪害监测设备等。

五、轨温监测

高速铁路全线铺设跨区间无缝线路，在夏季，随着轨温的升高无缝线路长钢轨纵向应力将增大，如果在该季节进行夜间大型养路机械作业，作业后将改变有砟轨道道床作业的状态，实测表明道床的纵向、横向阻力均有下降，此时无缝线路保持稳定的安全储备量将减少。如果轨温继续升高到（或超出）某一临界值时，只要有任意的激扰，如过车时的振动、列车在该地段制动、线路维修等，无缝线路将失去保持稳定的能力从而发生胀轨跑道事故，对高速铁路的行车安全构成威胁。

图 7.4 为一轨温监测子系统构成图，由温度、湿度、风力（风向、风速）、应力传感器，信息处理器、显示器，数据记录与信息显示和信息传输三部分组成，一般设在软土路基路堤和滞洪路堤的必要地点。

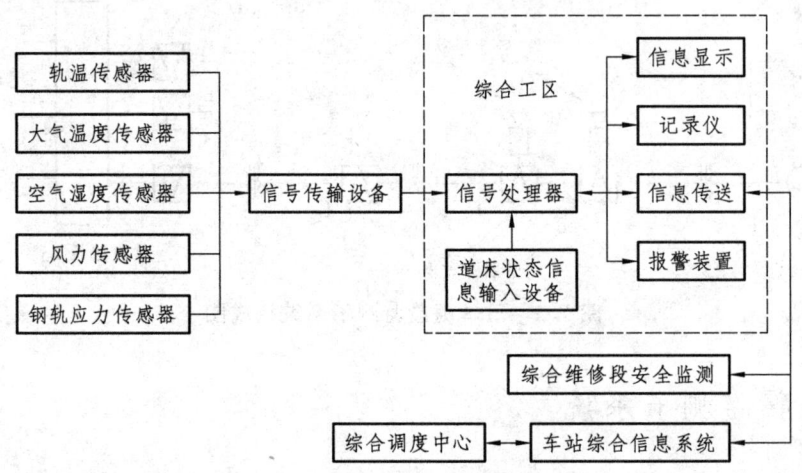

图 7.4　轨温监测子系统构成图

六、大型车站防灾

大型车站应设有自己的防灾中心，采集的信息有火、烟机各通道滚梯运行情况等。一旦有非常事态发生，可及时采取自动灭火、排烟隔离火源等措施，并有效地疏导旅客。

大型车站内的旅客导向信息系统，是列车运行管理系统中的一部分，对车站安全起到辅助作用。通过向导显示板和广播，除提供日常服务信息外，还可提供事故信息、疏导向导。例如，日本东京车站内防灾控制中心内的综合显示板，可实时显示楼层、各安装位置上的自动扶梯，热、烟探头，各重要通道上的摄像机的工作情况，便于工作人员掌握。

七、其他灾害监测及安全防护工程

为避免闲人进入高速铁路线路范围内有碍高速列车运行，应沿线路两侧或在铁路用地限界处，设置金属防护网；每隔一定距离设置禁止入内警示牌。线路上有可能发生崩坍、落石的地段，应设置防护栅及监视警报系统,以保证高速线路受侵的信息能及时传输到综合调度中心,控制列车运行。凡有高速列车通过的站台,在站台安全线设置固定防护栅和车门处的活动防护栅。

公路跨越高速铁路或与高速铁路并行(公路低于铁路 1.5 m 以上的除外),在公路与高速铁路的交界处,应设置防止汽车翻落及异物跌落的防护工程,并考虑在汽车的来向端及去向端适当延长防护工程范围。与防护工程同时设置边界故障报警装置。高速铁路跨越或并行公路、既有铁路,其桥墩外侧面认为有必要时应设防护撞击设施。

线路两侧交错设置列车防护开关,站台每隔一定距离设置列车防护开关。发生突发事故(如发现线路内有障碍物、乘客从站台上跌落或线路异常等)时,线路巡导员或车站值班员操作列车防护开关,及时关闭 ATC 信号,使正在接近的列车停车,防止事故发生。设置防护开关的地点应设置防护电话,便于现场与综合调度中心联系,防护电话可采用有线或无线通信。

防灾安全监控系统设备须安全可靠,直接对列车限速的软、硬件设备须考虑冗余设计。要保证高速运行中的列车在临灾之前,能得到有效的控制,即要求灾害信息传送具有实时性。因此,防灾安全监控系统信息传送采用高速铁路专用数据通信网。

高速铁路是存在于自然界中的构造物,受到灾害和事故的侵袭是不可避免的,但是,只要对各种灾害和事故进行深入的研究,针对不同灾害和事故,结合高速铁路的实际情况,制定不同的防灾安全对策,就可以将灾害和事故带来的损失降到最低,确保高速铁路的安全运行。

【实战演练】

绘制高速铁路安全监控系统的示意图。

任务 7.2　高速铁路噪声及其控制

随着工业和交通运输的发展,噪声对环境质量的影响日益严重。据不完全统计,近年来向环保部门投诉的污染事件中,噪声事件所占的比重已上升到第一位。降低周围环境的噪声,防止噪声的危害,已成为人们迫切的愿望。治理环境噪声,已成为环境保护工作的重要内容。

一、噪声危害

一切对人们生活、学习、工作和健康有妨碍,令人讨厌的声音统称为噪声。众所周知,噪声污染是一种物理污染,虽然并不直接致病,但噪声对人的健康有重大影响,而且对神经、心脏、消化系统也有不良影响,还影响人的睡眠和休息。实验证明,45 dB(A)的噪声就开始对正常人的睡眠产生觉醒反应;在白天 100 dB(A)时,人们就会感到吵闹不安,甚至难以忍受;噪声会使人烦恼、疲劳发困、反应迟钝,影响工作效率;噪声还会影响儿童的智力发展,据调查,在吵闹环境下儿童的智力比安静环境下儿童的智力低 20%;噪声对自然界中的生物也有影响,强噪声会使鸟类羽毛脱落,甚至内脏出血而死亡;高强度的噪声能损坏建筑物,160 dB(A)以上的高强噪声会使金属结构疲劳。

铁路噪声原本存在，随着高速铁路的诞生，噪声污染就更显突出。日本新干线穿越人口密集区，修建东海道新干线之初，对噪声扰民问题未引起重视，建成后由于沿线噪声扰民不断，遭到投诉事件和强烈抗议，日本环境厅于 1975 年颁布了新干线噪声标准，被迫采取了许多减振降噪措施。法国国铁也曾由于 TGA 东南线高速列车运行产生的噪声问题而被罚款，但与日本比起来，由于国家规定了较宽的铁路用地范围，沿线人口稀少，对噪声、振动控制不迫切，因而对其治理投资较少，列车辐射声级也较高。可见，世界各国在修建高速铁路时，对噪声问题相当重视，都采取了各种综合减振降噪措施，来满足政府部门制定的噪声法规和环境噪声标准。

二、噪声源

按噪声的来源分，可分为工业噪声、交通噪声和生活噪声。工业噪声按产生的机理又可分为 3 种：第一种是空气动力性噪声，如各种风机、高速气流等所产生的噪声；第二种是机械噪声，如各种车床、电锯、铁路车轮滚动所产生的噪声等；第三种是电磁性噪声，如发电机、变压器、电力机车集电系统所产生的噪声等。

高速铁路由于具有高速、高架、电气化等特点，其辐射噪声与普通铁路有所不同，主要体现在噪声源及其辐射强度方面。高速铁路的噪声主要由轮轨噪声、集电系统噪声、空气动力噪声、建筑物激励噪声和其他机械噪声等组成，如图 7.5 所示。

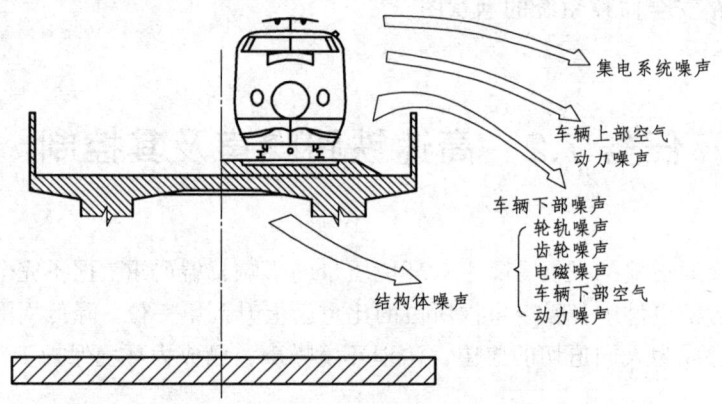

图 7.5　高速铁路噪声源分布示意图

1. 轮轨噪声

轮轨噪声是高速铁路的主要噪声源，它产生的噪声来自 3 个方面：
（1）车轮通过钢轨轨缝、道岔以及擦伤后的车轮在钢轨上转动时产生的冲击声。
（2）车轮与钢轨粗糙的接触表面相互作用后所产生的轮轨振动轰鸣声。
（3）车轮通过曲线时，轮缘挤压外轨以及内侧车轮踏面在钢轨上滑动所产生的摩擦噪声。
高速轮轨噪声主要通过车轮辐射，仅有小部分通过钢轨辐射，其声能分布的频域范围较宽。

2. 集电系统噪声

凡由动车组受电弓引发的声音，统称为集电系统噪声，它产生的噪声来自 3 个方面：

（1）受电弓沿接触网导线滑动而引发的机械滑动声。
（2）受电弓离线时产生的电弧放电噪声（拉弧声），它与接触网吊弧弧度的大小有关。
（3）整个受电弓与导线滑动过程中产生的风切声，它与导线的张力有关。

其中电弧噪声最大，有时瞬间可达 100 dB（A）。

3. 空气动力噪声

在高速铁路上行驶的动车组，会使车体表面出现空气流中断，并因此引起涡流，从而产生空气动力噪声。这种噪声与列车的行驶速度、车体表面的粗糙程度，以及车体前端是否流线化等因素有关。

4. 建筑物激励噪声

高速铁路的路基，高架混凝土桥、钢桥、隧道等建筑物结构在振动状态下均可成为二次辐射噪声源。不同的基础建筑结构，辐射噪声级不同。路堤型路基噪声高于路堑型路基噪声。在桥上或高架结构物上产生的振动能以低频噪声传播，尤其当列车通过无道砟轨道的钢轨时，这种二次辐射噪声值较为明显。高速列车行驶在隧道出口处时，因微气压波，导致能量很大的冲击噪声。

5. 其他机械噪声

在高速铁路噪声源中，其他机械噪声与列车速度虽无直接关系，但由于机车功率提高而同样显得突出，例如动力传动机构、牵引电机冷却风机及其气流等。此外，密闭车厢内的设施，例如空调机组及其通风管道布置、车内电器装置等，也会对车厢内环境产生噪声。

三、噪声环境评价标准

不同国家不同发展阶段的高速铁路，在噪声水平控制技术上有很大的差异。不同的线路结构、桥梁结构、不同的建筑群类型和布局，以及不同的动车组等均对噪声的大小范围有很大影响。因此，确定噪声的控制标准是一项比较复杂的任务。

有关高速铁路噪声标准，目前仅日本和法国已制定并执行，其他国家大多仍受既有铁路噪声标准控制。标准值由各国通过调查沿线居民对噪声的烦恼度进行数理统计分析后提出，因而数值大小与各国国情有关。

日本新干线噪声限值为列车通过时的最大声级，其限值如下：

Ⅰ类地区（主要为住宅地区）：$L_{A\max} \leq 70$ dB（A）；

Ⅱ类地区（商业、工业等Ⅰ类以外地区）：$L_{A\max} \leq 75$ dB（A）。

法国高速铁路标准为等效声级 L_{ep}，昼间 65 dB（A）。我国既有铁路噪声限值为距铁路外侧轨道中心线 30 m 处，昼夜等效声级均为 $L_{ep} = 70$ dB（A）。其他国家既有铁路噪声值大多在 $L_{ep} = 60 \sim 68$ dB（A）。等效声级 L_{ep} 相当于以一个稳定的连续噪声来代替随机噪声，二者在规定的一段时间内具有相同的能量。

对各国铁路噪声限值进行比较，日本新干线噪声限值是当今世界最严的铁路噪声限值。这可能与新干线运营初期，沿线居民对噪声的强烈反应有关。满足国家规定的环境质量要求是高速铁路技术体系的重要组成内容,也是交通发展方向的重要目标之一,因此采取适当措施,达到一定的降噪效果是十分必要的。

四、噪声控制技术

高速铁路噪声的控制措施,可分为3个方面:

1. 生源降噪措施

(1)降低钢轨和车轮表面的粗糙度,对轮轨的表面进行研磨,使之保持平滑完好状态。这项措施应用在日本新干线上,可使噪声衰减 3~6 dB(A)。

(2)铺设超长无缝线路可减少车轮对钢轨接缝的冲击声;采用 60 kg/m 及以上的重型钢轨,保持线路方向顺直,可减轻高频振动对道床的影响,提供高速行车所需的平滑运行表面。

(3)采用防振钢轨。日本在新干线上采用的防振钢轨是使用橡胶从钢轨头部及以下将整个轨腰部位包覆直至轨底的上部表面,使橡胶件与钢轨组成一个整体,如图 7.6 所示。在高架桥上采用这种防振钢轨,可降低噪声约 4 dB(A)。

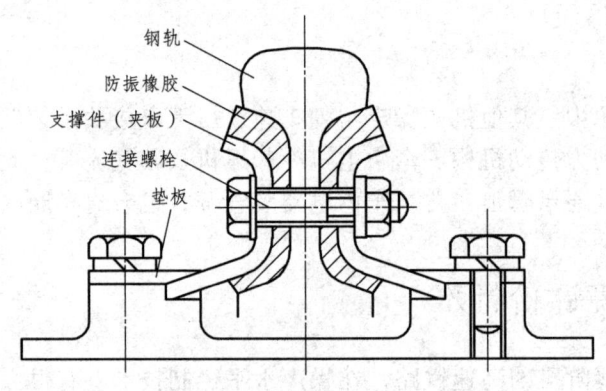

图 7.6 防振钢轨断面图

(4)铺设大号码可动心轨道岔,可加大道岔的导曲线半径,消除道岔有害空间,从而减少车轮对道岔的冲击噪声。

(5)采用高弹性轨下垫板和相应的弹性扣件,高架桥上采用混凝土箱梁或连续梁,并设置橡胶支座。

(6)采用动力集中型动车组,可减少整个动车组受电弓的数量,从而减轻受电弓离线时产生的电弧放电噪声。日本缩小接触网吊弦间距(由原来的 10 m、5 m 改为 7 m、3.5 m),将受电弓的两点接触改为多点接触,采用轻型高强力导线,使吊弦间弧度减少,安装受电弓罩,等等,都可以降低脱弓频率,使集电系统的噪声衰减 4~5 dB(A)。

(7)动车组头部流线化,车体表面无凸起、平滑化。列车在高速运行时空气阻力将会明显增加,空气阻力与速度的平方和车体迎风的截面面积成正比。动车组车体头部的流线化,将使空气阻力系数减少 0.5 以上,既可减少空气阻力,同时也将大大降低风切噪声。车体表面的无凸起、平滑化,将空调装置从车顶移到台板下,高压电缆接头设置在车体结构内,车篷结构的低噪声化,缩小车窗及车门的高低差,尽量减少车辆暴露面的尖端形状等,均可使噪声衰减。

（8）采用盘式制动方式代替闸瓦制动，不仅可以减少闸瓦对车轮的磨耗，而且可以避免制动时的尖叫噪声。

（9）改善转向架导向性能，轮缘涂油，装设防滑器以减少车轮踏面擦伤等，也可使噪声衰减。

2. 传播途径上的降噪措施

（1）设置隔声屏障。例如，日本新干线在距轨道中心线 3.5 m 处设置高约 2.0 m，用混凝土、砖面或复合材料建成直立式、倒 L 形或 Y 形隔声墙，如图 7.7 所示，将噪声源和接受者分开，隔离噪声的传播。根据测试结果，设置这种隔声屏障，在距 25 m 处的测试点可衰减噪声 6~8 dB（A）。如果在屏障内侧加设吸声材料，降噪效果将更明显。

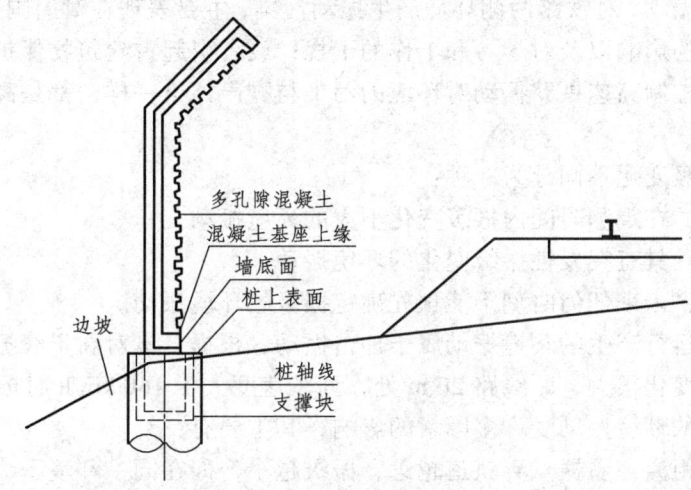

图 7.7　倒 L 形混凝土隔声墙图

（2）将高速铁路线路设计在路堑内，其降噪的效果取决于路堑的深度和高度，路堑越深，噪声频率越高，则降噪效果越好。日本北海道新干线路堑深度为 4.1~6.4 m，宽度为 20~30 m，相对于平坦地段而言，可衰减噪声 6~10 dB（A）。

（3）在转向架上安装隔声板，在车体下部悬挂车裙，车裙内侧覆盖吸音材料，以减轻轮轨噪声向路旁的辐射。

（4）采用人工隧道通过城市人口密集地区。例如，西班牙通过塞维利亚市区的高速线路及圣胡斯塔新车站全部采用人工隧道建在地下。

3. 受声点的防护措施

（1）高速铁路选线尽可能绕避噪声敏感区，如城市居民区、文教区、科技园以及名胜古迹和旅游胜地等。

（2）市区发展规划用地尽量远离高速铁路两侧，靠近铁路两侧的住宅或学校，可以从建筑物结构上采取降噪措施，否则应予拆迁或改作其他用途。

（3）高速铁路两侧附近用地合理规划利用。在高速铁路两侧附近可修建一些仓库、工厂、商店等对噪声不敏感的建筑物，以起到屏障作用，减轻噪声对周围环境的影响。

【实战演练】

制订某高速铁路工程项目的噪声控制措施。

任务 7.3　高速铁路振动及其控制

一、振动污染

列车运行产生振动,对铁路两侧环境产生振动污染,主要表现在对周围居民睡眠的干扰;其次是对居民心理的影响以及对学习和工作的干扰;或者引起古建筑物保护者的忧虑而要求采取措施。因此,控制高速铁路振动对环境的污染与噪声污染一样,都是高速铁路建设的一项重要任务。

环境振动按振级变化不同分为 3 种:

(1) 稳态振动:在观测时间内振级变化不大的环境振动。

(2) 冲击振动:具有突发性振级变化的环境振动。

(3) 无规振动:未来任何时刻不能预先确定振级的环境振动。

高速铁路列车运行产生的环境振动属于冲击振动,根据日本对新干线振动的实际测量结果,受振点的振级变化很大,距线路 20 m 处,列车速度大于 160 km/h 时振级为 70~95 dB。

高速铁路引起的环境振动受许多因素的影响,其主要有:

(1) 受振点的距离:受振点离轨道越远,振级越小,即在同一环境下,受振点的振级递远递减。

(2) 地质条件:高速铁路路基的地质条件不同,振级是有差异的,软土层振级较大,冲积层较小,洪积层更小些。

(3) 列车运行速度:受振点的振级与列车速度成正比增长。列车在轨道上行驶时,车轮的垂直动载荷比静态时要大,且随列车速度的增加和轨道不平顺将急剧增加,引起轨道的振动加速度急增,致使铁路两侧环境振动具有明显的速度效应。

(4) 高架桥的结构:混凝土结构比钢结构桥振级要小。

(5) 线路结构:线路为路堤时振级较小,而线路为路堑时振级较大。

此外,在相同列车速度、距离等条件下,高架桥的结构与线路结构相比,铁路环境振动将大幅度降低,国内研究表明,距铁路外侧轨道中心线 30 m 处 Z 振级将降低 5~10 dB。以上影响因素中,距离和地质条件是主要因素。

二、振动环境评价标准

环境振动标准的量值以地面垂向 Z 计权振动加速度级计,单位为 dB。有关高速铁路振动的控制标准仅日本有明确规定:建筑物外地面振动限值 VL_z 为 70 dB(以 10^{-5} m/s² 为基准振动加速）。我国《城市区域环境振动标准》（GB10070—88）规定，铁路干线两侧距线路外侧轨道中心 30 m 处住宅区 Z 振级 VL_z 为 80 dB（以 10^{-6} m/s² 为基准振动加速，且为 20 趟列车振动的平均值）。日本新干线振动标准折算成我国标准值应为 90 dB，因而该标准较我国铁路振动标准宽。我国京沪高速铁路建议值为 86 dB（距线路外侧轨道中心线 30 m 以外的地面 Z 振级最大值）。

三、振动控制技术

按照振动传播的 3 个环节（振源、传播途径、受振点），主要控制技术可以从以下诸方面入手。

1. 动车组方面

（1）动车组车辆轻型化：降低车辆轴重，以减小轮轨之间垂直动力作用。例如，日本新干线减轻车辆轴重有明显效果，轴重由 16 t 降到 11.3 t，Z 振级平均值在 12.5 m 和 25 m 处降低 3 dB 左右。

（2）采用弹性车轮：在轮箍与轮心间填夹橡胶垫，以防止振动和消除轮轨间的"唧唧"声。

（3）改进车辆的转向架结构：如选择柔软的弹簧悬挂系统，以降低车体的浮沉自振频率；安装具有适当阻尼的油压减振器，以减轻车体的横向或垂直振动；采用空气弹簧和橡胶件，以隔离和吸收高频振动，避免产生二次激励振动等。

2. 线路、结构物方面

（1）采用无缝长钢轨，将钢轨修磨使其平滑。

（2）采用弹性轨枕和道砟层，以及减振式板式轨道。

（3）提高沿轨道方向的弯曲刚性，以弥补轨道弹性系数降低的不足之处。例如，日本新开发的梯子形轨枕就是一种提高刚性的方法，对减振十分有利。

（4）采用预应力混凝土桥，改变梁式高架桥的长度和跨度，采用减振性支座，安设动态减振器，控制减振辐射方向；尽量不采用无砟钢结构桥。

（5）采用隔振沟，设置柱列式、全反射、连接型的隔振墙，以控制振动的传播，避免产生二次激励振动。

（6）采用排水固结，设置人工复合地基、反压护道、基底约束齿墙等路基地基加固技术，使其路基稳固，减轻振动的频率。

应当指出，噪声环境与振动环境影响相互关系，只有采取综合措施，方能保证实现降噪、减振的目的。图 7.8 为一日本新干线减振降噪器的示意图。

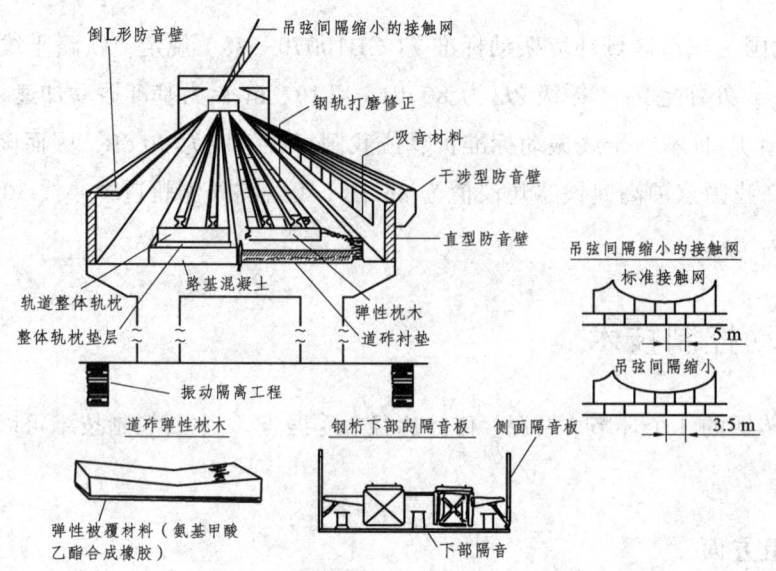

图7.8 日本新干线减振降噪示意图

【实战演练】

制订某高速铁路工程项目的振动控制措施。

任务7.4 高速铁路对其他环境的影响及其防护

一、高速铁路的电磁干扰及其防护措施

电力机车运行时，受电弓在接触网导线上滑动取流。由于两者之间的接触电阻急剧变化甚至发生离线，使牵引电流中出现高频成分，引发一系列无线电干扰。高速铁路带来的电磁干扰会造成电视接收机及电视收转设备、调幅广播接收机、城市移动通信等声音失真、图像不清，高速铁路的高架桥建筑物会对沿线的电视信号产生一定的"遮蔽效应"，造成电视信号减弱或画面重影，严重时会出现画面混乱。

要解决电磁干扰问题，首先要改进接触网的参数，提高结构质量，消除电力机车在运行中受电弓离线产生的无线电辐射干扰。为此德国采用接触网定位点使用弹性掉弦，欧洲各国及日本则采用改进受电弓结构设计以及改善其受流条件。另外，将无线电敏感设备远离电气化铁路，采用屏蔽电缆，对移动公司进行合理布局等措施可使电磁干扰大幅度减少。

二、高速铁路对生态环境的影响及其防护措施

高速铁路修建对生态环境的影响与普通铁路基本相似，仅限于线路两侧局部范围，其主要影响有：

1. 对水土流失的影响

填筑路堤或开挖路堑会使局部水土流失加剧,为了消除或减少这种影响,可根据地形、桥涵、农田灌溉合理布置排水系统,最大限度地使原有地表排泄和农田灌溉系统不因铁路路基的修建而遭到破坏。如在铁路两侧侧沟、天沟疏通地表径流;在路或路堤边坡种草籽,设置护坡、挡土墙等,以增强其稳定性。在大规模的土方施工地点,采取随挖、随运、随铺、随夯的施工方法,不留松土面。尽可能不在雨季进行大规模土方工程施工等措施,以减少施工期间的水土流失。

2. 对植被、农田水利及农业生产的影响

铁路工程施工周期长、规模大,除路基工程必须降低植被覆盖率外,施工期间的临时房屋、便道、弃土堆积、机械碾压、人员践踏等都会对植被有不同程度的损坏,对既有农田水利灌溉网造成不同程度的破坏。高速铁路所经之地大部分为耕地,且地区人烟稠密,土地利用率高,耕地变成了交通用地,对该地区的农业生产有不利影响。防护措施有:节约用地,少占耕地良田;集中取土,改造还田;以桥代路,采用高架桥;取土坑改造鱼塘以及造林恢复植被等。

3. 对城市生态环境的影响

客运站、动车段及相应的客运服务设施,使该地区的人口密度剧增,成为交通、商业、邮电的中心,对城市生态环境产生巨大影响。另外,高速铁路进入市区,对城市既有道路、市政工程设施(上、下水道,通信、动力电缆,煤气、供热管道等)、居民区的拆迁以及城市景观、日照、采光等都会造成一定的影响。防护措施有:高速铁路引入城市应与城市规划紧密协调,高速铁路与城市干道采用全立交、全封闭,并尽量绕避城市热闹人口密集繁华区;施工过程中与市政相关部门协调,改移部分市政设施;高速铁路以及高架桥进入市区,尽量与周围的自然和人文环境高度协调,展示现代化城市的景观美。对敏感地带,应尽可能美化线路路基及隔离栅,加强沿线绿化带工作。必要时对线路绿化带进行垂直绿化。法国巴黎南郊高速铁路沿线居民住宅区营造被称为"绿色马路"的绿化带就是一个典型的例子。这种横断面呈阶梯状的绿化带全长为 12 km,其最为显著的特点是将该区段的整个高速铁路封闭覆盖在隆起的人工堆砌的隧道里,实现地下化铁路,可以有效地控制诸如噪声、振动等污染因素。在阶梯状的土堆上除了种植各种花草树木之外,还设置步行道和自行车道供人们使用,而轿车、卡车、摩托车等机动车辆则可以从绿化带的地下通道穿越行驶。

4. 施工对环境的影响

铁路大桥施工规模大、周期长、临时工程占用的场地多、施工人员和机械集中,将会对环境造成不良影响。如大桥桥墩基础开挖的弃土易堵塞河道,使水中的泥砂量增加;施工场地生活和生产废水、废渣及垃圾对周边环境产生污染;施工机械的噪声等也会对周边环境产生影响;进入市区的高架桥施工将会使城市部分道路改移,民用建筑、地下管道拆迁,给城市居民生活带来不便;砂石料场的开采,因开山放炮,势必使居民、禽兽受惊,减少地表植被;挖土会产生水土流失等。防护措施有:施工中开挖的完工后立即回填,恢复原状;施工

的废土、废渣不得任意弃于河沟；市区高架桥施工避免夜间扰民；施工产生的含油废水，不得直接排入河道；施工期间各种车辆按指定路线行驶；区间路堤填方，采取集中取土，少占农田，减少施工对农作物的损害。

此外，高速铁路经过或临近古文化遗址、自然保护区、野生动植物保护区、湿地保护区及风景名胜区时，首先应尽可能考虑绕避措施。实在难以绕避时，应根据这些保护区的特点采取相应的措施减少对其干扰。例如，线路通过湿地保护区或其上游时应考虑修建桥梁不阻断其水源，避免湿地的萎缩。

三、高速铁路对大气环境、水环境等的影响及其防护措施

高速铁路采用电力牵引，实现了无污染的零排放，减轻了对线路城镇大气污染问题，与公路、航空运输相比，是国内外公认的最利于环境保护的运输方式。但高速铁路仍然有排放废物等对环境的污染问题，主要有以下几种类型：

1. 大气污染

高速铁路与高速公路、飞机相比，能耗最小，大气污染物的排放量明显低于其他运输方式。例如，承担着东京—大阪之间80%客运的新干线，单位运输量产生CO_2仅为轿车运输的1/8。但从全局的大气环境分析，供电站产生的污染也要由电力牵引来承担。供电站向大气污染物的排放量与采用的燃料有关，火力发电用煤做燃料，排放的污染物（烟尘、SO_2等）要比用油或天然气作燃料多得多。如果采用水力或核能发电，则污染物的排放量更少，对环境的影响更小。

大气环境污染源还包括高速铁路沿线各站、段和综合维修基地生产或生活固定锅炉排放的烟气，但可经过高效除尘达标后排放。

2. 水质污染

高速铁路与普通铁路比较，由于运行速度快，沿线站段减少，列车上旅客用水量可以减少。由于采用电力牵引，动车段检修用水和排放的污水量比非电机务段要少。高速列车的客车粪便采用集便器收集，在站段集中排放，可减轻对环境的污染。

高速铁路沿线各站、段和综合维修基地排放的含油类、硫等物质的污染水，电力机车或动车蓄电池废液、列车厕所污水等均会对水质造成污染。为减少污染，可在相应的地点设置油污处理、回收装置，对于用后脏水及厕所污物采用密封收集、灭菌、定点排放的集中处理技术，且污水污物须经处理后才能排放。特别是高速列车对粪便的处理，各国高速列车均采用集便方式进行污物处理，这不仅是环保的要求，也是因为列车高速运行时强大的高速动力不允许采用直排式厕所。目前高速列车使用的集便器有循环式、喷射式和真空式集便装置，其中真空式集便装置是集便器发展的主流。

3. 旅客垃圾污染

旅客垃圾是指旅客在车站候车及乘坐列车时丢弃的各种物品，如看过的报纸，各类饮料瓶、罐、包装材料等，其中有相当一部分物品是可以再生利用的，应将其视为一种再生资源。国外铁路部门已着手对这类旅客垃圾进行收集、分拣及再生处理。原则上可一个地

区设一套具有一定规模,可进行分类、压缩、储运功能的资源再生中心(图7.9为资源再生中心流程图),车站或动车段、所根据需要设垃圾转运站,列车上和车站配备有明确标志的垃圾分类收集箱。

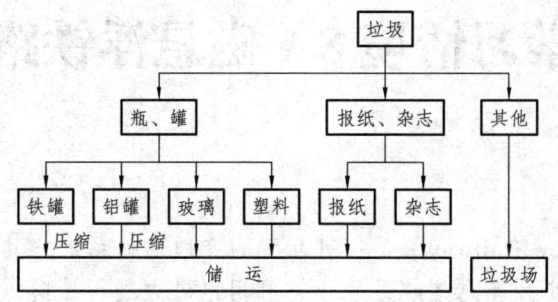

图7.9 资源再生中心流程图

高速铁路由于采用了当代的高新技术,并采取相应的环保措施,使其能够在高于普通铁路一倍以上的速度运行的情况下,仍能达到普通铁路的环保要求,甚至某些环保指标还高于普通铁路。如日本新干线产生噪声比既有线还低,产生的电磁辐射比普通铁路列车产生的电磁辐射还低,列车上产生的污物也比普通铁路少。

【实战演练】

收集国外高速铁路生态保护的工程措施,撰写高速铁路生态保护的小论文。

【小知识】

福厦高铁讲和谐　低碳环保亮点多

福(州)厦(门)高速铁路自2010年4月26日正式开通运营以来,其低碳环保的特点得到了很好展现。

福厦高铁具有运量大、能耗低、污染小、用地省、安全性强等特点。全线大量采用"以桥代路",共有桥梁191座,长86.7 km,隧道40座,长42.6 km,桥隧占线路总长的46.5%,大大减少了占地和对自然风貌的破坏。

工程按照建设世界一流客运专线的标准,坚持质量、安全、工期、投资效益、环境保护、技术创新"六位一体",科学组织,合力共建。全线在建设中注重减少铁路对沿线城镇的切割,力求保持城区的原貌,而且在全线桥梁、站房、站区等建筑上,注重打造地域文化特色和风格,力求与既有建筑和谐相融。

此外,在动车技术、列车控制系统、轨道高平顺高稳定、长大隧道建造、牵引供电、现代化客运枢纽建设等诸多技术领域内,福厦高铁均有创新和突破,电气化牵引动力完全实现无碳排放,全线铺设500 m的无缝长轨,基本实现全程低噪声运行,充分展示了高铁低碳环保、舒适节能、安全快捷的现代化形象。

据了解,福厦高铁是福建省境内开通的第二条高速铁路。设计速度250 km/h,将福州、厦门两地紧紧联系在一起,形成1 h交通圈。它与2009年10月开通运营的甬台温、温福高速铁路以及向莆、沪杭、厦深高速铁路相连接,贯穿台湾海峡西岸城市群和重要港口,构成一条连接我国长三角、海峡西岸和珠三角的长达1 650 km的纵向快速客运通道。

学习情境 8 磁悬浮铁路

情境导入

磁悬浮铁路（Maglev Railway）是一种新型的交通运输系统，其利用电磁系统产生的排斥力将车辆托起，使整个列车悬浮在导轨上，利用电磁力进行导向，用直线电机将电能直接转换成动能推动列车前进。磁悬浮铁路消除了轮轨之间的接触，无摩擦阻力，线路垂直负荷小，时速高，无污染，安全、可靠、舒适。

学习目标

【知识目标】 了解世界磁悬浮铁路的试验与发展概况，熟悉磁悬浮铁路的类别与工作原理。
【能力目标】 能对磁悬浮列车运行中出现的问题进行分析并制订解决措施，会绘制磁悬浮列车构造示意图，并能对磁悬浮铁路进行维修和保养。

任务 8.1 磁悬浮铁路简介

一、磁悬浮铁路的概念

磁悬浮铁路是近几十年发展起来的一种新型交通运输工具，它与传统的轮轨铁路有着很大的不同。磁悬浮铁路运行的列车是利用磁悬浮力（即磁的吸引力和排斥力）来使整个列车悬浮在导轨上（见图 8.1），并靠电磁力进行导向，利用直线电机将电能直接转换为推动力来推进列车前进。

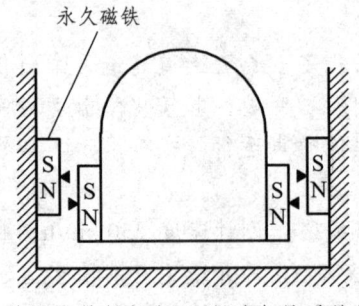
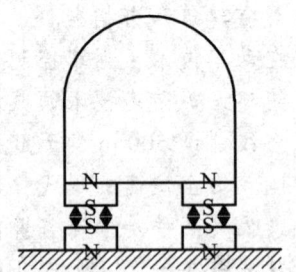

（a）利用磁铁异极相吸让列车悬浮的原理图　　（b）利用磁铁同极相斥让列车悬浮的原理图

图 8.1 磁悬浮的基本原理示意图

- 184 -

磁悬浮铁路所用的车辆通常称为磁悬浮列车。磁悬浮列车运行时，没有轮轨间的摩擦，不受黏着条件的限制。传统轮轨系统与磁悬浮系统的驱动原理比较如图 8.2 所示。

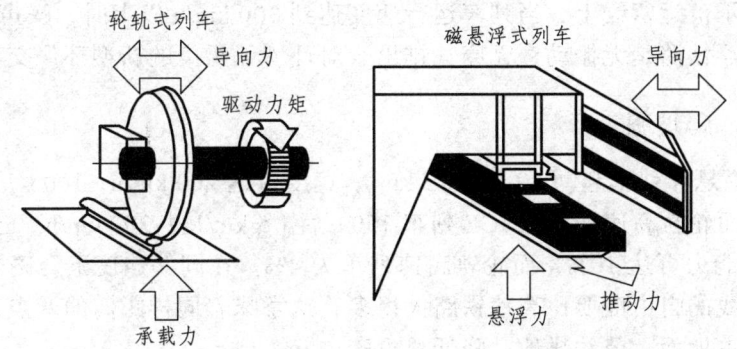

图 8.2　传统轮轨系统与磁悬浮系统的驱动原理比较

由于磁悬浮列车在轨道上靠磁力使之悬浮在空中，行走时不接触地面，因此，其阻力只限于空气的阻力，对线路的垂直负荷小，适于高速运行。

二、磁悬浮铁路的主要特点

从技术经济和社会效益的角度来看，磁悬浮铁路与传统铁路的黏着式铁路运输及其他交通工具相比，有着自身独特的优越性。

1. 速度快、能耗低

磁悬浮铁路是当今唯一能达到运营速度 500 km/h 的地面客运交通工具，具有不可取代的优越性，这是最主要的特点；同时，磁悬浮列车在 500 km/h 速度下每座位每千米的能耗仅为飞机的 1/3 至 1/2，比汽车少 30%。在相同速度下比高速铁路列车的能耗低。

2. 安全性好、维修少

磁悬浮列车是沿导轨运行的，由于导轨与悬浮电磁铁的特殊结构，不但速度快，而且平衡性、舒适性、安全性和可靠性比飞机高，从世界各国的试验和载人运行情况看，还没有出现过任何事故。磁悬浮列车由于没有车轮与铁轨接触以及受电弓的机械接触，振动小，舒适性好，其工况属于无磨损运行，维修主要集中在电子技术方面，体力劳动小，运用效率高。

3. 噪声小、无污染

当今世界，经济快速发展，人们交往增加。随之而来的是运量剧增，各种传统的交通运输方式给大气和环境带来严重的公害和污染，直接影响人们的身心健康。当前，在城市中心地区，机动车的起动、鸣笛等交通噪声甚至可达 105 dB（一般当噪声达到 95 dB 时人就会感到焦躁不安）；汽车排出的废气在城市交通中占大气污染量的 60%；另外，加上车辆拥挤、道路阻塞、交通事故等共同构成了当前地面运输的三大公害。而磁悬浮列车可以离开地面（高架或地下），运用计算机、自动控制、无人驾驶等技术，避免交通事故和交通阻塞；由于磁悬浮列车采用橡胶轮来支撑和悬浮运行，噪声大大低于其他交通工具。据德国有关部门实测表明，TR 磁悬浮列车通过时，在 25 m 距离处的噪声为 83 dB，ICE 列车为 88~90 dB。在我国上海磁悬浮铁路示范运营线上，当列车运行速度达到 300 km/h 以上时，噪声小于 65 dB。因此，可以说磁悬浮铁路是无振动、无废气排出、对环境无污染的新型环保交通工具。

4. 起停快、爬坡强

德国 TR07 磁悬浮列车起动 50 s 后（2 km），速度可达 200 km/h；100 s 后（行程 4.8 km）可达 300 km/h；而轮轨高速铁路的 ICE 列车 150 s 后（5 km）达 200 km/h。已经有数据证明，磁悬浮列车爬坡能力可达 10%，而轮轨高速列车为 4%。在同等速度下，磁悬浮列车转弯半径小，从而其选线的自由度要比高速铁路大得多，这意味着同样距离的两点，全程线路可以相对缩短，且少占地面，节约耕地，降低总投资。

5. 能效高、投资大

从直接数据来看，磁悬浮铁路的电力消耗比高速铁路和飞机要高。但若用能量效率来比较，磁悬浮列车的能量效率是比较高的。加拿大曾经做过对比研究，对于 600 km 的路程，磁悬浮列车的单位能量消耗效率是道格拉斯 DC-9 型客机的 7 倍，是波音 737 的 3.8 倍。苏联的资料表明，当往返方向的年客运量大于 2 500 万人时，磁悬浮列车比传统铁路要经济。

磁悬浮铁路与其他高速运输工具技术经济的对比分析情况如表 8.1 所示。

表 8.1 磁悬浮铁路与其他高速运输工具的技术经济比较

项 目	类 型			
	磁悬浮铁路	高速铁路	高速公路	航 空
最高速度/(km/h)	500	380	160	120
占用土地/(km²/km)	15	30	122	52
运量	大	大	中	小
安全性	好	较好	易出事故	易出事故
单位能耗/[W·h/(人·km)]	较小 [320（400 km/h）]	较小 （160~380）	大 [320（160 km/h）]	最大 [770（1 000 km/h）]
线路维护	低	较高	高	较低
设备维护	低	高	较高	高
建造成本/(万美元/km)	高（416~464）	较高（216~232）	较高（375）	中等（100~500）

与此同时，我们也要看到，由于目前磁悬浮铁路技术尚处于研究阶段，不仅在防辐射、防潮湿、防线路下沉、线路平整度、道岔转换、安全保障等工程技术和制造工艺方面仍存有诸多问题有待解决，且有工程造价高（据估算，磁悬浮铁路的投资与高速铁路相比要大。例如，日本于 1982 年建成的、速度为 210~260 km/h 的新干线，投资为 56 亿日元/km，而同期磁悬浮列车的投资估算为 60 亿日元/km 以上，比新干线高 20% 左右）、无法利用既有铁路网、

速度优势在缩小等问题存在，目前，世界各国对磁悬浮铁路的投资多持谨慎态度和观望、等待的态度。因此，大面积发展、建设磁悬浮铁路还有一段路程要走。

三、世界磁悬浮铁路的试验与发展

从20世纪60年代初开始，一些发达国家就开始探索非黏着式或非接触式的超高速列车的技术或方式。它包括对气垫式悬浮和磁悬浮等技术的研究。经过深入研究和对比试验，人们认为在能源消耗、噪声等方面，磁悬浮比气悬浮有更多的优势。因此，当今除法国在奥尔良修了一条18 km的气垫车辆试验线路外，英、美、德、日本等国从20世纪60年代开始，先后停止了对气垫车辆的技术研究，而集中力量深入研究磁悬浮铁路技术。

经过多年的研究和试验，世界各国对磁悬浮铁路技术的开发有了突破性进展。尤其是德国和日本已经进入了实用性研究阶段。而超导技术的研究和取得的阶段性成果，为磁悬浮铁路的进一步研究开辟了道路，大大加快了磁悬浮铁路的发展进程。

1. 德国磁悬浮铁路的试验与发展

1922年，德国人赫尔曼·肯佩尔提出了电磁浮原理，并在1934年获得了磁悬浮技术的发明专利。但随后的30多年时间里，磁悬浮技术没有明显进展。直到20世纪60年代，随着世界范围的经济高涨，解决环境与能源问题的迫切要求，各国开始致力于新的地面高速交通体系的研究开发。在世界范围内，高速轮轨系统铁路与磁悬浮系统铁路几乎在20世纪60年代初同时起步研究。当时有些人认为轮轨式铁路的极限速度大约是270 km/h，要想超过这一速度必须采用不依赖轮轨接触的新交通运输方式，这个观点也为磁悬浮列车的开发提供了市场动力。磁悬浮列车的优越性引起世界许多发达国家的重视，已投入这一研究和开发的有德国、日本、美国、法国、加拿大、俄罗斯、韩国及中国等。其中德国和日本是研究磁悬浮列车时间最长、投放经费最多的国家，其技术水平处于世界前列。德国、日本通过几十年的努力，从理论到实践取得了不少经验，并成功地研制了各型试验车，建立了规模较大的磁悬浮系统试验线，目前正向磁悬浮系统工程实用化方向迈进。

德国是磁悬浮铁路研究起步最早的国家。1969年，慕尼黑的克劳斯-马菲股份公司按肯佩尔的设计原则制造出了世界上第一台常导吸引型磁悬浮列车，被称为TR-01。德国当时从事磁悬浮列车研究的有两大集团：一是由KM、MBB、TH三大公司组成，主要从事常导吸引型系统的研究；二是由Simens、AEG、BBC三大公司联合，主要从事超导排斥型系统的研究。经过对常导吸引、超导排斥以及多种牵引驱动装置广泛的对比试验和研究分析，这两个集团认为常导吸引型以及短定子直线异步电动机和长定子直线同步电动机在磁悬浮列车领域有发展前途，且最后确认为常导吸引型采用长定子直线电动机驱动的方式。继而两集团合二为一，组成了德国磁悬浮列车联合体。1979年，世界上第一辆采用长定子直线同步电动机驱动的磁悬浮列车(TR-5)，在汉堡国际交通运输展览会900 m长的示范线上展出，该车长27 m，有70个座位的两节车，车速100 km/h。1980年，德国政府决定在埃姆斯兰建造31.5 km的磁悬浮列车试验线，1989年12月，在埃姆斯兰磁悬浮试验线上TR-07型列车试验速度达到436 km/h，1993年6月10日达到450 km/h。1994年，德国政府决定修建汉堡—柏林之间

292 km 长的磁悬浮列车线路。1997 年 4 月在汉诺威博览会上德国展示出新一代 TR-08 型磁悬浮列车，由 5 节车厢组成，是用于柏林—汉堡线上的实用型车辆，设计速度 500 km/h。由于所需投资过高，资金又难以落实，最终德国政府于 2000 年 2 月宣布放弃了柏林—汉堡磁悬浮项目计划。

2. 日本磁悬浮铁路的试验与发展

日本从 1962 年就开始研究磁悬浮高速铁路。1970 年经论证后认为 400～500 km/h 的高速铁路系统采用超导排斥式磁悬浮列车是合适的，常导吸引式 10 mm 的空隙不能用于多地震的日本。1972 年用 ML100 型试验车实现了 60 km/h 的悬浮运行。1977 年 4 月建成长 7 km 的宫崎试验线，同年 7 月开始利用倒 T 形导轨和跨越式 ML500 型试验车进行无人驾驶的试验，1979 年 12 月试验速度达到 517 km/h。从 1980 年起，为了载客需要而加宽了车体，导轨改为 U 字形结构，试验由空载转为载人运行，先后进行了 MLU001、MLU002、MLU00X1 和 MLU002N 试验车试验。1989 年为提高超导磁悬浮列车的实用化水平，日本决定在山梨县境川村至秋川村间修建一条新的试验线，全长 42.8 km，最小曲线半径为 8 000 m，最大坡度 40‰，复线区间的最小间距为 5.8 m。1997 年 12 月 24 日在建成的山梨试验线第一段线路（18.4 km）3 节车编组的新型 MLX01 型超导磁悬浮列车达到了 550 km/h 的最高速度目标，载客运行达 531 km/h。1988 年初第二列 4 节车编组 MLX01 型投入试验，12 月两列车交会投入试验达到 966 km/h 的相对速度，车辆摇动很小。1999 年初开始了 5 辆车编组的试验，于同年 4 月 14 日在模拟满载工况下达到 552 km/h 的最高速度。2003 年，又进行了两列车的会让试验，会让速度为 1 003 km/h。2003 年 12 月 2 日，日本中央铁路公司（JCRJ）、铁道研究院（RTRI）和日本铁路技术研究院联合宣布磁悬浮列车在山梨线上试验速度达到 581 km/h。目前试验还在继续进行，主要围绕实用化的高速性能、输送能力、准时性及经济性能的目标积极进行工作，解决基本性能、可靠性、安全性、环境性与经济性 5 个方面的主要问题。此外，日本航空公司从 1974 年起开始开发常导吸引式的磁悬浮列车 HSST（High Speed Surface Transport）体系，作为一种新型的联结机场的交通系统。1975 年，用直线电机驱动的磁悬浮车 HSST-01 研制成功，空载速度达 300 km/h 以上。1978 年开发了 HSST-02，并进行了载人运行试验，最高速度为 110 km/h，约有 3 000 人次试乘。1983 年又完成了 HSST-03，该车于 1985 年的筑波国际科技博览会上展出，它有 48 个座位，约有 61 万人次试乘。1987 年和 1988 年，分别制成了 HSST-04 和 HSST-05，由 8 台直线感应电动机驱动，可容纳 70 名乘客，并先后在崎玉国际博览会、横滨国际博览会期间展出。在 HSST-05 型基础上又开发了 HSST-100 型，自重 9.3 t，满载 15 t，并于 1993 年在日本名古屋港口附近修建了 1.5 km 的单线磁悬浮试验线路。在这条试验线上 HSST-100 型磁悬浮列车最高运行速度为 110 km/h。

3. 美国磁悬浮铁路的试验与发展

美国于 20 世纪 60 年代初，由交通部主持成立了"全美高速地面运输系统研究中心"，组织了全美各研究机构、大学的研究力量，投入了大量的物力与财力，对各种高速地面运输方式进行了全面的研究，包括气浮列车、磁悬浮列车、高速轮轨系列车、独轨列车以至高速管道子弹列车。除高速管道子弹列车外，各种运输模式均进行了原理实验研究及模型实物研究，最后结论是气浮、磁悬浮列车离实用化还有相当距离，独轨列车只适用于城市内低噪声交通，高速管道子弹列车中各种高新技术，在 21 世纪必将有发展前景，要予以重视，而高速轮轨系列车具有现实意义。1975 年美国停止了对各种高速地面运输模式研究的支持，并将已研究的实物模型在科罗拉多州普书布洛试验中心附近展览，之后集中力量在普书布洛试验中心建设轮轨滚动试验台及轮轨振动试验台，并建成高速环形试验线及重载高运量小环线，以专门研究轮轨系铁路的高速化、重载化。进入 20 世纪 90 年代后，美国科技界、工业界对磁悬浮列车又表现出十分浓厚的兴趣。开始先投资 800 万美元在 4 个研究部门进行可行性论证，拟采用其中两个方案于 1993 年开始实施，并建造了试验场。有人认为在拉斯维加斯—洛杉矶走廊地带采用磁悬浮系统最为合适。但由于航空方面的激烈竞争，美国后来又撤销了这个项目。

美国于 20 世纪 60 年代末，在英国协会（BR）支持下，开始研究磁悬浮铁路，其主要目的在于解决市内短途交通运输问题，力图发展一种大运量、低能耗、低噪声及高舒适性的市内交通系统。试验研究工作委托英国德比铁路研究中心进行。1974 年，英国在德比中心 100 m 长的试验线上进行首次低速短定子直线电机磁悬浮列车运行试验。试验车长 3.5 m，重 3 t，初步取得成功。1984 年为了将新建的伯明翰机场与国际博览会展区及火车站联结起来，英国由德比中心负责建造一条长 620 m 的低速磁悬浮系统。采用电磁悬浮型直线电机驱动，速度最高 50 km/h，轨道高架 6 m，钢结构复线，无道岔，3 辆磁悬浮列车直线电机驱动，每辆车有 6 个座位，车辆底架为铝焊接，车体为玻璃钢结构。这是世界上第一条投入运营的磁悬浮系统。运营时间 1.5 min，输送能力为 2 600 人次/h。1996 年，由于磁悬浮列车故障率太高，维修频繁，备件供应困难，再加上经济亏损，伯明翰磁悬浮列车系统关闭停运。

4. 我国磁悬浮铁路的试验与发展

我国在磁悬浮列车的研究和开发方面也取得了重大发展，并率先进入实用化阶段。20 世纪 80 年代初我国开始对磁悬浮技术进行跟踪研究。铁道科学研究院 1985 年完成了悬球试验等基础性研究，1987 年完成了中国科技馆的直传列车展示模型，这是利用直线电机、感应短定子直线电机来推动列车高速前进。1992 年国家正式将"磁悬浮列车关键技术研究"列入"八五"国家科技攻关计划，开展常导低速磁悬浮列车的研究，主要用于城市交通。该项目由铁道科学研究院主持，并由国防科技大学、西南交通大学、长春客车厂、中国科学研究院（简称中科院）电工所等单位参与。1994 年、1995 年，西南交通大学和国防科技大学分别研制成功 4 t 和 6 t 载人磁悬浮列车，悬浮高度为 8 mm 和 10 mm，并先后实现了成功运行，从而为我国磁悬浮列车技术的进一步发展奠定了基础。2001 年 8 月 14 日，我国第一辆磁悬浮列车在长春客车厂成功下线，该车运营速度为 60 km/h，最高速度为 100 km/h。2001 年 2 月由西南交通大学主持，中科院电工所、西北有色金属研究院、北京有色金属研究总院参加的国家"863"计划课题"高速超导磁悬浮实验车"通过验收，该载人实验车命名为"世纪号"，采用国产高温超导体块材，自行研制的车载薄底液氮低温容器可连续工作 6 h 以上，液氮工作温度为 77 K，车载 5 人，车悬浮质量 530 kg，悬浮高度 23 mm，加速度 1 m/s^2，直线电机推进，是世界上第一台高温超导磁悬浮载人实验车。课题组首次试验研究了钇钡铜氧（YBCO）高温超导体块材在永磁导轨上的磁悬浮性能，为高温超导磁悬浮研究奠定了良好的基础。2001 年 3 月，由我国引进德国西门子公司、蒂森高速列车公司、磁悬浮国际公司先进技术的上海磁悬浮快速列车项目正式开工建设。该项目西起地铁二号龙阳路站，东至浦东国际机场，线路总长 31.17 km，设计速度和运行速度分别为 505 km/h 和 430 km/h，单向运行时间仅 7 min。2002 年 12 月 31 日，上海磁悬浮列车试运行成功。2003 年 11 月 12 日，用于商业运行的上海磁悬浮列车创下了 501 km/h 的世界纪录，该项纪录已列入"吉尼斯世界纪录"。2003 年 12 月 29 日，上海磁悬浮线开始了全天候运营。2004 年 4 月 13 日，上海磁悬浮通过合同验收和安全验收，开始正式运行。

5. 其他国家磁悬浮铁路的试验与发展

法国在 20 世纪 70 年代曾与德意志联邦共和国联邦研究技术部合作，研究开发磁悬浮系统方案，采用电磁式悬浮和导向系统，U 形线性电动驱动，用于市郊运输和短途运输，最高速度可达 150 km/h。1983 年还通过直线电机试验台对直线感应异步电机进行 300 km/h 高速电机试验。但最终在与轮轨系统进行试验分析比较后，还是认为轮轨系统更有竞争力，因而终止了磁悬浮和气浮运输的技术研究，转而集中力量开展 TGV 高速轮轨系统地面运输系统的开发。

加拿大有关磁悬浮研究开始于 1972 年，由金斯顿皇后大学负责进行，倾向于开发电动悬浮导向技术，并在 20 世纪 70 年代末详细进行了实验室理论与试验研究，取得较大进展，但后来却没有研制接近实用的样车和试验线路。

韩国开始磁悬浮研究较晚，直至 1988 年才开始进行低速常导电磁悬浮的研究。1994 年曾于大田科技博览会上展出过一辆磁悬浮样车及 500 m 长的试验线路，试验运行速度达 60 km/h，在此基础上，韩国还专门组织力量对首尔至釜山间的高速交通采用高速磁悬浮系统还是高速轮轨系统铁路进行技术经济论证，最后决定引进法国 TGV 高速轮轨系统铁路技术，从而终止了磁悬浮系统的应用开发研究。

【实战演练】

利用网络资讯收集磁悬浮列车的发展情况，简述其工程技术发展动态。

任务 8.2 磁悬浮铁路的工作原理

磁悬浮铁路是利用磁的异性相吸、同性相斥的电磁感应原理，以直线电动机作为驱动力，运行时车体悬浮或浮于导轨之上，并与导轨保持一定间隙的铁路。磁悬浮系统运行的车辆通常称为磁悬浮列车。

一、磁悬浮铁路的分类

根据着眼点的不同，磁悬浮铁路可以有多种不同的分类，如按应用范围不同可分为干线、城际和城市磁悬浮铁路，按运行速度不同可以分为低速、中速、高速、超高速磁悬浮铁路，按制冷剂及工作温度可以分为高温超导、低温超导磁悬浮铁路，按直线电机定子长度可以分为长定子和短定子直线电机的磁悬浮铁路，按驱动方式可以分为导轨驱动和列车驱动磁悬铁路，按悬浮方式可以分为电磁和电动悬浮两类，按导轨结构形式可以分为"T"形、"⊥"形、"U"形、"-"形导轨磁悬浮铁路。本章重点介绍根据直线电机导线圈导体材料不同划分的常导吸引式和超导排斥式两类的磁悬浮铁路（见表8.2）。

表 8.2 磁悬浮系统的分类

常导吸引式 EMS 型（电磁式）	长定子同步直线电机（高速型）	德国 TR 系列（450 km/h）
	短定子同步直线电机（中低速型）	日本 HSST 系列（110 km/h）
超导排斥式 EDS 型（电动式）	低温超导（高速型）	日本 ML×系列（552 km/h）
	高温超导	处于实验阶段

1. 常导吸引式

常导吸引式（Electro Magnetic Suspension，简称 EMS 型），也称电磁悬浮型，是指采用常导磁铁（即普通磁铁），导轨为导磁体，装在车上的常导磁铁励磁后产生磁力吸向导轨，使车辆悬浮的磁悬浮列车。其车辆与轨面之间的间隙与吸引力的大小成反比。为了保证这种悬浮的可靠性和列车行驶的平稳性以及直流电机有较高的功率，必须精确地控制电磁铁中的电流，才能使磁场保持稳定的强度和悬浮力，使车体与导向轨之间的间隙始终在 10~15 mm。这种列车制造及运营成本较低，其悬浮控制属于不稳定型。

根据驱动列车所用直线电机类型的不同，常导磁吸式磁悬浮列车还可以分为两种：一是采用长定子同步直线电机推进，这种方式效率较高，速度也较快，主要用于高速运行，列车速度可达 400~500 km/h，这种列车典型代表是德国的 TR 系列磁悬浮列车；二是采用短定子感应直线电机推进，效率较低，速度也较低，主要适用于低速运行，列车速度一般为 50~100 km/h，典型代表是日本的 HSST 系列磁悬浮列车。

2. 超导排斥式

超导排斥式（Electro Dynamic Suspension，简称 EDS 型），也称电动悬浮型，是指利用磁极同性相斥的原理，采用超导磁铁，使车辆在导轨上浮起的磁悬浮列车，如图 8.3 所示。由于磁场特别强，因此，车辆悬浮高度较高，一般可达 100 mm 左右。推进装置采用长定子同步直线电机。这种类型的磁悬浮列车运行速度较高，一般可达 500~600 km/h。因此所需费用较高，但悬浮控制属于稳定型。

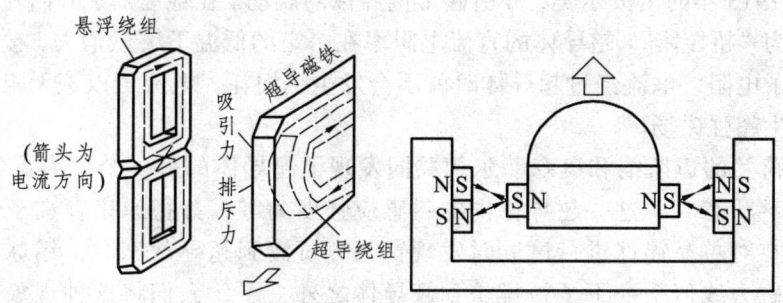

图 8.3 超导排斥式磁悬浮列车悬浮原理图

两种形式磁悬浮铁路比较如表 8.3 所示。

表 8.3　常导与超导高速磁悬浮铁路主要技术经济比较

项　目	常导磁悬浮系统（德国 TR 系列）	超导磁悬浮系统（日本 MLX 系列）
悬浮方式	常导吸引	超导排斥
悬浮磁铁	常导电磁铁	低温超导磁铁
悬浮高度	8～10 mm	约 100 mm
牵引电机	长定子直线同步电机	长定子直线同步电机
最高试验速度	450 km/h（1993 年 6 月 10 日）	581 km/h（2003 年 12 月 2 日）
最高营运速度	430 km/h（上海机场高速磁悬浮线）	还未投入运营
适用速度范围	高、中、低均可	高　速
低速时车体支承	磁悬浮力	车　轮
磁悬浮、导向控制	精确的闭环控制	自稳定性，不需控制
技术关键	磁悬浮、导向间隙的精确控制	低温超导
运营成本	低	高

根据所采用的超导材料不同，超导排斥式磁悬浮可分为低温超导磁悬浮和高温超导磁悬浮两种类型，低温超导磁悬浮采用 －269 ℃ 液氦冷却。这种列车的典型代表为日本 MLX 型低温超导磁悬浮列车，其试验速度已达到 581 km/h。高温超导磁悬浮采用 －192 ℃ 液氮冷却，这是一种更有广阔应用前景的超导方式，但目前尚处于实验室实验阶段。

二、超导的概念

1911 年，荷兰莱顿大学的物理学家卡茂林·昂尼斯意外发现，将汞冷却到 －268.98 ℃ 时，汞的电阻突然消失；后来他又发现许多金属和合金都具有与上述汞类似的低温下失去电阻的特性，由于它的特殊导电性能，卡茂林·昂尼斯称之为超导态。卡茂林也由于这一重大发现而获得了 1913 年的诺贝尔奖，并引起了世界性的震动。在他之后，人们开始把处于超导状态的导体称为"超导体"。超导体的直流电阻率在一定的低温下突然消失，被称为零电阻效应。导体没有了电阻，电流经过超导体时就不会发生热损耗，电流可以毫无阻力地在导线中流动，从而产生超强磁场。

1933 年，荷兰的迈斯纳和奥森菲尔德共同发现了超导体的另一个极为重要的性质，即：当金属处在超导状态时，这一超导体内的磁感应强度为零，并把原来存在于体内的磁场排挤出去。他们在对单晶锡球进行试验时发现：锡球过渡到超导状态时，锡球周围的磁场忽然发生变化，磁力线似乎一下子被排挤到超导体之外去了，人们将这种现象成为"迈斯纳效应"。

后来人们还做过这样一个实验：在一个浅平的锡盘中，放入一个体积很小但磁性很强的的永久磁体，然后把温度降低，使锡盘出现超导性，这时可以看到，小磁铁竟然离开锡盘表面，慢慢飘起，悬空不动。

迈斯纳效应的发现有着重要的现实意义，它可以用来判别一种物质是否具有超导性。

为了使超导材料有实用性，人们开始探索高温超导。从1911年到1986年，超导温度由水银的4.2 K提高到23.22 K（0 K≈-273 ℃）。1986年1月发现钡镧铜氧化物超导温度是30 K；当年12月30日，又将这一纪录刷新为40.2 K；1987年1月升至43 K，不久又升至46 K和53 K；当年的2月15日又发现95 K超导体，很快又发现14 ℃下存在超导迹象。由此，高温超导体的研究取得了巨大突破，使超导技术开始走向大规模应用。

超导材料和超导技术的应用前景十分广阔。人们可以利用超导现象中的迈斯纳效应制造超导列车和超导船。由于这种交通工具将在无摩擦状态下运行，可以大大提高它们的速度和安静性能。超导列车已于20世纪70年代成功地进行了载人可行性试验，并于1987年开始试运行。虽然利用超导材料制造现代交通工具在技术上还存在一定的障碍，但其良好的发展前景已经在人们面前展现。并可以预期，在不远的将来，人类将会实现常温（300 K左右）超导的梦想。

常温超导材料的付诸实用，将为未来的工业技术革命开辟新的纪元。这是因为常温超导材料可以应用于很多领域，诸如精密测量、卫星通信、军事侦察和储存、交通、医学、科学研究等方面。例如，用超导线绕制的超导线圈，具有磁场强、体积小、质量轻、耗电少等显著优点，被称为第三代磁体；超导材料的零电阻特性还可以用来制造大型磁体和输变电电缆，大家知道，超高压输电会有很大的损耗（通常称为"电损"），而利用超导体则可最大限度地降低损耗。但目前，由于临界温度较高的超导体还未进入实用阶段，从而限制了超导输电的采用。我们坚信，随着科学研究的不断深入和科学技术的发展，新型超导材料的不断涌现，超导输电的希望将在不久的将来得以实现。

超导磁体在核物理、高能物理中的应用也十分广泛。用超导材料能制成大功率的发电机和电动机。超导材料制成的电机线圈磁感应强度可提高5～10倍，允许电流密度可提高100～1 000倍，在同样功率下，电机重量可大大减轻，这对飞机、高速铁路列车等运载工具的意义重大。

但是，现有的高温超导体还处于必须用液氮来冷却的状态，由于制冷技术复杂、代价高很难推广使用。如果能在常温下实现超导，才是最理想的。因此，提高超导的临界温度，是当今世界各国科学家面临的一个重大课题。但人们仍认为超导是20世纪世界最伟大的科学发现之一。

三、工作原理

（一）长定子同步直线电机推进的常导吸引型（EMS）

德国长定子同步直线电机推进的常导吸引型磁悬浮列车与路轨的相互作用示意如图8.4所示。

1. 悬浮原理

T形梁翼底部为同步直线电机的定子,其下方为安装在车体上的悬浮电磁铁,该电磁铁同时兼作同步直线电机的转子。悬浮电磁铁通电时产生磁场,成为电磁铁,与直线电机定子的铁心产生吸引力,把磁悬浮车往上拉向定子。利用距离传感器控制悬浮电磁铁与定子的距离(即悬浮气隙),保持在 10 mm 左右。

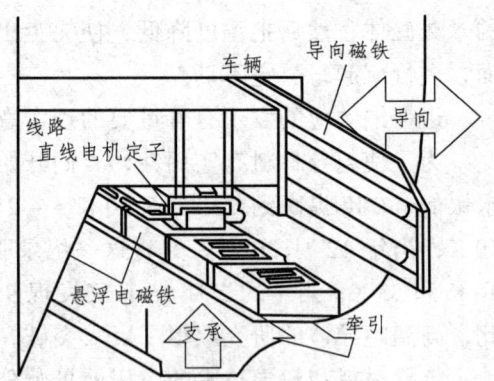

图 8.4　TR 系列常导吸引型磁悬浮列车与路轨的相互作用示意图

2. 导向原理

TR 磁悬浮列车的车体从两侧将 T 形轨道梁的翼缘围抱,T 形梁翼缘两侧面为导向轨,安装在车体上的导向电磁铁通电后将与之产生吸引力。通过测量两侧导向电磁铁与导向轨之间的距离,并调节导向电磁铁的电流,就可以控制列车位于道路中间。即使列车在路面倾斜的曲线路段停车,该导向力仍可保持列车不与导向轨接触。

3. 牵引原理

磁悬浮列车的驱动靠长定子同步直线电机实现。这个无接触的牵引工作原理类似于转动的同步电动机,只是将转动的电机的定子切开,并且沿着线路方向展开。列车的悬浮电磁铁通电后,就成为电动机的转子(励磁磁极)。路轨上的定子中三相绕组产生的移动行波磁场作用在车上的悬浮磁铁(转子),产生了同步的电磁牵引力,引导磁悬浮列车前进或后退。同步直线电机驱动图如图 8.5 所示。调节定子供电的频率与电压,即可改变磁悬浮列车的运行速度。

4. 车上非接触供电的原理

TR 磁悬浮列车运行时与轨道完全无接触,其导向电磁铁和悬浮电磁铁的供电,以及车载控制、照明、空调等用电,均来自车载电源(镍镉可充电电池组合整流设备)和直线发电机。车载电源的充电,在列车运行时也靠直线发电机,直线发电机是将三相绕组固定放在悬浮磁铁上。当列车运行时,由于速度的变化以及定子槽电压的作用,装在悬浮磁铁上的三相绕组将产生感应的交流电,如图 8.6 所示,经整流后供车上用电。这些高频磁场分量因列车运行时惯性较大,对列车悬浮控制影响不大。

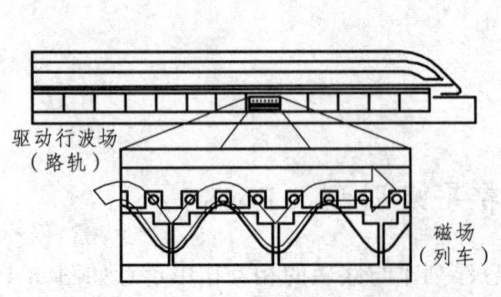

图 8.5　同步直线电机驱动原理图

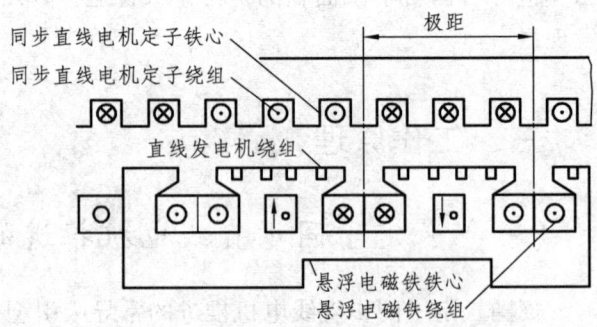

图 8.6　直线发电机结构示意图

5. 同步直线电机定子的供电原理

如前所述，TR 磁悬浮列车的动力和其他用电全部从同步直线电机定子获取。定子分段铺设于线路上，每段的长度不等，视列车的长度和在该段的运行速度、加速度、爬坡、转弯等情况而定，一般为 300～2 000 m（见图 8.7）。定子线圈供电来自沿线的变电站，一般变电站相隔距离 25～40 km。两个变电站之间一般允许有一列车运行，而且仅对列车所在的那段定子供电，其他段则无电。

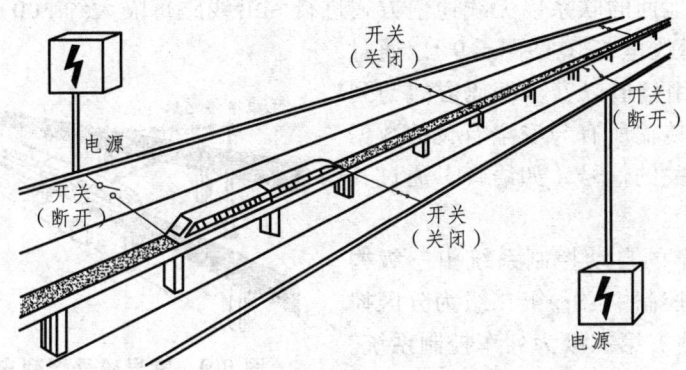

图 8.7 常导长定子磁悬浮列车定子供电示意图

由于定子安装在线路上，因而可以根据该段线路的具体情况（例如爬坡或加速），确定该段直线电机的功率，再确定为该段线路供电的变电站的功率和距离，如图 8.8 所示，而无须像轮轨列车那样按整个线路可能出现的最大功率需求来确定列车上的电机功率。直线同步电机的控制，采用 VVVF 变压变频调速方式。

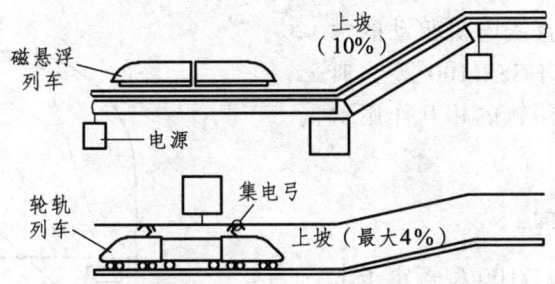

图 8.8 长定子直线电机容量确定示意图

6. 制动原理

常导磁悬浮列车的正常制动方式均利用同步直线电机作为发电机进行控制。当列车高速运行时，采用再生制动方式，即直线电机的工作方式由牵引改为发电，将列车的动能转化为电能回馈给电网，以降低列车速度。当列车速度较低时，再生制动改为电阻制动，即电能不再反馈给电网，而是消耗在变电站的特殊电阻上以热的形式散发。当列车的速度很低时，直线电机改为反接制动，即电机的牵引方向与列车的运行方向相反，直到列车停止。

当长定子供电产生故障导致直线电机制动失灵或需要紧急制动时，采用涡流制动方式。即车上的涡流制动磁铁励磁，使侧向导轨上产生涡流，形成对列车的涡流制动力。

7. 列车控制及信号传输

传统的轮轨列车依靠轮轴短路两根钢轨上传输的电信号来确定列车的位置。磁悬浮列车无轮轨系统，不能采用这种方式。TR 磁悬浮列车的定位，由两部分构成。在线路上定子下方每隔大约 500 m 设置有电磁性地址标志板，列车经过时，即读取标志板上的绝对地址。标志板之间的定位靠记录经过的定子齿槽数而获得，定子齿槽间距为 8.6 cm。因此 TR 磁悬浮列车的定位精度较高。

磁悬浮列车与地面的联系以无线通信方式进行。沿线路每隔大约 300 m（视线路具体情况而定）有一根无线电杆（见图 8.9），通过 38 MHz 的高频专用信道以安全编码方式与列车进行双向通信，传输所有与安全有关的数据及指令。与安全无关的信号（如语音）通过其他频道传输。

TR 磁悬浮列车的自动控制系统由三级构成：第一级为中央控制中心；第二级为分区控制中心(设在变电站)；第三级为列车控制系统。每一级都由高可靠独立冗余（三取二）安全计算机系统构成，其中列车两端各有一套独立的计算机系统。正常情况下由一套计算机系统工作，另一套热机备用。一旦工作系统出现异常，备用系统立即自动投入工作，并实现列车安全停车。

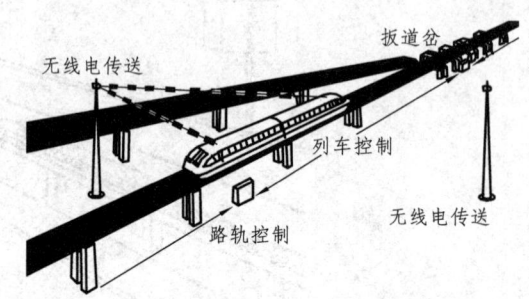

图 8.9 常导磁悬浮列车的通信示意图

（二）短定子感应直线电机推进的常导吸引型

日本的短定子感应直线电机驱动的常导吸引型磁悬浮列车以 HSST-100 型为典型代表。磁悬浮列车与路轨的相互作用示意图如图 8.10 所示。

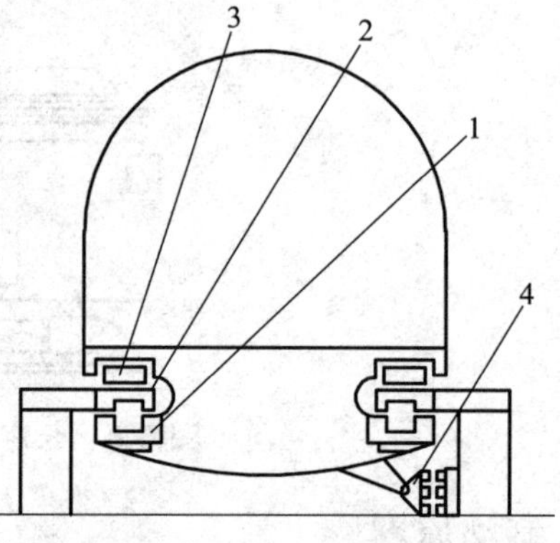

1. 悬浮与导向原理

如图 8.11 所示，HSST-100 型短定子常导吸引型磁悬浮列车采用了悬浮电磁铁与导向电磁铁合一的方法。既能保持垂直方向车体与轨面下端悬浮间隔距离，又能保持车体与轨道侧面的间隙。

1—车上悬浮及导向电磁铁；2—路轨上导向轨及直线转子板；3—车上直线电机短定子绕组；4—车上发电系统。

图 8.10 HSST-100 型短定子常导吸引型磁悬浮列车与路轨相互作用示意图

2. 牵引原理

与 TR 系列长定子直线电机驱动方式不同，HSST-100 型短定子直线电机驱动是将定子绕组固定在车辆上，而转子展开铺置于路轨上。当在定子绕组中输入三相移动行波磁场后，轨面上的转子被感应产生磁场，由此产生电磁牵引力，引导磁悬浮列车前进或后退，所采用的是交流异步电机的原理。为此，向直线电机定子供电的整套电源装置应放在车辆上。这是与长定子同步直线电机常导吸引型磁悬浮列车最大的不同点。图 8.12 所示为短定子感应直线电机车辆上的定子电磁绕组及车下路轨上的转子轨板相互作用图。

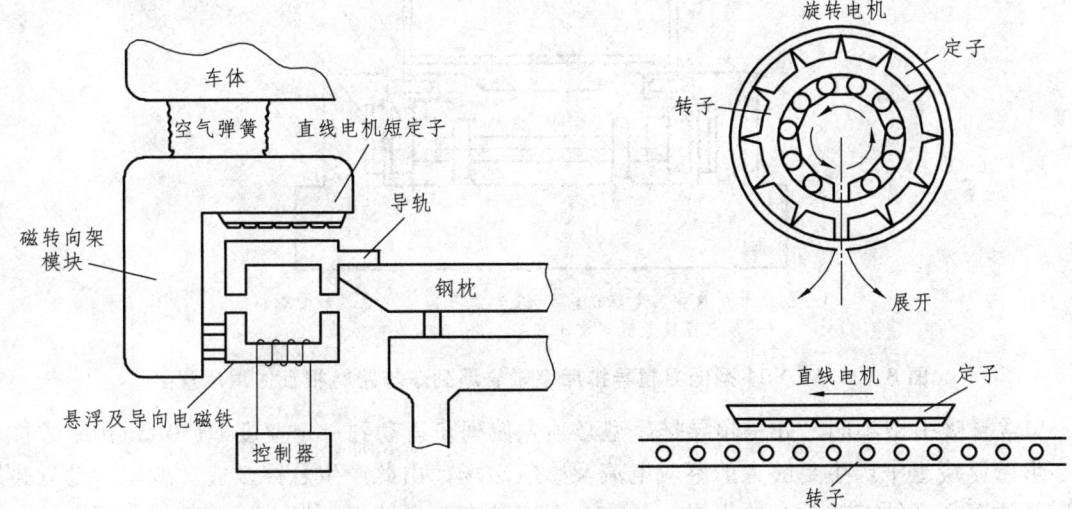

图 8.11　HSST-100 型磁悬浮列车悬浮与导向原理图　　图 8.12　短定子直线电机的定子与转子

3. 车上非接触供电原理

在 HSST 系列短定子直线电机驱动的磁悬浮车上,专门设置了一套非接触式直线发电系统,其原理与 TR 系列完全相同。所发出的电源通过逆变器供给直线电机定子绕组、悬浮导向电磁铁励磁、车内控制、照明、空调、蓄电池充电等。

4. 制动原理

制动原理与 TR 系列磁悬浮列车基本相同。

由于 HSST 系列磁悬浮列车采用短定子感应直线电机驱动,在定子两端由于漏磁等原因,直线电机的功率因数较低,效率也较低,加上悬浮、导向的电磁铁合一使用,速度太高时控制上会出现问题。因此,该型磁悬浮列车只能用于中、低速的城市交通运输,最高运行速度不超过 300 km/h。

(三) 长定子同步直线电机推进的低温超导排斥型

日本的长定子低温超导排斥型磁悬浮列车以 MLX01 型为其典型代表,磁悬浮列车与路轨的相互作用示意图如图 8.13 所示。

1. 悬浮原理

如图 8.14 所示,8 字形的悬浮短路绕组固定在路轨侧壁上,当车上的超导磁铁以一定速度通过时,如果它的位置偏低于侧壁绕组的中心线若干厘米,由于 8 字形上下绕组间交链磁通产生了不均衡,则在侧壁悬浮绕组里立即产生感应电流,同时产生电磁场。结果车上的超导磁铁同时受到 8 字形绕组上部的吸引力及 8 字形绕组下部的排斥力,使磁悬浮车辆悬浮起

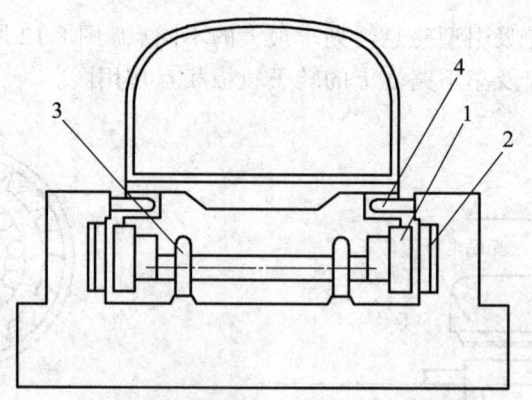

1—车上悬浮及导向电磁铁；2—路轨上导向轨及直线转子板；
3—车上直线电机短定子绕组；4—车上发电系统。

图 8.13　MLX01 型低温超导排斥型磁悬浮列车与路轨相互作用示意图

来。与常导吸引型不同之处是超导排斥型必须先使列车运动到一定速度（150 km/h），才能使 8 字形悬浮绕组中产生足够大的感应电流及感应磁场，由此产生悬浮效应。所以，超导排斥型磁悬浮车上必须有辅助车轮支撑，并在车上安装有蓄电池组、发动机或其他车载电源，用于启动列车并达到一定速度后，产生足够稳定的磁悬浮作用。

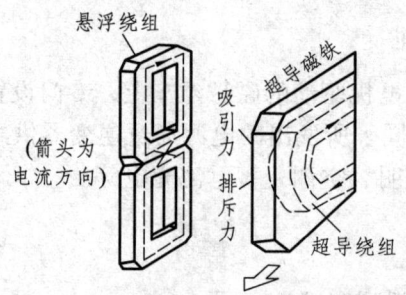

图 8.14　超导排斥型磁悬浮列车悬浮原理图

2. 导向原理

如图 8.15 所示，路轨两侧侧壁上的 8 字形悬浮绕组通过路轨下面相连，构成一个回路。

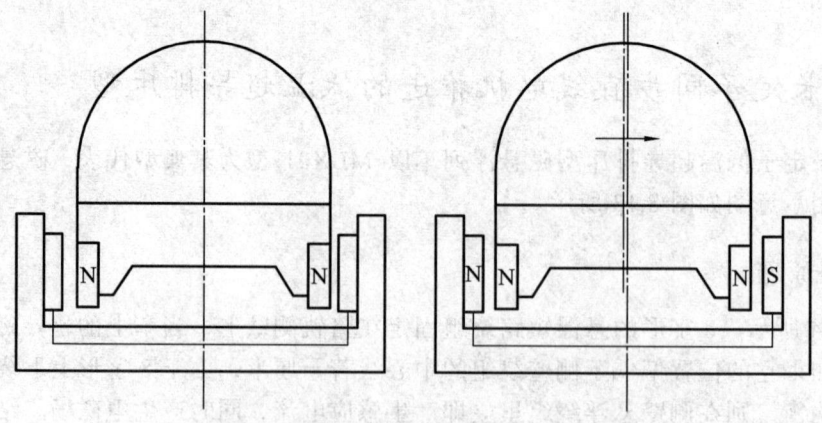

图 8.15　超导排斥型磁悬浮列车导向原理图

在磁悬浮车辆运行中，如果超导磁铁横向位置发生偏移，使车辆偏离中心位置时，左右两绕组的交链磁通将不一样，则在回路中立即产生感应电流，在 8 字形绕组上产生电磁场，使靠近磁悬浮车辆一侧的绕组产生一个排斥力，而远离磁悬浮车辆一侧的绕组产生一个吸引力。这样，运行中的磁悬浮车辆总是处于路轨两导向轨的中间位置。

3. 牵引原理

超导排斥型磁悬浮列车的牵引原理与常导吸引型 TR 型磁悬浮车相同，都是采用长定子同步直线电机实现牵引功能。长定子三相绕组布置在路轨的两侧壁上，并由变电站输入变频变压的三相交流电，由此产生一个移动的行波磁场。而车上的超导电磁铁励磁后成为直线电机的励磁绕组（转子）。在长定子行波磁场作用下产生了同步的电磁牵引力，引导磁悬浮列车前进或后退。调节长定子供电电流的频率与电压，即可改变磁悬浮列车的牵引力，从而改变其运行速度。

4. 制动原理

超导排斥型磁悬浮列车在高速运行速度下进行制动时，也采用再生制动方式，即同步直线电机的工作方式由牵引改为发电，将列车动能转化为电能，反馈回电网并降低列车速度。当电网发生故障时，可采用电阻制动，将列车动能在牵引变电站的电阻上变成热能消耗掉。也可以采用绕组短路制动，即将许多路轨侧面的绕组相互连接起来短路，以产生电磁阻力消耗列车能量。

另外，对于超导排斥型磁悬浮列车还有其他制动方式。如采用轮盘式制动作为保证列车安全可靠停车的机械制动方式，也可以采用闸靴与导轨的摩擦制动方式及空气动力制动（张开空气阻力板）方式。这些方式是常导吸引型 TR 系列磁悬浮列车尚未采用的。

至于超导排斥型的车上非接触式供电原理、同步直线电机长定子供电原理、列车控制及信号传输原理均与超导吸引型基本相同。

【实战演练】

绘制磁悬浮悬浮和导向的原理示意图。

任务 8.3　磁悬浮铁路的基本设备

磁悬浮铁路的关键技术主要体现在磁悬浮铁路的主要行车设备上。相对于轮轨铁路，磁悬浮铁路的行车设备比较简单，主要由车辆、线路、供电和运行控制等设备组成，但技术要求却非常高。

一、磁悬浮铁路的车辆

磁悬浮铁路的车辆是一种不与地面接触的运载工具，它是磁悬浮铁路的重要组成部分。

从磁悬浮铁路产生到现在，随着时代的发展和制式要求的不同，其车辆也在不断发生变化。尤其是最近几十年来，各国对磁悬浮车辆的外形、材料和结构都做了较大的改进。磁悬浮车辆的构造如图 8.16 所示。

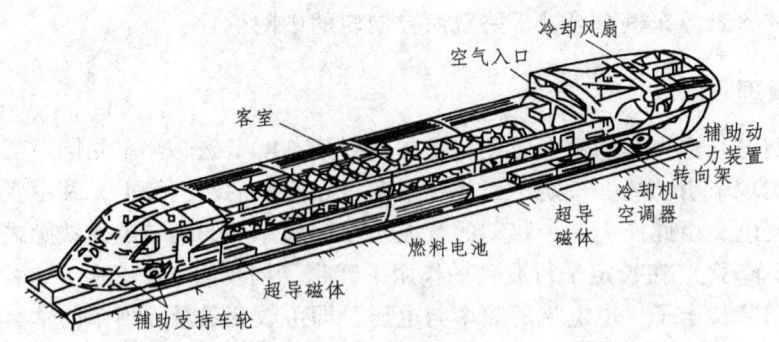

（a）倒 T 形导轨上的磁悬浮车辆

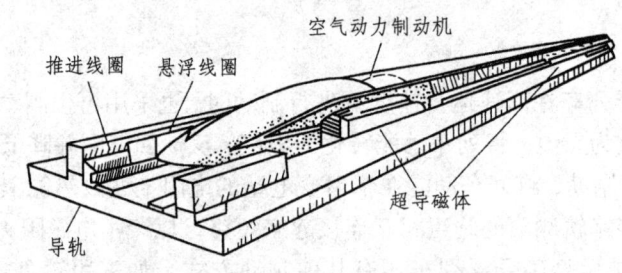

（b）U 形导轨上的磁悬浮车辆

图 8.16 磁悬浮车辆构造示意图

无论其结构和外形如何变化，磁悬浮车辆一般都由三大部分构成：客室、操纵室、动力室。客室占的比重较大，内设若干排座椅；在动力室中，设有冷却电扇、冷冻机空调器和辅助动力装置等设备。此外，磁悬浮车上还有燃料电池、超导磁体等，有的还设有车辆转向架，用于车辆未浮起或减速停车着地时起辅助支持车体的作用。

1980 年，为使磁悬浮向更实用化的阶段迈进，日本将线路的基本形式改进成 U 形断面，同时，开发了箱型的试验车 MLU001 号。该试验车由转向架、二系弹簧装置和车体等构成，车辆长 28.8 m，宽 3 m，高 3.3 m。采用线性同步电动机驱动，最高速度达 400 km/h，其横断面构造如图 8.17 所示。

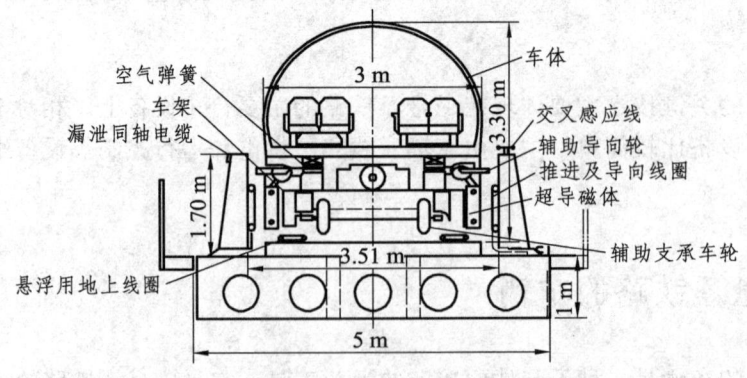

图 8.17 日本 MLU001 号实验车及 U 形轨道断面示意图

二、磁悬浮铁路的线路

虽然磁悬浮列车能够离开地面一定的高度运行,但并不能像飞机一样以空气为依托在空中飞行。因此,必须在地面有一个坚实可靠的支撑和导向系统。也就是说,它虽不像传统铁路那样对线路有强力的依附性,但又必须有线路设备作为基础。所以,从这个意义上讲,磁悬浮列车仍然属于陆地交通运输工具——铁路的范畴。

磁悬浮铁路的线路作为其基本组成部分和走行基础,在构造上必须满足磁悬浮列车运行的基本要求。因为磁悬浮列车不但在构造和原理上与传统铁路的列车不同,而且采用不同的悬浮方式,对线路的要求也不一样。磁悬浮列车的悬浮、导向和推进设备,无论什么形式,都是采取一部分安装在车辆上,一部分安装在线路上,因此,磁悬浮列车的线路结构必须与磁悬浮车辆相适应。尤其是直线电机设备,对磁悬浮铁路的线路平面的要求非常高。

磁悬浮列车与现代铁路一样,可以修建在路基上或类似地下铁道的隧道内,或者建在高架桥上。为了减少磁悬浮铁路与城市或其他道路间的相互干扰,减少占用土地,并使线路的平顺性和刚度能够满足直线电机的技术要求,修建高架磁悬浮铁路的线路具有更大的优越性。虽然修建地下铁道与高架线路有相同点,但由于其工程量大、造价昂贵、施工困难,因此修建高架磁悬浮铁路线路是国外大多数国家磁悬浮铁路的首选。

由于磁悬浮列车施加于线路上的载荷与传统铁路不同,它是分布载荷,因此,磁悬浮铁路的桥梁设计载荷可以低于传统铁路,甚至低于公路。故磁悬浮铁路高架桥体的尺寸可以明显减少,从而大大降低工程造价。

磁悬浮铁路高架线路的横断面一般采用 U 形、T 形或倒 T 形,如图 8.18 所示。

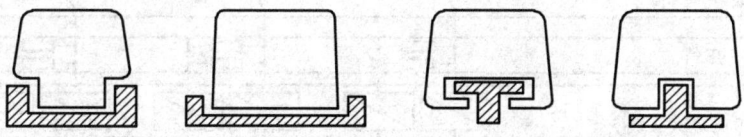

图 8.18 磁悬浮铁路高架线路的横断面示意图

磁悬浮铁路的高架桥一般采用块体拼装式连续梁钢筋混凝土结构,跨度 20～30 m。立柱式墩台采用深基或桩基基础,直径为 0.8～1.2 m,梁柱间采用铰接,橡胶支座的调高范围 20～60 m。梁底至地面之间的距离(净距)不小于 5 m。高架线路有单线和复线两种。线路的最大坡度可以比传统铁路大。线路曲线半径一般在 6 000～10 000 m。例如,日本宫崎试验线全长 7 km,全部采用高架结构,始点和终点均为桁式钢架梁结构,中部为空心板梁,跨度为 15.4 m,最小曲线半径为 10 000 m,大部分为平直地段。

磁悬浮铁路若要改变列车运行的方向,也需要采用道岔转换来实现。但其道岔的形式与传统铁路却有很大的差别。它不使用尖轨、辙叉等形式,而采用活动轨转辙方式(见图 8.19),由结合轨进行连接。调节轨调整定位后,由锁定装置进行锁闭。于是,列车可以安全地转变运行方向。经过多次试验证明,其安全性、可靠性和耐久性都完全可以满足要求。

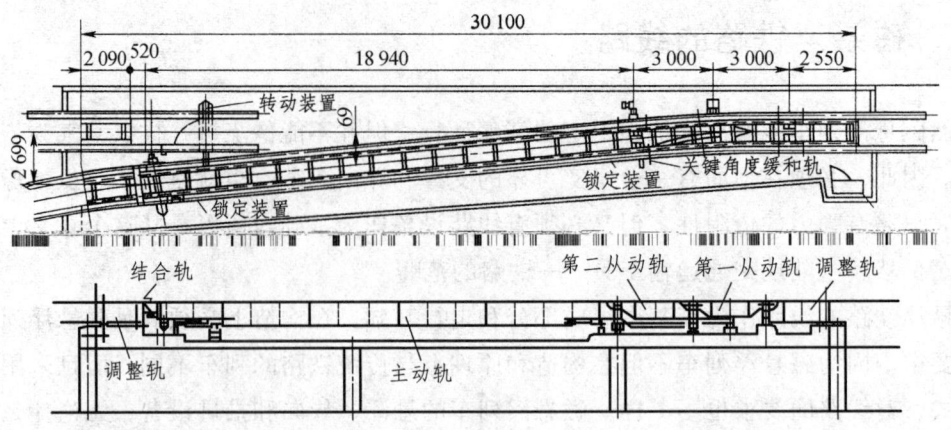

图 8.19 磁悬浮铁路道岔转换装置示意图

三、磁悬浮铁路的供电

磁悬浮铁路的供电系统一般由变电站、沿线供电电缆、开关站和其他供电设备组成。

磁悬浮列车的供电系统通过给地面长定子线圈供电来提供列车运行所需的电能。首先,从 110 kV 的公用电网引入交流高压电,通过降压变压器降至 20 kV 和 1.5 kV,然后整流成直流电,再由逆变器变成 0~300 Hz 交流电,升压后通过线路电缆和开关站供给线路上的长定子线圈,在定子和车载磁铁之间形成牵引力,如图 8.20 所示。磁悬浮列车系统的整流、变流及电机定子等设备均在地面,因此,对设备的体积和质量以及抗震性能等均无严格要求。

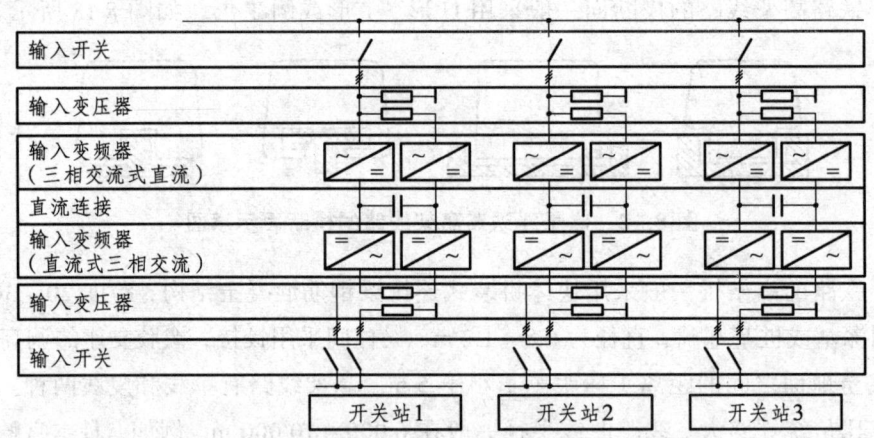

图 8.20 磁悬浮铁路供电系统逻辑关系示意图

1. 变电站

磁悬浮铁路要在变电站内完成高压交流电的降压、整流并再逆变成 0~300 Hz 的交流电等任务,因此,站内设备有降变压器、整流器、逆变器和输出变压器等。变电站一般设在磁悬浮线路的旁边,一条线路设若干变电站,每个变电站可向两旁线路区段供电。由于两个变电站之间每条线路只能运行一列磁悬浮列车,因此,变电站的间距实际上控制了全线列车运行的密度，其设置要根据运输需求、列车编组和技术约束条件来综合考虑，并经技术经济分析后确定。

2. 供电电缆

供电电缆用于对牵引电机定子供电。每条磁悬浮线路有 2 组或 3 组独立定子的三相电缆对线路两侧的长定子供电。

3. 开关站

开关站沿磁悬浮铁路的线路分布，将同一供电区间的电机长定子分为若干小段（数百米），在列车通过时交替接通。设置开关站的目的是为了减少供电电缆在定子段上的功率损失。

4. 其他供电设备

磁悬浮铁路除了对长定子供电外，还需要给相关电气设备供电，如道岔、车/线数据传输天线、车站或停车点的静止列车等。

四、磁悬浮列车的控制

磁悬浮列车的运行控制系统（简称 OCS）是一个安全控制与防护系统。其基本任务是：控制系统不仅仅是实现列车运行的安全控制与防护，还兼有列车运行的管理和调度等功能。

要保证磁悬浮列车高速、安全地运行，并根据运行中车辆、线路的状况随时调整运行计划，迅速处理运行中的各种突发事件，列车的运行安全控制必须实行自动化。磁悬浮铁路运行控制系统按照已存储的行车时刻表对列车进行中央自动控制，包括按照时刻表给定的时间和地点准确操纵列车的驱动和制动过程。常规的列车控制任务不是由司机操作而是完全由运行控制系统来履行。因此，该系统具有很高的自动控制和防护功能，一般无须人工干预列车的运行，只是在清除故障或发生突发事件时才需要司机按照操作顺序进行人工干预。

磁悬浮列车运行控制系统的任务还包括调度、处理与记录列车运行情况及故障诊断数据，为操作人员与乘客介绍最新信息。因此，该运行控制系统是整个磁悬浮铁路正常运转的根本保障。它还包括所有用于安全保护、控制、执行和计划的设备，还包括用于设备之间相互通信的设备。

磁悬浮列车运行控制系统由三级构成：第一级为中央控制中心；第二级为分区控制中心；第三极为列车控制系统。中央控制中心与分区控制中心、分区控制中心与无线基站、分区控制中心与开关站间的通信由光缆传输；列车控制系统（列车上）之间的通信通过 38 GHz 的高频无线微波传输。

1. 中央控制中心

中央控制中心的主要功能是安排行车计划、编制运行图、指挥和调度列车运行。根据线路条件按计划发出列车；当列车出现故障或冲突时，根据情况的变化改变或撤销计划；通过比较预定计划和实际运行情况，实现整个系统的优化运行。为保证计划的正常执行，控制中心通过数据传输设备从下属分区控制系统取得各种信息,进行计算分析并提出运行调整计划。同时,中央控制中心还负责保存各种技术数据,用于进一步的统计分析和故障诊断。此外,中央控制中心负责向乘客发布列车运行信息的任务。

2. 分区控制中心

分区控制中心直接参与列车的控制和运行。它的主要功能是保证本段内列车的运行安全,对本段各种设备状况进行监护和维护,将各种信息传给中央控制中心,并在非计划情况下执行中央控制中心的指示,对设备状态和列车运行进行人工干预。

分区控制中心借助轨道上的数字密码化的位置标记准确地测定列车的位置,不断监控列车是否超过了容许速度的限制。如果超过则中心会自动切断相应供电区间的电源;如果需要还可以开启列车制动装置,保证运行安全。此外,系统还负有确保路段上列车间的距离、保护道岔及车站工作人员安全及保证运营设施其他功能和过程安全的责任。

3. 列车控制系统

列车控制系统的主要功能是对各种车载设备进行检测和控制,保证它们正常工作。磁悬浮列车车辆的每列末节车厢均配备了速度运行控制装置,通过车厢总线实施通信。控制装置从定位分系统接收其定位信息,以便监视列车的运行速度和状态。这些数据由无线微波传输系统发送至分区控制中心,然后经分区控制中心发送至中央控制中心。通过移动无线传输,车上的列车保护系统始终和分区控制中心及中央控制中心保持无线通信联系,使列车运行状况的数据得以及时传给中央控制中心并接受后者对列车计划的调整命令。列车控制系统的监控设备会随时比较当前运行数据与计划运行数据,一旦两者的差别超出允许范围,就启动列车保护系统,使列车迅速减速或停车。

五、磁悬浮铁路的维修

磁悬浮铁路与轮轨铁路之间的最大差别是很少有机械摩擦和接触,这一特性使其在运用维修模式和作业内容上较传统轮轨铁路的维修要简单得多。磁悬浮铁路列车、线路、供电、运行控制等系统之间始终保持相互联系、相互影响、相互制约,车辆、线路、供电、运行控制制系统的运行及工作状况通过列车配备的监测设备自动检测,并自动传递至维护管理系统(MMS)。

磁悬浮列车的维修一般在动车段(所)进行。维修库内设置车底,走行部,车厢内上、中、下3个作业面检修平台,可实行平行作业,避免维修工艺流程与设备、运输车辆间的相互干扰,便于立体展开列车各种维修检测工作。由于磁悬浮列车运行是无摩擦、无磨损,因此,其日常维修工作量很少,列车停留时间短,列车的利用率高,且检修动车段(所)的规模一般也比较小。

磁悬浮铁路的维修可分为计划性维修和临时维修,维修作业均衡地安排在每天的行车组织计划中,满足对单个零部件及列车的维修保养要求。通过合理配置运用维修设备和维修人员,提高磁悬浮列车及各项设备的运用效率。

磁悬浮铁路的各类设备均有在线自动故障诊断系统，监测并获取各个零部件的运行状态和数据，通过冗余件替代故障零件，保证列车正常运行。当列车入库及线路停止工作后，由中央控制中心将接收的在线诊断警报进行整理，根据处理故障的优先级，制订出临（维）修计划和列车运用计划，向沿线各段（所）发出指令并执行维修任务。

磁悬浮列车一般实行白天运行，晚上返回动车段（所），因此，车辆、供电、线路及运行控制系统等设备设施均利用这一时间，按照中央控制中心下达的维修计划书，进行平行维修作业。

磁悬浮铁路车辆、供电、运行控制系统的维修对象主要是电子器件，一般采取定期检测和更换模块的方式进行，不需要大规模的专用检修设备和设施，而线路结构（含道岔、定子铁心、定子线圈、供电轨等）的维护主要包括日常检查、清扫及必要的调整，配置的检修设施宜简易、便捷。

【实战演练】

绘制磁悬浮列车构造示意图，简述磁悬浮铁路线路施工的技术特点。

【小知识】

磁悬浮大事记

1922年德国工程师赫尔曼·肯佩尔首次考虑电磁悬浮铁路。肯佩尔当时计算，磁悬浮列车的速度在理论上可达到1 000 km/h。

1934年赫尔曼·肯佩尔获得制造磁悬浮铁路的基本专利。

1969年，在联邦政府的资助下，德意志联邦共和国工业界开始磁悬浮铁路的开发工作。

1971—1974年先后制造了TR02、TR03、TR04号试验车。

1979年在汉堡的国际交通展览会上展出TR05号并引起轰动。

1984年埃姆斯兰磁悬浮列车试验设施投产，用TR06号开始做行车试验。8月17日达到302 km/h的速度。

1987年埃姆斯兰磁悬浮列车试验设施第二期施工最终完成并投入使用。TR07号开始组装。11月11日TR06号达到406 km/h的速度。

1988年1月22日TR06号的速度达到412.6 km/h。在慕尼黑国际交通展览会上展出TR07号。

1989年在埃姆斯兰磁悬浮列车试验设施上开始检验TR07号。磁悬浮铁路快速列车技术已趋成熟。

2000年6月30日，中德两国政府正式签订合作开展上海磁悬浮快速列车运营线项目可行性研究的协议。上海引进的是最新的TR8，它在理论上速度可以达到500 km/h。

2002年12月31日，上海磁浮列车通车。

参考文献

[1] 中华人民共和国行业标准. 高速铁路设计规范（TB 10621—2014 J 1942—2014）[S]. 北京：中国铁道出版社，2014.

[2] 中华人民共和国行业标准. 高速铁路设计规范条文说明（TB 10621—2014 J 1942—2014）[S]. 北京：中国铁道出版社，2015.

[3] 中国铁路总公司. 高速铁路路基工程施工技术规程（Q/CR 9602—2015）[S]. 北京：中国铁道出版社，2015.

[4] 中华人民共和国行业标准. 高速铁路路基工程施工质量验收标准（TB 10751—2018 J 1147—2018）[S]. 北京：中国铁道出版社，2019.

[5] 中国铁路总公司. 高速铁路桥涵工程施工技术规程（Q/CR 9603—2015）[S]. 北京：中国铁道出版社，2015.

[6] 中华人民共和国行业标准. 高速铁路桥涵工程施工质量验收标准（TB 10752—2018 J 1148—2018）[S]. 北京：中国铁道出版社，2019.

[7] 中国铁路总公司. 高速铁路隧道工程施工技术规程（Q/CR 9604—2015）[S]. 北京：中国铁道出版社，2015.

[8] 中华人民共和国行业标准. 高速铁路隧道工程施工质量验收标准（TB 10753—2018 J 1149—2018）[S]. 北京：中国铁道出版社，2018.

[9] 中国铁路总公司企业标准. 高速铁路轨道工程施工技术规程（Q/CR 9605—2017）[S]. 北京：中国铁道出版社，2017.

[10] 中华人民共和国行业标准. 高速铁路轨道工程施工质量验收标准（TB 10754—2018 J 1150—2018）[S]. 北京：中国铁道出版社，2018.

[11] 张碧. 高速铁路施工概论[M]. 成都：西南交通大学出版社，2011.

[12] 岳祖润. 高速铁路施工技术与管理[M]. 北京：中国铁道出版社，2010.

[13] 李向国. 高速铁路技术[M]. 北京：中国铁道出版社，2007.

[14] 刘建国. 高速铁路概论[M]. 北京：中国铁道出版社，2009.

[15] 贾粮棉，韩彦军. 高速铁路轨道施工技术与装备[M]. 武汉：华中科技大学出版社，2010.

[16] 潘家英，高芒芒. 铁路车—线—桥系统动力分析[M]. 北京：中国铁道出版社，2008.